SUSANNE MIERAU

NEW MOMS FOR REBEL GIRLS

Hinweis

In diesem Buch werden an einigen Stellen unter anderem psychische und physische Gewalt gegenüber Mädchen und Frauen thematisiert.

SUSANNE MIERAU

NEW MOMS FOR REBEL GIRLS

Unsere Töchter für ein gleichberechtigtes Leben stärken

BELTZ

FSC
www.fsc.org
MIX
Papier aus verantwortungsvollen Quellen
FSC® C089473

Klimaneutral
Papier
ClimatePartner.com/13732-1910-1001

Dieses Buch ist erhältlich als:
ISBN 978-3-407-86712-4 Print
ISBN 978-3-407-86721-6 E-Book (EPUB)

3. Auflage 2022

Illustrationen: Nadine Roßa, Berlin
Lektorat: Katharina Theml, Büro Z, Wiesbaden
Umschlaggestaltung: anjagrimmgestaltung.de
Bildnachweis: Faust © Gutentag-Hamburg;
Hintergrund © hannahargyle via Getty Images

Herstellung: Sarah Veith
Layout: anjagrimmgestaltung.de und Sarah Veith
Druck und Bindung: Beltz Grafische Betriebe, Bad Langensalza
Beltz Grafische Betriebe ist ein klimaneutrales Unternehmen (ID 15985-2104-100).
Printed in Germany

Weitere Informationen zu unseren Autor_innen und Titeln
finden Sie unter: www.beltz.de

Für meine Tochter
und alle anderen Mädchen und ihre Mütter,
die neue Wege gehen
und laut oder leise rebellieren wollen.

Inhalt

ZWEI

Was wir unseren Töchtern mitgeben 97

DREI

Väter, Töchter, Brüder, Söhne 189

VIER

Einleitung

Die wohl häufigste Frage, die mir während meiner ersten Schwangerschaft gestellt wurde, war die nach dem Geschlecht des Kindes. Als offene, selbstbewusste und moderne Mutter entgegnete ich dem zunächst oft mit einem schulterzuckenden »Das ist uns ganz egal!«. Aber ganz tief in mir drin war es mir ganz und gar nicht egal. Ganz tief in mir wünschte ich mir damals (wie viele andere Mütter laut Umfrage aus dem Jahr 2007[1]), irgendwann – nicht unbedingt jetzt, aber eben irgendwann – ein Mädchen zu bekommen und es beim Aufwachsen zu begleiten. Ich stellte mir vor, wie wir zusammen Filme sehen und dabei im Bett Eis essen würden, wie wir zusammen Musik hören und ich sie beim ersten Liebeskummer im Arm halte. Meine Tochter und ich, das Team. Gleichzeitig war da aber auch etwas Mahnendes, Schmerzhaftes: Wenn es eine Tochter werden würde, dann dürfte sie anders aufwachsen als ich – und sie sollte nicht jene negativen Erfahrungen mit Menschen, Schule und Arbeit machen müssen, die ich gemacht hatte, weil ich ein Mädchen und später eine Frau war. Ich würde sie stärken wollen für diese Welt und gleichzeitig die Welt verändern, damit sie darin so wachsen könnte, wie sie es braucht, und geschützt ist vor jenen Gefahren, denen insbesondere Menschen, die von der Gesellschaft als weiblich angesehen werden, ausgesetzt sind. Sie sollte in dieser Welt die Person sein können, die sie ist, und sowohl die Chance haben, einen Nobelpreis zu erlangen[2], als auch die Möglichkeit, »einfach« ohne Auszeichnungen oder Preise in ihrem Leben grundlegend glücklich zu sein – oder irgendetwas dazwischen. Sie sollte anziehen können, was sie will, sich selbstbewusst im Matheunterricht melden und ihren Körper mögen. Vor allem wollte ich ihr das Gefühl mitgeben, dass ich bedingungslos auf ihrer Seite stehe und dass es da draußen noch viele andere gibt, mit denen sie ein festes, sicheres Band verbindet. Mit denen sie sich verschwestern kann, um ihr ganz persönliches Glück zu finden und die Freiheit zu haben, den für sie richtigen Weg zu gehen. Ich wollte eine Art neue, entspannte, starke Mutter für die Tochter sein, die ich irgendwann bekommen würde. Und merkte dabei schon langsam, dass das vielleicht gar nicht so einfach sein würde.

Mit dem Gedanken daran, vielleicht eine Tochter zu gebären, änderte sich mein Blick auf die Welt. Und es wuchs der Drang, am Leben nicht nur teilzunehmen, sondern es zu gestalten, aktiv zu werden – mehr, als ich dies für mich selbst bislang als notwendig erachtet hatte. Denn schon die Frage nach dem Geschlecht des Kindes ist gar nicht so nebensächlich, wie ich es in der Schwangerschaft noch angenommen hatte. Der Grund, warum die Neugierde an den Intimorganen zwischen den Beinen eines Kindes so groß ist, ist durchaus interessant, denn kaum eine andere Zuordnung am Anfang des Lebens bestimmt so folgenreich, wie sich das Kind weiterentwickeln wird. Unsere zweidimensionale Einordnung in »männlich« oder »weiblich« bestimmt nicht nur häufig den lebenslangen Vornamen, die Farbe der Erstausstattung und der Windeltorten, die wir geschenkt bekommen, die Haarlänge und Frisur des Kindes oder lässt uns in der Warteliste für den Kindergartenplatz weiter vorn oder hinten stehen, je nachdem, welches »Geschlecht« gerade gesucht wird. Egal mit welcher Person unser Kind im Laufe der Jahre in Kontakt kommt, immer wird diese Geschlechtszuschreibung die Beziehungen zu anderen prägen: Familienmitglieder, Nachbar*innen, Erzieher*innen, Lehrer*innen, Freund*innen und deren Eltern, selbst die Verkäufer*innen im Supermarkt, die meine Tochter im Kleinkindalter »na, Süße« und meine Söhne später »kleiner Mann« nannten, reagieren unterschiedlich, je nachdem, welchem Geschlecht sie ein Kind zuordnen, und bilden ein Klima, in dem das Kind sich als Mädchen oder Junge wahrnimmt und darüber hinaus weitere Bilder von sich ausbildet.

Nicht einmal *vor* der Geburt sind Kinder (und ihre Eltern) vor Zuschreibungen und Erwartungen aufgrund ihres Geschlechts geschützt, denn wer kennt nicht die Prophezeiungen und Ammenmärchen in Bezug auf die Bauchform oder das Aussehen der Schwangeren wie jene, die ich von einer Verwandten hörte, welche anhand *meines* Aussehens das Geschlecht des Kindes in meinem Bauch bestimmen wollte: »Ein Mädchen raubt der Mutter die Schönheit. Ein Junge lässt sie erstrahlen.«

Damit sind wir – ganz am Anfang des Werdens dieses Kindes – bereits mitten in einem der Problemfelder, die das Aufwachsen von weiblich zugeordneten Kindern prägen: dem Konkurrenzgedanken zwischen Frauen, dem Schönheitsanspruch, der Mutter-Tochter-Rivalität und der mangelnden Solidarität unter Frauen. Denn seien wir doch mal ehrlich: Was steckt alles in so einer Aussage? Dass Frauen schön sein müssen, dass es schlimm ist, wenn sie es nicht sind, dass ein Mädchen unser Aussehen zerstört und uns damit abwertet, dass Mädchen also weniger gut sind für uns. (Aber das sehen wir uns später noch einmal genauer an.)

Es wurde dann tatsächlich ein Mädchen, und ich fühlte mich in dieser ersten, aufregenden Schwangerschaft mit meinen 20 zusätzlichen Kilo so schön wie nie zuvor.

Nachdem ich die Intimorgane im Ultraschall gesehen hatte, stellte sich mir viel drängender als jemals zuvor die Frage, in was für eine Welt dieses Kind denn eigentlich hineingeboren werden würde. Ich hatte im Laufe meines Lebens – und dem der mich umgebenden Frauen – gesehen, an wie vielen Stellen es in unserer Gesellschaft noch die Notwendigkeit von Veränderungen gab. Aufgrund angeborener und erworbener Privilegien kann ich selbst auf einen von außen erfolgreichen Lebenslauf zurückblicken, während andere Frauen hier und weltweit verschiedensten Diskriminierungen gleichzeitig ausgesetzt sind. Je mehr ich mich damit beschäftigte und der Frage nachging, welche Ungleichheiten sich irgendwann auf meine Tochter auswirken könnten und welche es überhaupt gibt, wurde mir bewusst, wie sehr wir im Hier und Jetzt etwas verändern müssen.

Und nicht nur in Hinblick auf die aktuelle Lage: Mit jeder neuen Krise in der Welt wird die Notwendigkeit, aktiv zu werden und alte Glaubenssätze und Regeln infrage zu stellen, größer. Gerade in der Corona-Pandemie haben wir erlebt, wie schnell wir als Frauen und Mütter in alte Rollenvorstellungen zurückgedrängt werden: Dass wenn, dann eben doch eher die Frauen ihre Arbeitszeiten zugunsten der Familie reduzieren und mehr Sorgearbeit leisten. Und dass Väter insbesondere kleinerer Kinder genau dies aufgrund der Krise auch erwarten und befürworten.[3] Gerade Familien mit geringerem Einkommen und Frauen, die im schlecht bezahlten Care-Arbeits-Sektor beschäftigt sind, sind dazu gezwungen, mit langfristigen Gefahren für die Erwerbsarbeitsverläufe und ihre Rente.[4] Aber auch auf Mädchen hat sich die Krise ausgewirkt: Sie müssen eher im Haushalt mithelfen, was sich nachteilig auf andere Aktivitäten und auf die Schule auswirken kann. Auch in Deutschland sind, wie weltweit, überdurchschnittlich viele Frauen in der Pflege beschäftigt,[5] da ihnen dieser Arbeitsbereich soziokulturell besonders zugewiesen wird. Weibliche Jugendliche beginnen darin ihre Ausbildung und tragen somit ein höheres Infektionsrisiko. Nicht zuletzt sind Kinder durch die Verlagerung von Freizeit und Schule in die eigenen vier Wände und an den Computer einem höheren Risiko für digitale Gewalt ausgesetzt, welche besonders Mädchen betrifft. Es gibt viele Punkte, an denen wir sehen: Die letzte Krise war und ist auch eine geschlechtsspezifische Krise.

Dass es in Krisenzeiten zu einem solchen Rückschritt kommen kann, liegt ganz besonders auch daran, wie weit (oder wie wenig) unsere Gesellschaft in den letzten Jahren Gleichberechtigung gestaltet hat und wie sehr sie noch in Stereotypen und Klischees verhaftet ist: Denn wie geht es Mädchen heute? Wie werden sie in ihrem Aufwachsen beeinflusst? Was wirkt auf sie? Und was in unserer Gesellschaft macht es möglich, dass in Krisen so etwas passieren kann?

Die meisten werden jetzt vielleicht denken: Was hat sie denn nur? Es geht Mädchen doch heute ganz wunderbar! Blicken wir aber ein wenig genauer hin, dann sehen wir, dass es immer noch heißt: »Sei nicht Pippi, sei Annika!« Mädchen dürfen zwar Hosen tragen, Funktionskleidung und kurze Haare, gleichzeitig führt der Spielzeugkatalog aber vor, dass die Puppenküche für Mädchen und der Akkuschrauber für Jungen ist. Ausmalbücher und Rätselhefte gibt es für Mädchen in Rosa und Jungen in Blau – die Inhalte ebenfalls an die bekannten Klischees angepasst. Es gibt eine Body-Neutrality-Bewegung, aber wenn Mädchen sich dem gängigen Schönheitsideal verweigern, bekommen sie nicht nur »heute kein Foto«, sondern werden ausgegrenzt und beschämt. Laut BZgA empfinden sich die Hälfte der Mädchen im Alter von 15 Jahren als zu dick, obwohl sie normalgewichtig sind.[6] Schon Mädchen im Alter von drei bis fünf Jahren verbinden positive Eigenschaften mit einer dünnen Körperform und würden laut US-amerikanischer Studie[7] auch eher mit dünnen Kindern spielen. In der Schule haben Mädchen scheinbar aufgeholt, wenn die Leistungen einer bestimmten

Gruppe von Mädchen betrachtet werden: Sie sind früher schulreif, wiederholen weniger häufig eine Klasse, machen eher einen Schulabschluss und beginnen sogar häufiger ein Studium. Dennoch wirken weiterhin Rollenklischees auf die Auswahl des Studienfachs oder des Ausbildungsberufes. Jungen sind trotz schlechterer Leistungsbilanz mehr von sich überzeugt und halten sich für klüger[8], während Frauen häufiger vom Impostor-Syndrom betroffen sind: Betroffene haben erhebliche Selbstzweifel und können Erfolge nicht internalisieren, sondern halten sich selbst für Hochstapler*innen. Es gibt also durchaus eine ganze Liste an Problemfeldern, die heute auf Mädchen, weibliche Jugendliche und (junge) Frauen wirken und den Rückschritt in Krisenzeiten noch befeuern. Auch wenn es in den letzten 120 Jahren im Vergleich zu den Jahrtausenden zuvor mit der Gleichberechtigung relativ schnell vorangegangen ist und sich auch die Erziehung von Mädchen, wie wir noch sehen werden, in ihren Inhalten stark verändert hat, gibt es noch viele Punkte, an denen es hapert und/oder wo Gleichberechtigung zwar auf dem Papier beschrieben, im Alltag aber noch nicht umgesetzt ist.

Die Krisen werden in den nächsten Jahren und Jahrzehnten aber nicht weniger werden, denken wir allein an die Klimakrise. In einem Diskussionspapier haben die Verbände genanet, GenderCC und Life die genderspezifischen Parallelen der Corona- und der Klimakrise, die die Krise der Care-Arbeit verschärfen, aufgezeigt: »Befürchtet werden […] von vielen Genderexpert*innen langfristige negative Auswirkungen auf die Geschlechterverhältnisse und eine Retraditionalisierung der Geschlechterrollen.«[9] Gerade in Krisenzeiten ist die Versuchung groß, auf bewährte Strukturen zurückzugreifen, die ein System scheinbar schon immer am Laufen gehalten haben. »Krisen sind nie geschlechtsneutral«[10], erklärt entsprechend UN-Women. Sie bergen die Gefahr von Retraditionalisierung, Unterdrückung, Ungerechtigkeit. Denken wir beispielsweise auch an die erfolgreiche Bestseller-Dystopie *The handmaid's tale – Der Report der Magd*, wo sich nach einer atomaren Katastrophe ein streng patriarchaler, christlich-fundamentaler Gottesstaat ausgebildet hat, in dem Frauen keine Rechte haben, eine Zukunftsvision, die so manche US-Amerikaner*innen laut *Süddeutscher Zeitung* für »erschreckend realistisch«[11] halten, und auch Bradley Whitford, einer der Schauspieler der Serie, erklärt: »Aber sie kommt der Realität sogar ein wenig zu nahe.«[12] Tatsächlich bewegt sich beispielsweise der Bundesstaat Texas in der Krise darauf zu: Schwangerschaftsabbrüche sind dort seit Frühjahr 2021 wie in zehn anderen Bundesstaaten ab dem ersten Herzschlag des Fötus verboten, auch nach einer Vergewaltigung.[13] Und auch hierzulande haben wir gesehen, dass die Krise zu einer Rückbesinnung auf traditionelle Familienrollen geführt hat.

Es ist schwer, in Krisenzeiten neue Wege zu gehen oder zumindest bisherige Errungenschaften nicht zu verlieren. Deswegen müssen wir uns bereits *jetzt* dafür einsetzen, dass es entweder gar keine Rückschritte gibt oder diese zumindest nicht zu groß werden. Wir müssen uns *jetzt* für unsere Gegenwart und die unserer Töchter einsetzen und gleichzeitig für ihre noch ungewisse, aber wahrscheinlich krisenreiche Zukunft. Wir müssen sie heute gut begleiten, stärken und die Welt um sie herum verändern. Denn die nächste Krise kommt. Und selbst wenn sie es nicht tut, gibt es gute Gründe, Mädchen heute zu stärken, Stereotypen und Rollenklischees abzubauen und die Welt, in der sie leben, zu verändern.

Der Vorteil eines aktiven Umgangs mit den Problemen unserer Gegenwart und der Zukunft ist auch, dass wir uns nicht mehr so hilflos fühlen. Oft versperrt uns die Angst vor der Zukunft unserer Kinder den Blick, kann uns sogar handlungsunfähig machen. Ganz besonders dann, wenn wir aufgrund unseres Geschlechts selbst negative Erfahrungen gemacht haben. Jede dritte Frau in Deutschland ist mindestens einmal in ihrem Leben von physischer und/oder sexueller Gewalt betroffen. Wir erleben Stigmatisierung und Benachteiligung, beispielsweise im beruflichen Bereich. Diese Erfahrungen können zu (unbewussten) Ängsten führen, die wir auf unsere Töchter übertragen. Auch unser historisches Erbe kann uns daran hindern, unsere Töchter heute frei und stark zu begleiten. Wenn wir uns aber jetzt mit den Problemen unserer Gesellschaft und Erziehung auseinandersetzen, sie ansehen und jene Punkte entdecken, an denen wir selbst etwas ändern können (und das mag von Mutter zu Mutter verschieden sein), dann sind wir aktiv, nicht mehr machtlos, sondern handlungsfähig. Wir stellen uns dem Problem, statt uns ausgeliefert zu fühlen. Was für ein gutes Gefühl!

Natürlich stimmt auch das Meme, das sich nach dem Fall von sexueller Gewalt gegenüber Brittany Higgins[14] über Social Media verbreitete – »Don't protect your daughter, educate your son«. Daher müssen wir auch die patriarchale Prägung von Männern und Jungen sowie toxische Maskulinität, die sowohl für Frauen als auch Männer schädlich ist[15], in den Blick nehmen. Aber insgesamt sollten wir nicht »nur« etwas an der Bildung und Wertevermittlung von Jungen ändern, sondern auch dahin sehen, wo uns als Frauen und Müttern Idealvorstellungen vermittelt wurden, die wir nun an unsere Töchter weitergeben. Das können beiläufige, kleine Bemerkungen sein wie ein »Ich geh mich erst mal schön machen für den Tag« oder ein »Ach, ich Dummchen, ich hab …«. Diese Sätze habe ich in meinen 41 Lebensjahren wirklich noch niemals aus dem Mund eines Mannes gehört.

Wie die feministische Theologin Elisabeth Schüssler Fiorenza beschreibt, bildet das Patriarchat nicht nur einfach eine Herrschaft von Männern über Frauen aus, sondern eine komplexe soziale Pyramide abgestufter Herrschaft und Unterordnung, in der Frauen durchaus auch einflussreiche Machtpositionen haben (können).[16] Wir können die Verantwortung also nicht »einfach« abgeben. Sondern müssen unseren jeweils möglichen Einfluss sehen, anerkennen und nutzen, um etwas zu ändern. Es ist die Aufgabe unserer gesamten Gesellschaft und aller darin lebenden Personen, dass wir Ungleichheit und Ungerechtigkeit überwinden – und zwar auf den verschiedensten Ebenen.

Als ich meine Tochter dann tatsächlich in den Armen hielt, merkte ich mit jedem weiteren Jahr, dass nicht nur *die Welt um mich herum* verändert werden muss, sondern dass auch *die Welt in mir* einer Reflexion und Überarbeitung bedarf, um mein Kind wirklich überzeugt und gestärkt stützen zu können. Ich merkte, wie ihr Wachsen mich mit immer neuen Fragen und verschiedensten, auch unangenehmen Gefühlen konfrontierte und ich nicht nur die Welt, sondern auch mich selbst infrage stellte: Warum tat/sagte/wollte ich dieses und jenes von meinem Kind? Welche Gedanken prägten meine reflexartigen Handlungen und Erklärungen? Warum wollte ich doch zu dem rosa »Hello Kitty«-Kleid greifen, das die anderen Mädchen im Kindergarten trugen? Und ich merkte, wie ich viele Dinge falsch weitergab, weil ich sie einfach nicht besser wusste, da ich selbst anders aufgewachsen war. Die Nachricht beispielsweise, dass es das Jungfernhäutchen gar nicht gibt, sondern dass es ein patriarchales Märchen ist, das Mädchen vom vorehelichen Sex abhalten soll, traf mich als erwachsene Frau nach drei Geburten. Genauso wie das Nachdenken über die Herkunft der Worte »*Scham*lippen« und »Scheide«.

Mädchen wachsen heute in einer anderen Welt auf, als wir es taten. Sie sind mit anderen Gesellschaftsstrukturen konfrontiert, mit denen wir uns auch auseinandersetzen müssen. Sie bringen Worte, Definitionen und Weltanschauungen mit, die für uns vielleicht neu sind: Ganz selbstverständlich gehen Jugendliche mit Bezeichnungen wie LGBTQ um, bringen Freund*innen mit nach Hause, bei denen sie uns vorher erklären, dass sie eine nichtbinäre Geschlechtsidentität haben und wir das bitte in unserer Ansprache berücksichtigen sollen, und bewegen sich in einem kulturell anders geprägten Feld. Sie sind schon mittendrin in einer Veränderung, in einer Rebellion, die aber von uns Älteren an vielen Stellen noch durch unseren Unwillen behindert wird, uns mit dem Neuen auseinanderzusetzen. Die Reaktion einiger Älterer auf die *Fridays for future*-Bewegung ist auch ein Beispiel dafür, wie sehr Erwachsene oft versuchen, Veränderungen von sich fernzuhalten. Doch dieser Widerstand nützt nichts: Die Welt um uns und unsere Kinder herum hat sich verändert. Neben Frauenerwerbstätigkeit, verschiedenen Geschlechtsidentitäten und weltweiten Slutwalks treffen unsere Kinder auf sehr traditionelle Bilder, die sie ebenfalls prägen. Sie sind auf eine andere Weise als wir mit widersprüchlichen Leitbildern konfrontiert und suchen ihren Weg hindurch. Als Mütter, als Eltern, ist es unsere Aufgabe, uns mit alldem auseinanderzusetzen und sie gestärkt und informiert zu begleiten.

»Halb Opfer, halb Mitschuldige, wie wir alle«, zitiert Simone de Beauvoir im zweiten Band des *Anderen Geschlechts* Jean-Paul Sartre, um aufzuzeigen, wie notwendig es ist, sich von der erlernten Passivität zu trennen. Ja, »man kommt nicht als Frau zur Welt, man wird es«. Um die Welt zu verändern, müssen wir erst einmal viele gedankliche Altlasten loswerden, die ein kreatives, freies Denken behindern, und uns dem Neuen öffnen, um neue Denkstrukturen anzulegen. Zum Beispiel die Gedanken darüber, was für Persönlichkeitseigenschaften uns als Frauen angeblich angeboren sind. Wie verschieden sind die Geschlechter wirklich? Denn die Grenzen zwischen Evolution und Kultur sind wesentlich verschwommener, als wir oft annehmen: »Angeboren bedeutet nicht automatisch evolutionär bedingt. Nachgeburtlich bedeutet nicht automatisch soziokulturell«, wie die Biologin Meike Stoverock es ausdrückt.[17] Frühkindliche Einflüsse können sich auf die DNA auswirken, ebenso wie Umweltfaktoren schon intrauterin wirken. Es ist gar nicht so einfach, zu verstehen, welcher Mensch das Kind vor einem wirklich ist. Welche Eigenschaften unserer Töchter sind angeboren, und wo genau fangen wir an, sie mit unserem Einfluss zu prägen? Gibt es nun »typisch Mädchen« und »typisch Junge«, oder ist es nur unsere Gesellschaft, die festlegt, was »typisch« ist?

Was dabei jede Einzelne von uns an Belastungen, Diskriminierungen, Rollenvorstellungen und »Altlasten« mit sich herumträgt, kann ganz unterschiedlich aussehen. Auch wenn wir an einigen Stellen gemeinsam in dieser Welt wachsen, gibt es durchaus viele Unterschiede. Und jeder gesellschaftliche Umstand trifft auf eine Frau mit einem anderen Temperament, unterschiedlichen individuellen Geschichten, die dann wieder im Zusammensein mit einer eigenen Tochter wach gerüttelt werden können. Mädchen in Freiheit wachsen zu lassen bedeutet, zunächst selbst Freiheit als Mutter und Frau zu erlangen, um das Verständnis von Freiheit dann weitergeben zu können. Dazu müssen wir auf das blicken, was das Frau- und Muttersein in den vergangenen Jahrhunderten geprägt hat, was an Mutter-Tochter-Beziehungen so einzigartig sein soll und wo die vielen Problem herkommen, mit denen Mütter und Töchter in ihrer Beziehung konfrontiert sind.

Laut einer Studie aus dem Jahr 2006 geben 92 Prozent der 12- bis 13-jährigen Mädchen an, dass die Mutter ihre wichtigste Bezugsperson ist, und drei Viertel aller Mädchen schätzen diese Beziehung als sehr gut und vertrauensvoll ein.[18] Das ist eine gute Basis, um ihnen Werte zu vermitteln, die sie durchs Leben tragen werden. Denn willentlich oder unwillentlich geben wir Werte und Haltungen weiter und erzeugen ein emotionales Klima, in dem unser Kind wächst. Als Mütter sind wir nie perfekt und müssen es auch nicht sein. Aber bei all den unterschiedlichen Wegen an Mutterschaft und Familienleben gibt es durchaus grundlegende Dinge, die uns im Muttersein vereinen können: Wir sollten unsere Kinder mit Selbstvertrauen und Sicherheit wachsen lassen, damit sie sich ihres eigenen Wertes bewusst sind, sich und ihre Bedürfnisse (be)achten und das Gefühl haben, die Welt gestalten zu können.

Leider haben viele von uns als Töchter ganz andere Erfahrungen gemacht. Viele mussten sich ihren Weg schmerzhaft erkämpfen – oder sind noch immer in diesem Kampf gefangen, während sie eigentlich schon die nächste Tochtergeneration begleiten müssen, an die sie die eigenen Verletzungen nicht weitergeben wollen.

Wenige Mütter wollen ihre Töchter aktiv schwächen oder offenen Auges in ein Problem hineinrennen lassen. Im Gegenteil: Wir wollen sie schützen, und dieses Schutzverhalten wird von unbewussten Bildern und Emotionen gesteuert. Wir sind nicht objektiv, unser Blick ist getrübt durch eigene Erfahrungen und eine Ordnung, die wir nicht – oder zu wenig – infrage stellen. Dies verleitet zu einer Anpassung an die bisherigen »Spielregeln«, anstatt dagegen aufzubegehren und das eigene Kind darin zu unterstützen, andere Wege zu gehen, die Welt anders zu sehen und infrage zu stellen. Es mag an der einen oder anderen Stelle schmerzen, dahin zu schauen, wo wir bisher blind waren. Aber gerade jetzt und gerade heute ist es wichtig, dass wir uns dieser Herausforderung stellen und auf die Probleme blicken, die uns und unseren Töchtern aufgedrängt werden.

Wie geht es dir als Mutter und Mensch?

- Ich habe Probleme damit, meine eigenen Bedürfnisse zu formulieren.
- Ich habe das Gefühl, dass die Wünsche und Bedürfnisse anderer Menschen immer wichtiger sind als meine.
- Ich habe negative Erinnerungen an meine Kindheit in Verbindung damit, ein Mädchen gewesen zu sein.
- Mädchen zu sein bedeutete in meiner Kindheit, weniger wert zu sein (zu Hause, in der Schule, in Beziehungen).
- Ich habe im Laufe meines Lebens (sexuelle) Gewalt erfahren.
- Ich habe eine schwierige Beziehung zu meiner Mutter.
- Es fällt mir schwer, die Wege anderer Frauen zu akzeptieren, und ich neige dazu, neidisch, abfällig und/oder verurteilend Frauen gegenüber zu sein.
- Ich bin oft auf der Suche nach Anerkennung.
- Ich habe mich schon oft schutzlos gefühlt.
- Ich war eher Pippi, sollte aber eher Annika sein – oder andersherum.

Wenn du viele dieser Fragen mit »Ja« beantworten kannst, kann das ein Hinweis darauf sein, wie sehr du selbst in eine Rolle gezwungen wurdest und dich den Erwartungen anderer anpassen musstest. Vielleicht ist dir dieses Gefühl oder Wissen auch nicht neu, und du spürst schon länger die Last des Gefühls, dass in deiner eigenen Kindheit Stärke, Sicherheit und Anerkennung gefehlt haben. Wir werden uns später in diesem Buch noch damit beschäftigen, wie sehr unsere eigene Geschichte und die Geschichte der Mädchenerziehung auf uns selbst und unser Denken Einfluss nehmen. Zunächst aber wollen wir einen anderen wichtigen Bereich reflektieren, der auch in diesem Buch angesprochen wird: der Platz von Mädchen und Frauen in unserer Gesellschaft. Denn wie sie gesehen und behandelt werden, beeinflusst ihre Selbstsicht und ihre weitere Entwicklung.

Wusstest du, …

… dass schon bei weiblichen und männlichen Babys Schreie unterschiedlich eingeordnet werden und bei gleichem Schreien einem männlichen Baby größere Schmerzen zugeschrieben werden als einem weiblichen?[19]

… dass laut einer Studie aus dem Jahr 2006 an fünf- bis achtjährigen Mädchen Barbie-Besitzer*innen unzufriedener mit ihrem eigenen Aussehen sind und noch dünner sein wollen als Mädchen ohne Barbie?[20]

… dass laut einer Studie in Disneyfilmen für Kinder männliche Figuren deutlich mehr Sprechanteile haben als weibliche Figuren?

… dass das Gefühl, nicht schön genug zu sein, bei Mädchen dazu führt, sich weniger häufig im Unterricht zu melden?

… dass Periodenarmut (der Umstand, sich aufgrund von Armut keine Menstruationsprodukte kaufen zu können) auch in Deutschland ein Problem ist? Dass Mädchen der Schule fernbleiben, wenn ihnen Menstruationsartikel fehlen?

… dass sich 80 Prozent der jungen Frauen Beziehungen wünschen, in denen Hausarbeit, Kindererziehung, Beziehungspflege und berufliche Karrierechancen fair und gleichberechtigt aufgeteilt sind, aktuell aber 66,2 Prozent der Frauen mit kleinen Kindern in Teilzeit arbeiten, während nur 5,8 Prozent der Männer das tun?

… dass laut Umfrage der UK National Autistic Society aus dem Jahr 2013 nur 8 Prozent der Mädchen mit dem Asperger-Syndrom vor dem sechsten Lebensjahr richtig diagnostiziert werden im Vergleich zu 25 Prozent der Jungen und dass bis zu drei Viertel der Mädchen mit ADHS nach Schätzungen unentdeckt bleiben, weil die Diagnostik auf die Symptome von Jungen ausgerichtet ist[21]?

… dass im Jahr 2019 in Deutschland 141 792 Menschen, die in einer Beziehung lebten, Opfer von Mord, Körperverletzung, Vergewaltigung, sexueller Belästigung, Bedrohung oder Stalking wurden und darunter 81 Prozent Frauen waren?[22] Und dass Frauen, die in ihrer Kindheit und Jugend Partnerschaftsgewalt miterleben, später mehr als doppelt so häufig selbst durch den Partner Gewalt erfahren wie Frauen, die nicht Zeuginnen von Gewalt wurden[23]?

… dass der Anteil von Frauen, die mindestens einmal in ihrem Leben körperliche Gewalt durch einen Beziehungspartner erleben, in Deutschland bei 20 Prozent liegt[24]?

… dass es bis 2021 Frauenärzt*innen in Deutschland verboten war, auf ihrer Internetseite über Schwangerschaftsabbrüche aufzuklären, da die *öffentliche Aufklärung* als Werbung angesehen wird?

Wenn du viele dieser Fragen mit »Nein« beantwortet hast, kann dir dieses Buch dabei helfen, einen genaueren Blick für die Ungleichheit und Probleme in unserer Gesellschaft zu bekommen. Denn das alles sind beeindruckende Zahlen und Fakten – und dennoch ist es nur die Spitze des Eisberges. Wir können die gesellschaftlichen Rahmenbedingungen und das Patriarchat nicht sofort in dieser Generation abschaffen. Aber wir können – gerade als Mütter – einen erheblichen Teil dazu beitragen, dass es unsere Töchter leichter haben: Wir können sie in Vertrauen, Liebe und Respekt wachsen lassen. Ihnen Stärke und Selbstbewusstsein vermitteln – unabhängig von ihrem jeweiligen Temperament –, damit sie sich in dieser Welt gut zurechtfinden. Wir können sie ermutigen, die Gesellschaft zu verändern und gegen Ungerechtigkeit zu rebellieren. Wir können – wenn wir die Zusammenhänge kennen und uns von alten Glaubensmustern frei machen – selbst anfangen, in der Gesellschaft etwas zu ändern. Damit ebnen wir ihnen den Weg, die Welt für uns selbst und alle Mädchen und Frauen, die noch kommen, zu verändern.

Dieses Buch ist deswegen beides: eine Anleitung zur individuellen Stärkung unserer Töchter – unter anderem durch die Reflexion unserer eigenen Rolle – und zur Veränderung der Welt, in der sie wachsen, um wirkliche Freiheit zu erlangen.

Im ersten Teil des Buches sehen wir uns an, warum bei der Begleitung von Mädchen alles so kompliziert ist: Worin liegen die Unterschiede zwischen Mädchen und Jungen, und wie und warum wurden Mädchen viele Jahrhunderte lang anders erzogen? Sich auf die Spuren der Mädchenerziehung zu begeben, ist dabei nicht immer einfach. Denn sie war geprägt von Ausschluss und Gewalt, und wir werden sehen, wo es auch heute noch Gewalt in der Erziehung von Mädchen gibt. Wir wollen uns ansehen, was gerade die Mutter-Tochter-Beziehung beeinflusst hat, und können damit nicht nur unsere heutige Beziehung aus einem anderen Blickwinkel betrachten, sondern bekommen vielleicht auch einen neuen Blick auf unsere Mütter und auf das, was sie geprägt hat.

Im zweiten Teil des Buches werden wir uns die Dynamik der Mutter-Tochter-Beziehungen ansehen und unserem ganz persönlichen Einfluss nachgehen: Was hat mich und dich geprägt, was geben wir weiter und warum? Und wie können wir aus der Weitergabe negativer Muster aussteigen? Es gibt durchaus schon viele Errungenschaften des Feminismus, die unsere Mütter und Großmütter erarbeitet haben, gleichzeitig tragen sie und wir oft noch schwer – und unterschiedlich belastet – an der Last des Patriarchats.

Natürlich ist es auch wichtig, die anderen Bezugspersonen innerhalb der Familie in den Blick zu nehmen: Daher betrachten wir im dritten Teil Väter, Paarbeziehungen und Brüder – und ihre Einflüsse auf die Entwicklung von Mädchen.

Schließlich widmen wir uns im vierten Teil des Buches der Frage, wie wir Mädchen in den unterschiedlichen Facetten ihres Selbst heute wirklich gut begleiten und stärken können: in Bezug auf Bildung, ihr Körpergefühl, Selbstbewusstsein und viele andere Bereiche, die uns ausmachen. Wir sehen uns an, wie wir eine *Patriarchatsresilienz* entwickeln können, eine psychische Widerstandsfähigkeit gegenüber dem Wirken des Patriarchats, und wie wir gleichzeitig aktiv zur Veränderung beitragen können. Dafür ist es wichtig, dass wir einen Blick darauf werfen, wie sich Mädchen von der Babyzeit bis in die Pubertät entwickeln. Auf diesem Wissen können wir dann unser praktisches Handeln im Alltag aufbauen.

Im Laufe dieses Buches tauchen vielleicht Begriffe auf, die du noch nicht kennst, die aber wichtig sind für die Begleitung unserer Töchter. Daher gibt es am Ende des Buches auch ein Glossar für New Moms.

Dieses Buch richtet sich in erster Linie an Mütter mit Töchtern, die sich eindeutig dem Modell »Mädchen/Frau« zuordnen und in heteronormativen Beziehungsstrukturen leben. Geschlecht ist kein binäres Merkmal, sondern ein breites Spektrum. In diesem Buch werden jedoch vorwiegend jene Rollenklischees und Beziehungsfaktoren mit ihren Auswirkungen behandelt, die als Frauen sozialisierte Menschen an ihre weiblich gelesenen Kinder weitergeben, und es wird der Einfluss des Patriarchats in Bezug auf die Sexualität und andere Lebensbedingungen von weiblich gelesenen Menschen behandelt. Queere Kinder und Familienmodelle sollen dadurch nicht ausgeschlossen werden, aber einige Aspekte an diesem Buch treffen auf sie eventuell nicht zu. Da in diesem Buch kein Pinkwashing vorgenommen werden soll, ist es mir ein Anliegen, darauf hinzuweisen, dass die Inhalte keinen Anspruch darauf haben, allen Möglichkeiten der Identität und des Zusammenlebens zu entsprechen.

Was du in den folgenden Kapiteln lesen wirst, wird dich vielleicht an der einen oder anderen Stelle erschrecken, berühren, bestärken, vielleicht auch verletzen. Sich die »Geschichte der Weiblichkeit« anzusehen, rückt viele Erfahrungen und den Blick auf unsere Gesellschaft in ein anderes Licht. Über Gewalt an Mädchen und Frauen zu schreiben ist nicht einfach. Und auch nicht, darüber zu lesen. Die Geschichten in diesem Buch sind aus meinem Leben, aus dem Leben von anderen, nahestehenden Menschen und von Menschen, die mir in meinem beruflichen Kontext begegnet sind. Namen, Umstände und Zugehörigkeiten habe ich ausgetauscht und abgewandelt, damit alle Beteiligten ausreichend geschützt sind, einschließlich meiner Familie. Denn bei Themen rund um Geschlechteridentität und -erziehung ist dies (leider noch) von besonderer Bedeutung. In diesem Buch und auch in unserem Alltag. Beim Lesen und Reflektieren können alte Wunden aufbrechen – solche, die wir für überwunden gehalten haben, und solche, denen wir uns bislang gar nicht bewusst waren. Deswegen: Gehe achtsam mit dir um, wenn du dieses Buch liest. Es ist keine Gebrauchsanweisung dafür, wie Mütter ihre Töchter »modern« erziehen können. Es soll ein Buch sein, das uns alle ein wenig näher an Freiheit und Gleichheit heranführt. Ein Buch darüber, wie wir neue Mütter für Töchter sein können, die das Patriarchat überwinden. Aber wie viele und wie große Schritte du selbst dabei gehen möchtest oder kannst, bleibt dir überlassen. Zunächst ist es schon einmal ein großer Schritt, dieses Buch überhaupt in den Händen zu halten und zu erwägen, dass du dich damit jetzt auseinandersetzen willst. Schon allein dieser Gedanke ist ein Aufbruch. Wenn du möchtest, nehme ich dich mit auf die gemeinsame Reise zur Rebellion.

»Ich möchte nicht, dass der Eindruck entsteht, Mama wäre für uns keine gute Mutter gewesen. Auf ihre Weise war sie es. Sie war eine gütige Frau, und sie liebte uns. Dass sie so tyrannisch und dominant war, lag vor allem an der absurden, einengenden Erziehung, die sie selbst erhalten hatte.«

HÉLÈNE DE BEAUVOIR ÜBER IHRE MUTTER[1]

EINS

Warum es immer noch keine Gerechtigkeit gibt

Über Mütter und Töchter wird so einiges gesagt, geschrieben, erzählt. Wir finden ihre Beziehung wieder in Ratgebern, Bildern, Kinofilmen, Serien – und in den Gesprächen am Abend mit der besten Freundin bei einem Glas Rotwein. Wir lachen mit ihnen, wir weinen mit ihnen – und wir lachen und weinen über sie. Wir lesen über schwierige Mutter-Tochter-Beziehungen der Geschichte wie bei Hélène und Simone de Beauvoir und deren Mutter, und eine ganze Generation junger Frauen hat mit Emily, Lorelai und Rory Gilmore[2] mitgefiebert, gelitten, geliebt und sich manches Mal gewünscht, eine Mutter wie Lorelai zu werden oder wie Rory ein wenig stolz und liebevoll-ironisch über die eigene Mutter sagen zu können: »Eigentlich heiße ich Lorelai. Meine Mutter heißt auch so. Sie hat mir ihren Namen gegeben. Sie dachte damals: ›Wenn Jungs nach ihren Vätern benannt werden, kann es eine Mutter mit ihrer Tochter genauso machen.‹ Sie sagt, ihre feministische Ader habe sich gemeldet. Ich glaube, dass auch die vielen Schmerztabletten daran schuld sind.«

Der Mutter-Tochter-Beziehung wird nachgesagt, sie präge das Leben, die Liebe, die Beziehungen, Karriere, Partnerschaften und später das eigene Familienklima. Vieles davon wird auch den Söhnen zugeschrieben, denn nicht zuletzt durch Sigmund Freud wurde die Bedeutung der Mutter für die kindliche Entwicklung und für alle aktuellen und zukünftigen Probleme tief in den Köpfen des modernen Menschen verankert. Die Mutter-Tochter-Beziehung nimmt durch die Weitergabe von Rollenbildern an Töchter allerdings einen besonderen Platz ein. Und genau damit sind wir schon beim Kern des eigentlichen Problems angelangt: Was wäre, wenn die Mutter *nicht* über so viele Jahrhunderte die bevorzugte und größtenteils alleinige primäre Bezugsperson für ihre Kinder gewesen wäre? Wie und warum hat sich das Konstrukt der Mutterschaft auch negativ auf Mutter-Tochter-Beziehungen ausgewirkt? Welche Punkte haben dazu geführt, dass so viele Töchter die Beziehung zu ihrer Mutter an der einen oder anderen Stelle als belastet empfinden? Muss das überhaupt so sein? Denn nein: Es sind keine Einzelfälle. Wenn so viele Frauen das Gefühl haben, dass ihre Mutter-Tochter-Beziehung an der ein oder anderen Stelle belastet ist – dass sie nicht sein konnten, wer sie sein wollten, dass es immer Konfliktpunkte gab oder gibt –, dann müssen wir über den Tellerrand der Einzelfälle hinausblicken auf das, was all diese Mutter-Tochter-Geschichten verbindet. Und dies ganz besonders, wenn wir es anders machen wollen, wenn wir unsere eigenen Töchter stärken, stützen und liebevoll begleiten wollen.

»Falls ich an den Punkt kommen sollte, wo ich selbstbewusst genug bin, ein Kind zu bekommen, und mir sicher bin, dass ich es lieben und beschützen kann, dann ist vielleicht auch eine Beziehung zu meiner Mutter wieder möglich. Oft habe ich Momente, wo ich plötzlich ein warmes trauriges Gefühl bekomme, wenn ich an meine Mutter denke. Dann würde ich gerne mit ihr einen Kaffee auf ihrem gemütlichen Balkon trinken und einfach ein gutes Mutter-Tochter-Gespräch führen. Das ist mein eigenes inneres Kind, was da hochkommt und diesen Wunsch hat. Und das ich dann mit der Realität konfrontieren muss,

denn so harmonisch und unbeschwert, wie das in meinem Kopf abläuft, wäre das natürlich niemals in der Realität. Es ist sehr schwer zu unterscheiden für mich, welcher Anteil sich gerade wieder Kontakt zu ihr wünscht. Für mich steht jedoch fest: Solange ich nicht mit Sicherheit sagen kann, dass es meine innere Erwachsene ist, die sich ein Gespräch mit ihr wünscht und dann auch in der Lage ist, unangenehme Dinge anzusprechen, so lange werde ich den Kontakt zu ihr nicht wiederherstellen.« NINA

Es ist ein kompliziertes Netz von Zusammenhängen, das die Familienbeziehungen prägt. Gerade in den letzten Jahren hat es in der Ratgeberliteratur eine Fokussierung auf Mütter und deren Töchter gegeben, die die Auswirkungen von Müttern, die nicht lieben, und emotional-missbräuchliche Mutter-Kind-Beziehungen in den Blick nimmt. Gleichzeitig gibt es Bücher dazu, wie wir unsere Töchter stärken können oder sollen, und dies ganz besonders in Umbruchphasen wie der Pubertät. Oft geht es darum, wie Erziehung »gelingen kann, wenn die Erziehenden nur berücksichtigen, was Mediziner und Psychologen herausgefunden haben«.[3] Dabei werden aber oft die eigentlichen Kernprobleme und Ursachen übersehen, denn es sind nicht nur die Erziehenden mit ihren eigenen Geschichten und Erfahrungen, die Einfluss auf die Entwicklung und das Verhalten des Kindes nehmen – und schon gar nicht liegen die meisten Probleme in den Kindern selbst begründet. Wie in vielen anderen Bereichen der Probleme zwischen Eltern und Kindern hilft es nicht, wenn wir versuchen, nur an den Symptomen zu arbeiten. Wir müssen zu den wirklichen Ursachen durchdringen, um unser Verhalten zu verändern und dadurch Einfluss auf die Entwicklung der Kinder zu nehmen. Wir Erwachsenen sind die Stellschraube der Erziehung, nicht die Kinder.

Aus der Beratungspraxis

Britta ist 46 Jahre alt, Mutter einer Tochter und eines Sohnes. Sie hat Angst, dass ihre Kinder und insbesondere die ältere Tochter, die bereits in der Pubertät ist und mit der sie öfters streitet, sie später hassen könnten. Zu ihrer eigenen Mutter hat Britta keine gute Beziehung: Sie beschreibt die Mutter als emotional distanziert. Britta wurde ungeplant als Nachzüglerin geboren, ihre älteren Geschwister waren schon 10 und 14 Jahre alt. Ihre Mutter war ihre ganze Kindheit über Hausfrau, dabei unzufrieden und auch in der Beziehung zu ihrem Mann und Vater der drei Kinder unglücklich. Auch wenn es ihnen finanziell gut ging, sie in einem Reihenhaus in einem Vorort einer größeren Stadt wohnten, war Brittas Kindheit von dem Gefühl geprägt, Freude und echte Familiengefühle zu vermissen. Als sie selbst in der Pubertät war, hatte ihre Mutter im Streit einmal zu ihr gesagt, dass sie sie nur deswegen bekommen habe, weil sie schließlich als verheiratete Frau mit Familie nicht einfach so abtreiben konnte.

Wenn Britta heute Angst davor hat, dass ihre Kinder und insbesondere ihre Tochter ähnliche Gefühle ihr gegenüber entwickeln könnten, wie sie sie ihrer Mutter gegenüber hat, dann liegt das auch an der emotionalen Vernachlässigung in ihrer eigenen Kindheit und dem Gefühl, nie gewollt und gut genug für die Liebe gewesen zu sein. Gleichzeitig ist es wichtig, die Geschichte im Kontext der Zeit zu sehen und die Rahmenbedingungen zu betrachten, die auf ihre Mutter damals wirkten: das offenbar ungewollte Hausfrauendasein, die Ehe ohne Liebe, aus der sie das Gefühl hatte, nicht aussteigen zu können, und ebenso das Gefühl, dass die Gesellschaft eine Abtreibung bei einer verheirateten, gut situierten Frau nicht akzeptiert hätte. All dies entschuldigt das Verhalten der Mutter nicht, und Britta steht nicht in der Pflicht, ihrer Mutter deswegen zu verzeihen, aber wir sehen, wie sehr ungünstige gesellschaftliche Rahmenbedingungen auf die Beziehung wirken können und wie wichtig es ist, gute Rahmenbedingungen für Familien herzustellen.

Ein diffuses Gefühl des Unwohlseins ...

Wenn wir die Probleme der Mutter-Tochter-Beziehung in den Blick nehmen wollen, müssen wir weit über den Tellerrand der eigenen Mutter-Tochter-Geschichten blicken: Viele heutige Frauen und Mütter spüren in sich eine Unzufriedenheit mit ihrem Leben, ihrem Alltag. Sie fühlen sich hineingepresst in ein Leben, das vielleicht schon irgendwie gut ist – »man will sich ja nicht beschweren« –, das aber an der einen oder anderen Stelle drückt. Wir können manchmal nicht einmal genau ausmachen, woher dieses Gefühl kommt und was uns so belastet. Denn: Wir kennen keinen anderen Entwurf und nehmen die Art, wie wir leben, als normal hin. Es gibt daher nur ein diffuses Gefühl des Unwohlseins in uns, das oft nicht näher bestimmt werden kann. Wir fühlen Ungleichheit und Benachteiligung, wenn ein Kollege bei gleicher Qualifikation vielleicht schneller aufsteigt, und sind ein wenig genervt von dem Kollegen, der immer so flirty ist, und wir empören uns, wie öffentlich mit Politikerinnen umgegangen wird, während ihre männlichen Kollegen ganz anders behandelt werden. Wir rollen die Augen, wenn wir mit Freundinnen über die lange Liste an Haushaltsaufgaben sprechen, und schimpfen darüber, wenn unser Partner zu unemotional reagiert. Es gibt viele Punkte, die in uns das Gefühl entstehen lassen: Es läuft nicht ganz so rund. Und irgendwie scheint das damit zusammenzuhängen, dass wir Frauen sind. Aber wir kennen auch keinen Gegenentwurf. Wir sehen vielleicht, dass sich viele Probleme im Alltag von Männern nicht oder anders stellen, aber wir haben diese Art des Lebens bisher nicht gelebt. Wir erleben an vielen Stelle bereits Freiheit, fühlen uns frei im Vergleich mit vergangenen Generationen, aber es ist nur ein begrenztes Maß. Ganz frei sind wir nicht. Wir tun uns noch schwer damit, auch mal unangepasst zu sein, einfach mal nicht zu gefallen. Wir sind, wie Glennon Doyle[4] es beschreibt, wie ein in Gefangenschaft geborener Gepard, der nie erlebt hat, wie sich die Weite und Freiheit anfühlt und dennoch eine unbestimmte Sehnsucht in sich trägt. Wenn wir uns den Beschränkungen, der Gefangenschaft in der Gesellschaft stellen, sie ansehen und hinterfragen, können wir selbst zu einer neuen Freiheit gelangen, aber vor allem unseren Töchtern diese ermöglichen. Denn ja: Auch das Gefühl der Gefangenschaft wirkt sich auf unsere Beziehungen und die Mutter-Tochter-Interaktion aus.

Kindheit und Entwicklung sind immer auch eingebettet in ein komplexes System aus Vergangenheit, Gegenwart, gesellschaftlichen und persönlichen Einflüssen. Empfehlungen von Pädagog*innen, Psycholog*innen und Mediziner*innen stehen oft unter dem Einfluss der Zeit, in der sie hervorgebracht wurden. Dass Hélène de Beauvoir Probleme mit ihrer Mutter hatte, ist ebenso im Kontext der Zeit zu betrachten wie die Beziehung zwischen der alleinerziehenden Lorelai und ihrer Tochter Rory 100 Jahre später. Gesellschaft, Politik, Religion wirken sich auf Erziehung aus. Die Struktur unserer Gesellschaft, die Verhaltensweisen, die wir für angemessen halten, Gefühlsäußerungen und Spielangebote für Kinder sind in diesem System gewachsen und unterliegen ihren Einflüssen – unter anderem einer »Vergeschlechtlichung«[5]. All dies ist miteinander verwoben, durchmischt, ein manchmal undurchsichtiger Nebel: Was sind meine eigenen Absichten, was tue ich nur, weil »man« es eben so macht, wann gebe ich eigentlich »nur« die Worte meiner Eltern ungefiltert in Stresssituationen weiter? Gerade in Bezug auf »weibliches« Verhalten und das gesellschaftliche Narrativ der Mutter-Tochter-Beziehung gibt es viele Einflussfaktoren, die wir in den Blick nehmen sollten, wenn wir darüber reden wollen, wie wir Mädchen stärken.

Natürlich können wir als Erwachsene punktuell unser Verhalten verändern. Wir können sagen: Wenn du deine Tochter stärken möchtest, dann lies ihr mehr ermutigende Geschichten über starke Frauen vor, die andere, selbstbestimmte Wege gegangen sind. Kauf ihr eines dieser modernen Malbücher, in denen sie selbstbewusste Sätze gestalten kann und Frauen mit verschiedenen Körperformen. Und ja, es kann durchaus eine Unterstützung sein, wenn Kinder die Geschichten und Lebensentwürfe anderer Frauen hören und diese sich in ihren Köpfen festsetzen. So wie es auch helfen kann, wenn wir Methoden lernen, mit Stress besser umzugehen, damit wir unsere Kinder weniger anschreien. Aber auch dabei behandeln wir dann meist nicht das ursächliche Problem und kommen immer wieder in die Situationen, in denen wir unsere Techniken anwenden müssen, anstatt an der eigentlichen Ursache, dem, was der Trigger anspricht, zu arbeiten und damit die für uns schwierigen Situationen generell abzubauen. Bewusstes Verhalten ist nur einer der Ansatzpunkte. Bevor wir aber zu einem bewussten Verhalten kommen, das auch authentisch sein soll, müssen wir die darunterliegenden Schichten betrachten: das unbewusste Verhalten, das Denken, die Prägungen. Ohne dies in Angriff zu nehmen, reproduzieren wir immer wieder das, was wir selbst gelernt haben, und schränken damit den Erfahrungsraum unserer Kinder ein, grenzen aus, behindern eine Veränderung.

… und die darunterliegenden Schichten

Noch wichtiger, als punktuell unser Verhalten zu verändern, ist es nämlich, auf das zu blicken, was wir jeden Tag mit Worten und Handlungen vermitteln. Manchmal steht das unbewusste Verhalten sogar im Gegensatz zu dem, was wir eigentlich vermitteln wollen. Und dies können wir nur bedingt ändern, wenn wir nicht wirklich bis zum Kern der Ursachen unseres Handelns vordringen. Es gibt diesen berühmten Satz des Komikers Karl Valentin: »Es hat keinen Sinn, Kinder zu erziehen, sie machen sowieso alles nach«, und auch der verstorbene dänische Familientherapeut Jesper Juul erklärte: »Kinder machen nicht das, was wir sagen, sondern das, was wir tun.«

Tatsächlich ist die Nachahmung bei Kindern ein großes Thema und auch all die vielen kleinen Worte, Gesten und Blicke, mit denen wir uns unbewusst mitteilen. Sie erzeugen ein Klima, ein Bewusstsein. Wir teilen unseren Kindern beständig bewusst und unbewusst mit, wie wir die Welt wirklich sehen, und diese Mitteilung ist geprägt von unseren eigenen Erfahrungen. Ob wir wollen oder nicht – unser Körper ist ein Kommunikationsmittel wie die Sprache selbst, und unsere Kinder lesen in vielen Situationen aus unserem Verhalten über Anspannung, Anpassung, Stärke oder Sicherheit. Dass wir Frauen nicht breitbeinig in der Bahn sitzen, sondern die Beine eng aneinander- oder auch übereinanderschlagen, sagt etwas darüber aus, was die Gesellschaft von uns erwartet und was wir ihr über unsere Rolle in ihr vermitteln. Wie wir uns in Gesprächen anderen gegenüber verhalten, wie oft und wie lange wir anderen dabei in die Augen blicken und ob und wann wir in Gesprächen mit welchen Personen eine offene oder geschlossene Körperhaltung einnehmen, sagt ebenfalls etwas darüber aus, wie wohl wir uns in dieser Situation fühlen beziehungsweise welche Rolle wir insgesamt einnehmen. Alle diese scheinbar so kleinen und oft unbewusst ablaufenden Ausdrücke unserer Körpersprache nehmen unsere Kinder auf und bilden sich davon ein Bild über die Rolle »Frau« oder »Mutter« in der Gesellschaft. So, wie auch wir aufgrund von Erfahrungen und Erwartungen unsere Körpersprache entwickelt haben. Das bedeutet nicht, dass wir nun unseren nonverbalen Ausdruck vollkommen überarbeiten müssen, aber wenn wir wissen, dass auch dieser sich aus bestimmten Einflüssen ergeben hat und selbst wieder Einfluss nimmt, werden wir uns unserer eigenen Aussagen vielleicht bewusster. Wenn wir uns also mit dem Kern des Problems beschäftigen möchten, müssen wir uns nicht nur ansehen, wie wir was weitergeben, sondern auch, was uns geprägt hat, was uns heute beeinflusst und was wir bewusst und unbewusst vermitteln.

Aus der Beratungspraxis

In einem meiner Kurse für Spiel und Bewegung mit Kleinkindern nahmen Camilla und ihre zweijährige Tochter Mia teil. Wir tanzten im Kurs, es gab Bewegungsangebote für die Kinder und eine Austauschrunde für die teilnehmenden Eltern, in der wir aktuelle Fragen besprechen konnten, während die Kinder im Freispiel vertieft waren. Eines Tages kam Camilla mit einer besorgten Nachfrage in die Gruppe: Sie hatte festgestellt, dass Mia sich immer beim Lachen beide Hände vors Gesicht hält und erst wieder wegnimmt, wenn sie zu Ende gelacht hat. Sie hatte das noch nie bei einem anderen Kind gesehen und machte sich Sorgen, weil sie es wirklich merkwürdig fand. Wir fanden zunächst keine Ursache für das Verhalten, konnten es im Kurs aber zweimal beobachten. Auch beim nächsten Treffen waren wir der Lösung noch nicht näher gekommen. Camilla hatte ihrer Tochter schon öfter gesagt, sie brauche sich doch nicht zu verstecken und sie habe ein schönes Lachen, aber das Händehalten vor ihr Gesicht hatte nicht aufgehört. Beim dritten Treffen erzählte ein Elternteil von einem sehr chaotischen Morgen, die Elternrunde lachte. Und Camilla hielt sich beim Lachen schräg eine Hand vor den Mund. Endlich hatten wir die Ursache gefunden: Mia imitierte das Lachen ihrer Mutter, die sich immer eine Hand vor den Mund hielt, weil ihr seit der Kindheit ein Schneidezahn im unteren Kiefer fehlt und die etwas größere Lücke ihr immer unangenehm war. Die anderen Kinder hatten sie damals in der Schule gehänselt, weshalb sie sich angewöhnt hatte, diese als Makel hervorgehobene Zahnlücke zu verstecken. Mit diesem Wissen konnte Camilla nun anders mit dem Verhalten ihrer Tochter umgehen und selbst auch noch einmal ihre Geschichte aufarbeiten.

Im Laufe der Zeit bilden Kinder eine Selbstrepräsentanz aus: eine Vorstellung von sich selbst, die bestimmt, wie sie sich verhalten, sich in Beziehung setzen zu anderen. Diese Selbstrepräsentanz entsteht durch die Erziehungs- und Rollenbilderfahrungen, die Kinder über die Jahre hinweg machen und die sich in ihren Gehirnen festsetzen. Was wir erleben, was bedeutsam für sie ist, hinterlässt Spuren in den Nervenverbindungen des Gehirns. Durch die Erfahrungen, die wir machen, verbinden sich Nerven, und diese Verbindungen prägen unser Denken und Handeln. Es entsteht ein Bild davon, was wir als »normal« empfinden, weil wir dies gewohnt sind und schon viele Male gesehen, gehört, gefühlt oder erlebt haben. Genauso ist es mit unserem Alltag, unseren Glaubenssätzen, unserem Denken. Wir sind auf etwas ausgerichtet, was wir bislang als Norm empfunden haben. Teilweise verdrängen wir auch (un)bewusst das, was von dieser Norm abweicht, was sich schmerzlich oder bedrohlich anfühlt. Und diese Norm, die wir verinnerlicht haben, geben wir bewusst und unbewusst über unsere Aussagen und Handlungen an unsere Kinder weiter. Aber nur weil wir keinen anderen Weg kennen, bedeutet es nicht, dass es keinen anderen gibt. Nur weil wir etwas für uns als passend empfinden, ist dies nicht für alle anderen so. Der Blick auf die Norm schwächt manchmal unsere Fähigkeit, über den Tellerrand zu blicken oder es wenigstens zu versuchen.

Es sind schon die kleinen Worte und Handlungen, die Einfluss darauf nehmen, wie sich unsere Kinder sehen und welches Bild über die »richtige Rolle« sie von sich aufnehmen.

„Na du machst es dir aber bequem."

„So sitzt ein Mädchen nicht da, mach die Beine zusammen."

Wie Kinder – besonders Mädchen – diskriminiert werden

Hinter uns liegen Jahrtausende der Erziehung mit »klassischen« Erziehungsmitteln wie Drohungen und Strafen, Gewalt und Ungerechtigkeit, die ihre Spuren in unseren persönlichen Geschichten, unserer Individualität, unserer Psyche und eben auch in unserer Kultur hinterlassen haben. Diese Vergangenheit prägt unseren Umgang mit Kindern, wie wir sie sehen und welche Rechte wir ihnen einräumen (oder gerade nicht). Kinder sind auch heute noch eine unterdrückte, in ihren Rechten beschränkte und viel zu wenig berücksichtigte Bevölkerungsgruppe.[6] Bedürfnisse und sogar Rechte von Kindern werden denen erwachsener Menschen nachgeordnet. Wir sprechen von Adultismus und meinen damit die Machtungleichheit zwischen Kindern und Erwachsenen und die daraus resultierende systematische Diskriminierung junger Menschen.

Kinder erleben Adultismus als erste Diskriminierungsform, wodurch sie verinnerlichen, dass Machtgefälle und Herrschaftsverhältnisse normal sind und sie sich dem unterordnen müssen. Dies bildet den Boden für eine Gewöhnung an Diskriminierung, worauf dann weitere Diskriminierungsformen wie Geschlecht, Behinderung, Herkunft, Hautfarbe, Bildungsstand und/oder die zugeordnete Klasse aufbauen. Die schon erwähnte Theologin Elisabeth Schüssler Fiorenza spricht daher nicht von einem Patriarchat, sondern von einem Kyriarchat – ein »komplexes, pyramidenförmig gestaffeltes System sich überschneidender und sich vervielfältigender sozialer Herrschaftsstrukturen von Über- und Unterordnung, von Beherrschung und Unterdrückung«.[7] Für die Überschneidung und Gleichzeitigkeit verschiedener Diskriminierungskategorien wurde von der Juristin Kimberlé Crenshaw der Begriff »Intersektionalität« geprägt. Adultismus und Sexismus stehen also miteinander in Verbindung und wirken intersektional.

»Meine älteste Tochter wird in diesem Jahr 15. Sie ist blind auf die Welt gekommen und hat ein seltenes Syndrom. Selbstständigkeit und Autonomie sind gerade ein Thema für uns, natürlich immer mit dem

Zusatz: Wie gelingt das in einer Gesellschaft, die Anderssein und Behinderung nicht vorsieht oder abwertet? Laut Statistik erleben Mädchen und Frauen mit Behinderung sehr häufig Übergriffe. Das gruselt mich. Ich habe die Hoffnung, dass sie gut für sich sorgen kann, Grenzen setzen kann, sich gut selbst spürt. Als ich sie gefragt habe, welche Erschwernisse sie in ihrer Jugend empfindet, hat sie geantwortet: Alle sind immer nur auf die Zukunft fokussiert. Das nervt. Ich möchte gerne einfach im Jetzt sein dürfen.« MAGDA

Kinder sind von dem Zusammenkommen mehrerer Diskriminierungsformen in besonderer Weise betroffen, da sie sich als Kinder nur schwer wehren können, die Diskriminierung direkt auf sich beziehen und in ihr Bild von sich integrieren. Wie bei anderen Formen der Gewalt, die Kinder erleben, bezieht das Kind negative Erfahrungen nicht auf die Bezugsperson, da diese im Rahmen der Bindung überlebensnotwendig ist. Das Verhalten der nahen Bezugspersonen wird in der Kindheit nicht infrage gestellt – und auch später ist es ein langer und schwieriger Prozess, anzuerkennen, dass Eltern sich »falsch« oder gar »schädigend« verhalten haben. Oft werden die Handlungen von Eltern bis lang hinein ins Erwachsenenalter gerechtfertigt, oder es wird erklärt, dass das Verhalten der Eltern nicht geschadet habe, obwohl die Folgen psychischer und physischer Gewalt schwer überblickt und oft nicht direkt eingeordnet werden können. Für das Kind, das Gewalt/Diskriminierung erlebt, ergibt das Verhalten der erwachsenen Person nur Sinn, wenn es die Schuld bei sich selbst sucht. Im Falle der Diskriminierung aufgrund der Geschlechtszuweisung bedeutet dies beispielsweise, dass Kinder die Auffassungen übernehmen, dass sie als Teil der Gruppe Junge oder Mädchen nur auf eine bestimmte Art handeln, spielen und sein dürfen.

Aus dem Leben mit Kindern

Anna war schon als kleines Kind sehr neugierig, offen und an vielen Dingen interessiert. Sie baute zusammen mit ihrem großen Bruder gern Staudämme und versuchte auch sonst, sich in seine Hobbys wie etwa das Werken einzubinden. Insbesondere ihr Vater, ihre Mutter etwas weniger, erklärte ihr aber beständig, dass sie als Mädchen nicht so »wild« sein und lieber mit »Mädchenspielsachen« spielen solle. Ihre Geburtstagswünsche nach einem eigenen Werkzeugkasten und Lastwagen für den Sandkasten wurden immer übergangen. Sie blieb dennoch interessiert an ihren Themen, ging einigen Dingen auch heimlich nach und studierte später sogar Maschinenbau. Dennoch hat sie bis heute das Gefühl, von ihren Eltern nie wirklich anerkannt worden zu sein.

Kleine Kinder, die dem weiblichen Geschlecht zugeordnet werden, bekommen oft irgendwann verboten, breitbeinig zu sitzen, sie sollen bestimmte Kleidungsstücke unbedingt (rosa Kleider) oder auf keinen Fall tragen (zu kurze Röcke), die Haare in besonderer Weise pflegen und sich schon früh in der Pubertät um ihre Körperbehaarung kümmern. Stellen wir uns einen Moment vor, wie es wäre, wenn wir selbst nicht damit aufgewachsen wären und eine andere erwachsene Person zu uns käme und uns erklärte, wie wir in der Bahn damenhaft sitzen sollten oder dass wir nicht ausreichend rasiert seien und so ja nicht herumlaufen könnten. Wenn wir ganz bei uns wären, zufrieden mit uns, in uns und unserem Körper ruhend, sähen wir diese Person wahrscheinlich verwundert an und schüttelten entrüstet den Kopf über diese Dreistigkeit. Dass viele von uns diesen ungeschriebenen Gesetzen noch immer folgen, zeigt, wie sehr Diskriminierung und Anpassung in unsere Selbstwahrnehmung und gesellschaftliche Rolle übergehen.

Die Verbindung von Adultismus und Sexismus ist dabei noch aus einem anderen Blickwinkel besonders interessant: Frauen sollen, auch wenn sie älter und erwachsen werden, so lange wie möglich »Mädels« sein. Wir veranstalten weit jenseits der 20 noch »Mädelsabende«, die oft schon der Pubertät entwachsenen Models werden von Heidi Klum seit 15 Jahren als »Mädchen« bezeichnet, und nicht selten wird die Gruppe der besten Freundinnen im Smartphone »Meine Mädels« genannt. Eigentlich ist es nur ein Wort, eigentlich ist es doch nicht schlimm: Warum sollten wir uns nicht auch mit 40 noch jugendlich als »Mädel« bezeichnen, wenn wir uns doch so fühlen oder gar geschmeichelt sein, wenn andere uns so bezeichnen? Die Antwort lautet: weil Worte auch Wirklichkeit erschaffen und diese widerspiegeln. Zwar steht das »Mädchen« einerseits für Jugendlichkeit und Unbedarftheit, erklärt Dr. Christine Ott, Dozentin für Fachdidaktik der deutschen Sprache und Literatur, aber auch für nur bedingte Verantwortlichkeit.[8] Der Jugendkult, dem gerade Frauen in Hinblick auf ihr Aussehen unterliegen, wird dadurch ebenfalls unterstützt. Denken wir nur an die extreme Ausprägung dieser Erwartung, der Kindfrau/Lolita der 1970er- und 80er-Jahre: Durch die Verbindung von körperlicher Reife mit dem Kindchenschema soll sie sowohl Unschuld als auch Sexualität in sich vereinen. Dadurch entsteht ein Machtgefälle zwischen dem erwachsenen Mann und dem »Mädchen«, das auf einige Männer einen Reiz ausübt.[9] Frauen sollen nicht selbstbestimmte Erwachsene sein, sondern eben unbedarfte, niedliche, beherrschbare Mädchen. Das soll sich in ihrem Aussehen zeigen und spiegelt sich auch in solchen Beschreibungen wider. Auch in den Medien sehen wir immer wieder die Verbindung von älteren Männern mit mädchenhaften Frauen.

Die eigentliche Abwertung, die dem Wort »Mädchen« innewohnt, sehen wir auch daran, dass es als Schimpfwort benutzt wird, beispielsweise wenn es um das Zeigen von Gefühlen geht (»Sei kein Mädchen!«) oder wenn Dinge abgewertet werden, wie bei der Bezeichnung »Mädchenbier« für ein Radler. Der Gebrauch des Wortes »Mädchen« für erwachsene Frauen kann daher, so die Sprachforscherin, strukturelle Benachteiligung begünstigen.

Aber ist es nicht etwas übertrieben, die Zuordnung zu »Mädchen« oder »Frau« als Diskriminierungsmerkmal anzusehen? Verstärkt es die Problematik nicht nur, wenn wir ständig auf die Unterschiede sehen? Ist es nicht ungerecht in Anbetracht all der Dinge, die schon verändert wurden? Sind wir nicht zu fordernd, zu ungeduldig, wenn wir noch mehr wollen? Nein, denn darum geht es nicht. Es ist wichtig, auf genau diese Unterschiede zu blicken, wenn wir als Ziel Gerechtigkeit und Freiheit anstreben. Ganz besonders in Anbetracht der Situation, dass Krisen weitere Ungleichheit auslösen können. Gerechtigkeit entsteht nicht innerhalb eines unausgewogenen Systems und indem wir nichts tun, sondern nur durch Aktivität. Und diese Aktivität kann verschiedene Stufen haben: Zunächst können wir hinsehen, dann benennen, uns über unsere Erfahrungen austauschen und dabei die verschiedenen Facetten einzelner Situationen anerkennen, bevor wir etwas ändern. Sehen wir also zunächst einmal genauer hin, an welchem Punkt der Entwicklung wir uns befinden.

Reflexion: Bilder der Kindheit und des Erwachsenenalters

Wenn wir Erziehung neu und anders denken wollen, setzt das voraus, dass wir uns auch mit unserem eigenen Erleben auseinandersetzen. Das wird in den ersten beiden Teilen dieses Buches immer wieder im Vordergrund stehen, damit du verstehst, was dich und uns alle geprägt hat.

Wir beginnen damit, uns in unser eigenes Erleben einzufühlen: Wie es uns früher ging und wie es uns heute in Bezug auf die Erfahrungen geht, die wir als Mädchen und Frau gemacht haben. Suche dazu zwei Fotos von dir heraus: eines aus deiner Kindheit, eines aus der letzten Zeit. Erzähle oder schreibe auf, wie es dieser Person auf dem Bild geht, welchen Stereotypen sie vielleicht unterworfen ist, welche Anforderungen es gibt, warum sie was für Kleidung trägt, wie wohl sie sich fühlt.

Die Psychotherapeutin und Autorin Stefanie Stahl beschreibt in ihrem Bestseller *Das Kind in dir muss Heimat finden* das Konzept des Sonnen- und Schattenkindes. Das Schattenkind steht für die negativen Kindheitsprägungen, die wir in (unbewussten) Denk- und Verhaltensmustern übernehmen. Das Schattenkind zu erkennen, es zu beruhigen und zu umsorgen kann uns helfen, unseren Alltag unbeschwerter zu gestalten.

Spüre nach: Gibt es Unterschiede zwischen den beiden? Gibt es bestimmte Aspekte, von denen du dich über die Jahre hinweg befreien konntest, und solche, die noch immer wirken?

Nimm dann ein Foto von deiner Tochter dazu und überlege, welche Unterschiede es zwischen den beiden Kindern gibt und was du bewusst anders machst, weil du es im Rückblick als negativ betrachtest.

Wie Mädchen vom androzentrischen Weltbild geprägt werden

Über Jahrtausende hinweg hat sich eine Gesellschaft ausgebildet, in der der Mann als Norm angenommen und die gesamte Kultur, Wirtschaft und Technik um diese Norm herum aufgebaut wurde. Und auch Erziehung und Bildung folgten, wie wir noch sehen werden, genau diesen Voraussetzungen. Wir sprechen von Androzentrismus, wenn der Mann als Norm und die Frau als Abweichung davon wahrgenommen wird. Wobei die Frau heute nicht mehr so sehr als Abweichung gesehen wird, schließlich ist sie bei dem, was für Männer gelten soll, meistens »mitgemeint« – und das nicht nur in dem immer noch vorherrschenden generischen Maskulinum, sondern auch in vielen kleinen und großen Aspekten unseres Alltags. Diese Art des »Mitgemeintseins« bringt aber durchaus Nachteile mit sich. Das ist etwas übertrieben? Sehen wir einmal genauer hin:

Viele Bereiche unserer Zivilisation sind an männliche Anforderungen und Rahmenbedingungen angepasst[10]: Medikamente werden häufiger an männlichen Probanden getestet, wobei sich die Wirkungen zwischen den Geschlechtern unterscheiden können: Während Acetylsalicylsäure (Aspirin) beispielsweise bei Männern zur Verhinderung eines ersten Herzinfarkts empfohlen wird, hat sie auf Frauen keine solche Wirkung beziehungsweise kann sogar schädlich sein. Klimaanlagen werden an den Stoffwechsel von Männern angepasst, wodurch Frauen häufiger frieren. Toiletten werden zwar mit gleicher Quadratmeterzahl für Männer und Frauen gebaut, aber Frauen verweilen darauf länger, auch um Menstruationsprodukte zu nutzen, haben öfter Kinder dabei und sind daher bei Wartezeiten und in ihrer Bewegungsfreiheit benachteiligt. Die gängigen Scherze über lange Schlangen an den Damentoiletten an öffentlichen Orten sind also gar nicht so lustig. Und auch nicht der oft ins Lächerliche gezogene Umstand, dass PMS für viele Frauen nicht nur eine emotional anstrengende Zyklusphase ist, sondern auch eine sehr schmerzhafte sein kann, die bei einer von fünf Frauen den Alltag beeinträchtigt und eine Schmerzintensität hervorbringen kann, die der eines Herzinfarktes ähnelt.[11] Gerade für Menschen, die an Diabetes erkrankt sind, kann die fehlende Berücksichtigung von PMS gesundheitsgefährdend sein: »Gerade weibliche Jugendliche mit Diabetes Typ 1 hätten häufig mit stärkeren Blutzuckerschwankungen und zugleich einem prämenstruellen Syndrom (PMS) zu kämpfen«, erklärt der Verband der Diabetes-Beratungs- und Schulungsberufe in Deutschland.[12] Schutzmaßnahmen in Autos sind eher auf männliche Körper ausgerichtet, wodurch Frauen mit einer höheren Wahrscheinlichkeit bei einem Unfall versterben. Dies ebenso bei einem Herzinfarkt, da sie andere Symptome haben als Männer, die männlichen Symptome eines Herzinfarktes aber bekannter sind.

Aber wirkt sich so etwas wirklich auf unsere Kinder aus? Ja, denn einerseits wachsen sie in ein System hinein, in dem dies alles die Norm ist, und bilden ihre Weltsicht dementsprechend aus. Sie bekommen die Benachteiligung nicht nur indirekt über Menschen in ihrem nahen Umfeld vermittelt, sondern erleben bereits in verschiedenen Bereichen der frühen Kindheit selbst, dass Männlichkeit eher vertreten ist und als Norm angesehen wird: In einer Studie wurden im Jahr 2007 25 439 Fernsehfiguren für Kinder aus verschiedenen Ländern analysiert, und es zeigte sich, dass – obwohl wir in der Gesellschaft etwa von einer Verteilung von 51 Prozent Frauen und 49 Prozent Männern ausgehen – nur 13 Prozent der nicht menschlichen Figuren weiblich sind und auch menschliche weibliche Figuren nur zu 32 Prozent vorkommen. Diese weiblichen Fernsehfiguren für Kinder werden zudem auch noch oft stereotyp und sexualisiert dargestellt.[13] Leider betrifft die Ungleichverteilung nicht nur Fernsehserien für Kinder: In einer Untersuchung der Kinderbücher für Kinder bis sechs Jahre, die im Jahr 2007 und 2008 für den Deutschen Jugendbuchpreis nominiert wurden, zeigen sich ebenfalls eine Bevorzugung männlicher Figuren und die Verwendung weiblicher Stereotype.[14] Positiv hervorzuheben ist allerdings, dass in einer Untersuchung von Kinderbüchern, die in Kitas verwendet werden, gezeigt werden konnte, dass es dort zwar weiterhin geschlechtsstereotype Darstellungen gibt, der Anteil der weiblichen Figuren aber deutlich höher lag.[15] Blicken wir etwas weiter in die Schulbildung und Literatur, ist auch dort festzustellen: Hier dominieren im Deutschunterricht männliche Autoren.[16] Während wahrscheinlich nahezu alle Jugendlichen mit Goethes *Die Leiden des jungen Werther* in Kontakt kommen, hat wohl kaum jemand im Unterricht davon erfahren, dass der 1771 von Sophie von La Roche verfasste und anonym veröffentlichte Roman *Geschichte des Fräuleins von Sternheim* erst den Weg für Goethes Klassiker geebnet hat. Leider zeigt sich ein ähnliches Bild auch in anderen Schulfächern: Weibliche Malerinnen und überhaupt die Geschichte der Frauen und der Emanzipation werden eher vernachlässigt, während das Bild einer von Männern geschaffenen Kultur, in der Frauen nur eine Nebenrolle gespielt haben, weiter gestützt wird. Alles längst vorbei? Wohl kaum: Bevor die berühmten *Harry Potter*-Kinderbücher veröffentlicht wurden, entschied der Verlag, dass die Autorin Joanne K. Rowling nur unter den Initialen J. K. Rowling veröffentlichen sollte, da befürchtet wurde, dass Jungen ein von einer Frau verfasstes Buch nicht würden lesen wollen.[17] Leider sind diese Umstände keine Einzelfälle: Die Literaturwissenschaftlerin und Verlagsbuchhändlerin Dr. Nicole Seifert zeigt in ihrem 2021 erschienenen Buch *Frauen Literatur: Abgewertet, vergessen, wiederentdeckt*, wie sich strukturelle Probleme durch die gesamte Literaturbranche ziehen und auch weiterhin in Unterricht und Studium Defizite in Bezug auf Literatur von Frauen zu finden sind.

Nun ließe sich sagen: Ja, diese Daten gibt es, aber lässt sich wirklich eine Auswirkung auf Kinder nachweisen? Leider lässt sich auch dies durch Studien bestätigen: Geschlechtsneutrale Tiere aus Geschichten werden beispielsweise schon von kleinen Kindern eher dem männlichen Geschlecht zugeordnet.[18] Und auch der Umstand, dass Wissenschaft durch Männer dominiert zu sein scheint und männliche Figuren oft smarter dargestellt werden, schlägt sich im Denken von Kindern nieder: Etwa im Alter von sechs Jahren bildet sich laut Studie aus, dass Kinder intelligentere Leistungen eher Männern zuordnen.[19] Wo und wie Männer oder Frauen wahrgenommen werden, wo und wie sie in den Mittelpunkt gerückt und als Norm angesehen werden, beeinflusst die Weltsicht unserer Kinder, und so bildet sich schon in jungen Jahren ein Bild davon aus, ob man selbst in die Mitte gehört oder nur Randfigur ist. Petra Wagner, Diplom-Pädagogin und Direktorin des Instituts für den Situationsansatz und Leiterin der Fachstelle Kinderwelten für Vorurteilsbewusste Bildung und Erziehung, beschreibt: »Kinder sind nicht neutral […]: Was sie sehen und hören, verarbeiten sie immer auf der Grundlage ihrer sozialen Identitäten, es gibt keinen anderen Resonanzboden. Sie ziehen ihre eigensinnigen Schlüsse daraus und zeigen zuweilen, wie die gesellschaftlichen Ungleichverhältnisse Eingang in ihre Konstruktion von Weltwissen finden.«[20]

Aus dem Leben mit Kindern

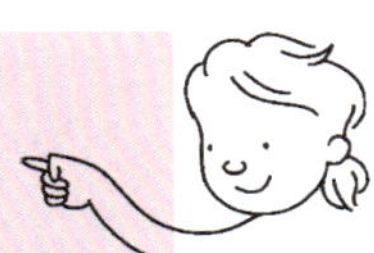

Vor einigen Jahren saß ich auf dem Spielplatz, mein Kind war im Kinderwagen nach dem Abholen von der Kita eingeschlafen, und ich wartete dort im Schatten darauf, dass es aufwachte und wir die Zeit dort überbrücken würden, bis wir die älteren Geschwister von der Schule abholen würden. Auf der Parkbank sitzend beobachtete ich eine Vorschulgruppe, die dort spielte: Jungen und Mädchen im Alter von etwa fünf bis sechs Jahren. Die begleitende Erzieherin saß ebenfalls auf einer Bank und ließ die Kinder frei spielen. Sie gruben mehrere tiefe Löcher in den Sand, die sie als Höhlen benutzen wollten. Auf einmal stießen zwei der Mädchen auf ein Hindernis: Offenbar lag eine Gehwegplatte aus Stein im Sand vergraben. Während eines der Mädchen versuchte, den Spaten als Hebel zu nutzen, um die Platte anzuheben, erklärte das andere Mädchen gleich: »Lass mal, da müssen die Jungs ran und das rausholen.« Es hatte offenbar verinnerlicht, dass bereits kleine Jungen mehr Stärke hätten als Mädchen, was allerdings nicht zutrifft: Als Kinder sind Jungen und Mädchen gleich stark. Rollenbilder in der Umgebung können Einfluss genommen haben auf die Erwartungshaltung des Mädchens, aber auch der schon erwähnte Umstand, dass Jungen generell häufiger von Erwachsenen zum Körpereinsatz herausgefordert werden, während Mädchen eher sanft begleitet werden. So kommt es über die Zeit auch, dass Jungen überhaupt mehr Chancen haben, ihre Muskeln zu trainieren und auszubilden. Das Kind nahm an, dass es als Mädchen ohnehin nicht stark genug sei, um sich dem Problem zu widmen, und wollte daher die Aufgabe gleich an einen Jungen weitergeben. Hätten beide Mädchen mit dem Spaten zusammengearbeitet, hätten sie vielleicht die Erfahrung machen können, selbstwirksam zu sein und die Steinplatte allein bewegen zu können, was die Wahrscheinlichkeit, sich später einem ähnlichen Problem selbstbewusst zu widmen, gesteigert hätte.

Wir können also festhalten: In dem auf zwei Geschlechtern basierenden System gilt das männliche Geschlecht als Norm und hat um sich selbst herum eine Gesellschaft und Kultur erschaffen, die die Bedürfnisse und die Stärke dieses Geschlechts unterstützt, dabei aber das andere Geschlecht einschränkt und als minderwertiger abqualifiziert. Lange Zeit wurde diese Ungerechtigkeit nicht gesehen, weil wir uns nur innerhalb dieses Systems bewegt haben und es auch an sprachlichem Ausdruck dafür fehlte: Die ungerechte Behandlung, Benachteiligung und Unterdrückung können ohne passende Worte nicht in die Öffentlichkeit gebracht werden. Sie ist vielmehr ein dumpfes Gefühl, ein beständiges Unwohlsein. Wir sprechen von »hermeneutischer Ungerechtigkeit«, wenn es keine passende Sprache oder kein passendes Vokabular für den Ausdruck von Ungerechtigkeit zu geben scheint. Nach und nach treten nun Worte in die Öffentlichkeit, die die ungerechte oder benachteiligte Behandlung benennen: Worte wie Mansplaining, Misogynie, Gaslighting, Tonepolicing, um spezifische Erfahrungen ausdrücken zu können und sie damit als gesamtgesellschaftliches Problem zu entlarven. Viele dieser Worte sind neu geschaffen, manchmal vielleicht auch zu wenig niedrigschwellig, um schnell in das gesellschaftliche Bewusstsein zu gelangen, das sich zum Teil noch gegen diese Worte wehrt. Dennoch sind sie wichtig, damit wir differenzierte Begrifflichkeiten haben, um über Probleme zu sprechen. Denn wie schon der Philosoph Ludwig Wittgenstein formulierte: »Die Grenzen meiner Sprache bedeuten die Grenzen meiner Welt.«

Wichtig ist aber auch: Wenn wir davon sprechen, dass das »männliche Geschlecht« die Gesellschaft nach seinen Bedürfnissen geformt hat, müssen wir allerdings mit dem Gedanken vorsichtig sein, dass dies jederzeit aktiv oder gar böswillig passiert sei: Natürlich gibt es auch aktiven Ausschluss und Menschen, die ganz bewusst (und teilweise aggressiv) gegen eine gleichwertige Aufteilung vorgehen, aber wir sollten den Blick auch darauf lenken, dass sich hier vieles zum Selbstläufer entwickelt hat, da Frauen in eine »natürlicherweise« untergeordnerte Position gedacht wurden. Das bedeutet auch nicht, dass alle männlichen Personen gleichermaßen Vorteile aus dieser Ordnung zögen und alle Frauen in gleicher Weise benachteiligt seien. Aber es gibt eine strukturelle Benachteiligung, die nicht nur in der Gesellschaft stattfindet, sondern bis hinein in die Familie, die Familienrollen und Werte wirkt. Und tatsächlich ist alldies auch aus den Familien heraus erwachsen.

Reflexion: Benachteiligung früher und heute nachspüren

Nimm noch einmal die beiden Kinderbilder zur Hand und überlege, welche Erfahrungen die beiden Kinder bisher schon gemacht haben in Bezug auf eine Benachteiligung aufgrund des Geschlechts in der Familie, in der außerfamiliären Betreuung, in der Schule, im öffentlichen Raum.

Familie im Patriarchat

Versuchen wir also nun zu verstehen, wie genau sich dieser Androzentrismus ausbilden konnte und warum wir heute von einem Patriarchat sprechen, das sich auf uns, unsere Töchter und viele andere Menschen in unserer Gesellschaft negativ auswirkt.

Wie wir schon der Bezeichnung »Patriarchat« entnehmen können, haben diese Orientierung und Entwicklung etwas mit der Familie zu tun, denn Patriarchat bedeutet wörtlich »Väterherrschaft« oder auch »Vaterrecht«, auch wenn damit heute meist gemeint ist, dass nicht nur Väter, sondern Männer allgemein die sozialen Beziehungen, Werte, Normen und Verhaltensmuster prägen und kontrollieren. Die Politikwissenschaftlerin Dr. Antje Schrupp erklärt in ihrem Essay »Schwanger werden können«, dass die »konkreten Ausformungen dessen, was ›Patriarchat‹ bedeutet, […] je nach Weltreligion, je nach Jahrhundert unterschiedlich aus[sehen]. Unterm Strich ist es jedoch immer so, dass Macht, Geld, Ressourcen und Einfluss bei Menschen zusammenlaufen, die nicht schwanger werden können«[21], und weiter, dass nicht die »Verteilung der Care-Arbeit, sondern die rechtliche Beziehung zwischen Erwachsenen und Kindern […] den Kern patriarchaler Herrschaftsverhältnisse [bildet]: ›Patriarchat‹ bedeutet, dass die Entscheidungsmacht über Kinder nicht diejenigen haben, die sie zur Welt bringen, sondern, wie der Name schon sagt, ›Väter‹.«[22] Und dies wirkte und wirkt sich dann auch auf Beziehung und Erziehung aus.

Das Patriarchat beeinflusst unser Zusammenleben, unsere Beziehungen, unsere Werte und den Erziehungsstil. Es beeinflusst, wie wir uns als Mütter gegenüber unseren Kindern allgemein und besonders in Bezug auf Rollenvorbilder unseren Töchtern gegenüber verhalten, wo sich bestimmter Stress auf unsere Beziehung auswirkt und welche Auslöser es für Stress und damit potenzielle Streitigkeiten gibt. In einem Radiointerview beschreibt die Soziologin Dr. Marianne Krüll, dass die Mutterrolle in einer patriarchalen Gesellschaft immer konflikthaft ist und sich dies auf die Beziehung zu den Töchtern auswirkt: »Denn die Umstände sind so, dass Mutterschaft eigentlich der unmöglichste Beruf ist, den wir uns ausdenken können, und die Gesellschaft trägt das nicht mit, sondern macht es uns noch schwer mit den vielen Einschränkungen, die wir dann haben. Beruflich oder überhaupt im Leben.«[23]

Die Position des Mannes im Zentrum der Gesellschaft wirkt sich nicht nur auf einzelne Menschen aus, sondern auf ganze Systeme und die Ordnung um sie herum und nimmt damit Einfluss auf Kinder, ihre Entwicklung und Erziehung. Dass wir heute in jenen Strukturen leben und ihnen unterliegen, ist keine naturgegebene, feststehende Tatsache, sondern eine Entwicklung. Nichts von dem, wie es ist, muss also so sein, sondern Familie und Erziehung sind gesellschaftliche Konstrukte, die sich im Laufe der Zeit verändert haben und die wir selbst auch wieder verändern können. Die Journalistin Anne Waak hat sich für ihr Buch *Wir nennen es Familie* auf die Reise begeben und verschiedene Familiensysteme auf der ganzen Welt betrachtet. Sie hält dementsprechend ebenfalls fest: »Viele gehen davon aus, dass diese Konstellation [Kleinfamilie] eine Art naturgegebene Konstante des Menschseins darstellt. Nichts könnte weniger der Wahrheit entsprechen. Die Idee, dass unsere Vorfahren in der Familienkonstellation von Fred Feuerstein, Wilma und Pebbles ums Feuer herum saßen, ist reine Fiktion.«[24]

Während das Zusammenleben von Menschen für den Großteil der Menschheitsgeschichte daraus bestand, in Verbänden verschiedener Alterszusammensetzung und Verwandtschaftsgrade umherzuziehen, begann mit der Sesshaftigkeit auch eine einschneidende Veränderung der Verhältnisse im sozialen Miteinander. Die umherziehende Gruppe war matrifokal ausgerichtet[25]: Stillende Mütter und ihre Kinder bildeten die Basis für Entscheidungen der Gruppe, Aufgaben wurden entsprechend den jeweiligen Fähigkeiten verteilt, die Gruppe war abhängig von der Gemeinschaft und teilte, was sie hatte. Die Kinder wurden im Altersabstand von drei bis vier Jahren geboren, waren bei der Geburt des nächsten Geschwisterkindes also bereits recht selbstständig und wurden von der gesamten Gruppe an Männern und Frauen versorgt. Frauen verfügten über die Wahl des Geschlechts- und Fortpflanzungspartners: die sogenannte Female

Choice. Die amerikanische Anthropologin Sarah Blaffer Hrdy beschreibt für manche vorkolonialisierte Völker die »chimäre Vaterschaft«: Frauen haben mit verschiedenen Männern Sex, sodass sich die Männer nicht sicher sein können, welches Kind biologisch ihres ist, was dazu führt, dass sich diese um den gesamten Nachwuchs kümmern und nicht nur den biologisch eigenen.[26] Es gab also Personen, die Kinder gebären und sich der Blutverwandtschaft sicher sein konnten, und Personen, die sich der biologischen Verwandtschaft mit dem Kind nicht sicher sein konnten. Es bestand daher, wie Dr. Antje Strupp in ihrem Essay beschreibt, eine gewisse Ungleichheit, die sich auf die weitere Investition an Zeit und Energie auswirkte, denn ein Körper muss das Kind in sich tragen und gebären, was mit weiteren Folgen verbunden sein kann. Sie erklärt dennoch: »Die Ungleichheit der Menschen ist aber nicht per se ein Problem, sondern nur für politische Systeme, die mit Ungleichheit nicht sinnvoll umgehen können und sie deshalb als bedrohlich empfinden.«[27]

Aber wie ist es dazu gekommen, dass die Ungleichheit der Gebärsituation und Kinderversorgung zu einer so starken Ungleichheit in der gesamten Gesellschaft führte? Die Ungleichheit in der Reproduktion ist tatsächlich als Basis der Entwicklung des Patriarchats zu verstehen, aber ob es nun Simone de Beauvoirs Ansatz ist, dass Frauen durch Schwangerschaft und Geburt per se einen Nachteil hätten und deswegen Schwangerschaftskontrolle und Verteilung von gerechter Care-Arbeit die wichtigsten Hilfsmittel sind, oder doch Gerda Lerners Ansatz, dass das Patriarchat eine absichtsvolle, schrittweise Entwicklung darstellt, ist nicht entschieden. Beide Aspekte sind wichtig und beeinflussen den heutigen Feminismus, gerade in Bezug auf die Sichtbarmachung und die Verteilung von Care-Arbeit. Auch die Sichtweise des Philosophen und Gesellschaftstheoretikers Friedrichs Engels, dass die »weltgeschichtliche

Niederlage des weiblichen Geschlechts« auf das Privateigentum zurückgeführt werden kann, enthält einen wichtigen Aspekt: Zwar gab es schon vor der Einführung des Privateigentums Unterdrückung, Frauentausch und -raub im Dienste der Reproduktion, aber der Kapitalismus stärkte und stärkt heute das Patriarchat, insbesondere aufgrund des Ausschlusses der Fürsorgearbeit von jeglicher Gewinnbeteiligung.

Wir können aus diesen Theorien wichtige Erkenntnisse gewinnen und davon ausgehen, dass die Entwicklung des Patriarchats mit dem Zusammenwirken verschiedener Faktoren verbunden war, die sich gegenseitig unterstützt und letztlich dazu geführt haben, dass die Situation so ist, wie sie ist, und es schwer ist, sie zu ändern.

Wie entwickelte sich nun aber die Vorstellung, dass Kinder, Erziehung und das Kinderhaben dem Vater zugeordnet wurden? Hier spielten Theorien wie die von Aristoteles (384–322 v. Chr.) eine wichtige Rolle, die noch Jahrhunderte nachwirkten: Er wies dem Samen eine aktive, formende Rolle bei der Entstehung des Kindes zu, während die Gebärmutter passiv sei. Nach Aristoteles erklärte Galen, dass die Hoden ohnehin die edelsten Körperteile seien, die auch nur beim »überlegenen« Geschlecht zu finden seien.[28] Die Schwangere wurde zur reinen Bewahrerin und Nährenden des Kindes, der Embryo bereits in der Schwangerschaft vom Körper der Frau getrennt und dem Besitzbereich des Mannes zugewiesen.[29] Die Auswirkungen dieses Gedankens reichen bis in die heutige Zeit rund um die Diskussionen um körperliche Selbstbestimmung von Frauen, gerade auch in Bezug auf Abtreibung. Die Frau hatte zwar in ihrer Funktion der kleinkindlichen Erziehung und des »Auffütterns« eine besondere Bedeutung, war aber im privaten und öffentlichen Leben ihrem Ehemann untergeordnet.

»Das Erste, was ich immer, wirklich immer, immer, immer höre, wenn ich erzähle, dass ich drei Schwestern habe, ist: ›Oh, dein armer Vater.‹ Lange habe ich mir gar nichts dabei gedacht, doch inzwischen stört es mich sehr, wenn Leute das sagen. Dazu kommt, wenn ich dann weitererzähle, dass ich noch einen Bruder habe, der nicht mehr lebt, dass der nächste Kommentar meist lautet: ›Das muss für deinen Vater aber besonders schlimm gewesen sein.‹« CHLOE

Auch Platon hatte bereits die Geringschätzung der Frau durch den Mythos untermauert, dass Frauen wiedergeborene Männer seien, die in ihrem vorherigen Leben zu schwach, zu weich, zu feige waren und Unrecht taten.[30]

Der Ehemann hatte bereits zu dieser Zeit die Entscheidungs- und Handlungsmacht. Der Sozialwissenschaftler Lloyd deMause hält in seinem berühmten Werk *Hört ihr die Kinder weinen?* fest, dass in den über 200 Ratschlägen zur Erziehung aus der Zeit vor dem 18. Jahrhundert, die er analysiert hat, die meisten das schwere Schlagen von Kindern billigen und sich diese ausschließlich an Väter und Lehrer wenden. Mütter werden dabei nicht erwähnt.[31] Weder in der griechischen noch in der lateinischen Sprache gab es eine spezielle Bezeichnung für »Mutterschaft«; diese bildete sich erst mit dem Marienkult im 12. Jahrhundert in Abgrenzung zur Vaterschaft heraus. Natürlich wurde Mutterschaft gelebt, ebenso wie es die Liebe der Mütter zu ihren Kindern gab, aber beides war gesellschaftlich anders eingebettet als heute. Und auch wenn es liebende Eheleute gegeben haben mag, war Ehe lange Zeit ein Zustand, »der wenig Anlaß zur Freude bot, den es vielmehr zu ertragen galt«, wie Mary Martin McLaughlin beschreibt.[32] Mütter waren ergeben, treu, gehorsam, fromm.

Die Kontrolle über Schwangerschaft und Geburt wurde nach und nach immer mehr in den Bereich der Männer verlagert, unter anderem durch Religionen, die einen männlichen Gott proklamieren und über ihre religiösen Annahmen Einfluss auf Frauen und Familie nahmen in Bezug auf Bestimmungen zur Verhütung, zur Abtreibung bis hin zu Angaben, wie Einfluss auf die Schmerzen bei der Geburt genommen werden darf.[33] Gerade das Christentum hat hier einen entscheidenden Einfluss genommen: Nach der biblischen Erzählung wurde Adam von Gott durch Erde geformt und bekam von ihm den Lebensatem eingehaucht, worauf dieser dann Eva aus seiner eigenen Rippe schuf, um eine Gefährtin zu haben. Adam schuf demnach mit Kraft und Macht eine Frau, die durch diese Art der »Geburt« durch den Mann nicht gleichberechtigt an seiner Seite steht, sondern ihm untergeordnet ist. Auch war es nicht die sündhafte Eva, die zum christlichen Sinnbild der Mutter wurde, sondern die reine, tugendhafte und fromme Maria, die trotz Jungfräulichkeit Mutter wurde und damit bereits die Basis für eine unerfüllbares Doppelideal bildete, das Mutterschaft fortan begleitet:[34] Frauen sollen schön, tugendhaft, rein sein und scheinbar unbemerkt, stillschweigend fruchtbar.

»Ich war ein kleines blondes Mädchen mit blauen Augen und sehr schön. Das habe ich von allen Seiten gehört. Als ich in die Pubertät kam, was sehr früh war, so mit elf Jahren, als ich auf einmal meine Periode bekam, wurde ich immer weiblicher. Mein Körper bekam Rundungen, mein Gesicht, wie eh und je, so hörte ich es von allen Seiten, war wunderschön. Was zu dieser Zeit so schnell mit mir geschah, konnte ich selber gar nicht begreifen. Ich sah diese Rundungen, die viel runder waren als die meiner Freundinnen. Ich suchte mir viel zu früh Bestätigung bei den Jungs. Mit 13 Jahren hatte ich mein erstes

Mal. Es war furchtbar. Ich wollte die Bestätigung haben, dass ich schön bin, wie ich bin. Die Reaktion meiner Mutter war, dass sie mich direkt zum Frauenarzt schleppte und mir die Pille verschreiben ließ. Sie hat mich nicht gefragt ob ich das überhaupt möchte. Aufgeklärt hat sie mich auch nicht.« LEA

Im Mittelalter wurde die Reduzierung der Frau auf Fortpflanzung und Geburt weiter vorangetrieben. Aber auch wenn Haushalt und Kinder in den Aufgabenbereich der Mütter fielen, hatten sie dort nicht die Verfügungsmacht: Sie waren nur Ausführende der männlichen Entscheidungen. Auch durch den Protestantismus änderte sich nichts an der Väterherrschaft: Dass Schwangerschaft und Geburt nicht ungefährlich für Frauen waren, wurde in Kauf genommen in Anbetracht dessen, dass die Nachkommen besonders wichtig waren. Martin Luther äußerte in Zeiten der Reformation 1522 hierzu beispielsweise: »Man sieht, wie schwach und ungesund die unfruchtbaren Frauen sind, die aber fruchtbar sind, die sind gesünder, reinlicher und lustiger. Ob sie sich aber auch müde und zuletzt tot tragen (in der Schwangerschaft), das schadet nicht, lass nur tottragen, sie sind drum da. Es ist besser, kurz gesund als lange ungesund leben.«[35]

Durch eine bessere Versorgungslage konnten Frauen immer früher schwanger werden, und die Abstände zwischen Geburten wurden aufgrund der benötigten Erben kürzer. In seinem gesellschaftskritischen, utopischen Staatsroman *Utopia*, der dem Genre die Bezeichnung »Utopie« gab, erklärte Thomas Morus sogar noch 1516, dass in seinem Idealstaat Mädchen dann verheiratet werden sollten, wenn sie körperlich ausgereift sind. So wurden Mädchen/Frauen in Verbindung mit der unter anderem daraus resultierenden Verdrängung aus anderen Alltags- und Lebensbereichen immer mehr in die Rolle der Gebärerinnen und der Versorgung der Kinder gedrängt. Dr. Antje Strupp umschreibt die Versorgung von Kindern durch die Mütter deswegen folgendermaßen: »Mütter kümmern sich um Kinder nicht, weil sie es wollen, sondern weil sie es müssen. ›Müssen‹ nicht in dem Sinne, dass sie jemand dazu zwingt, sondern im Sinne des Erkennens einer Notwendigkeit.«[36] Kinder benötigen für viele Jahre eine verlässliche Bezugsperson, die ihre Bedürfnisse erkennt, passend und prompt beantwortet. In Ermangelung anderer Personen, die dafür hinzugezogen werden konnten, wandten sich die Mütter ihnen immer ausschließlicher zu, während die Väter mit der Versorgung der Familie beschäftigt waren. Es erfolgte also eine Verlagerung der Kinderbetreuung und -begleitung in den Aufgabenbereich der Mütter, während die Väter mehr und mehr aus diesem zurücktraten. Natürlich kann nicht gesagt werden, es habe zwischen Vätern und Kindern nicht auch Liebe und Zuwendung gegeben; sie ist zwar lange Zeit nicht explizit dokumentiert und die Trennung der Zuständigkeitsbereiche war Teil des Lebens, aber dennoch können wir sie annehmen. Zu der patriarchal zugeschriebenen Zuständigkeit der Mütter kam im 16./17. Jahrhundert der Umstand, dass sie aufgrund des Ausschlusses aus dem Erbrecht auch die Einzigen waren, die »kein wirtschaftliches Interesse daran hatten, dass das Kind starb«.[37] Aus der faktischen Zuweisung der Kinder zu den Müttern wurde nach und nach eine ideologische Zuweisung unter der Annahme, Frauen seien auch biologisch geeigneter, um sich um Kinder zu kümmern.

»Die Herrschaft des Mannes über seine Frau ist in der Natur gegründet, weil uns die Natur allenthalben zeiget, daß der Schwächere von dem Stärkern, und derjenige, der ernähret wird, von demjenigen, so ihn ernähret, abhängen muß. Sie ist eben so wohl in der Vernunft gegründet, weil es widersprechend ist, daß derjenige, so ein Haus regieren muß, nicht das darzu erforderliche Ansehen und

TRUGSCHLUSS der besseren weiblichen KinderversORGUNG

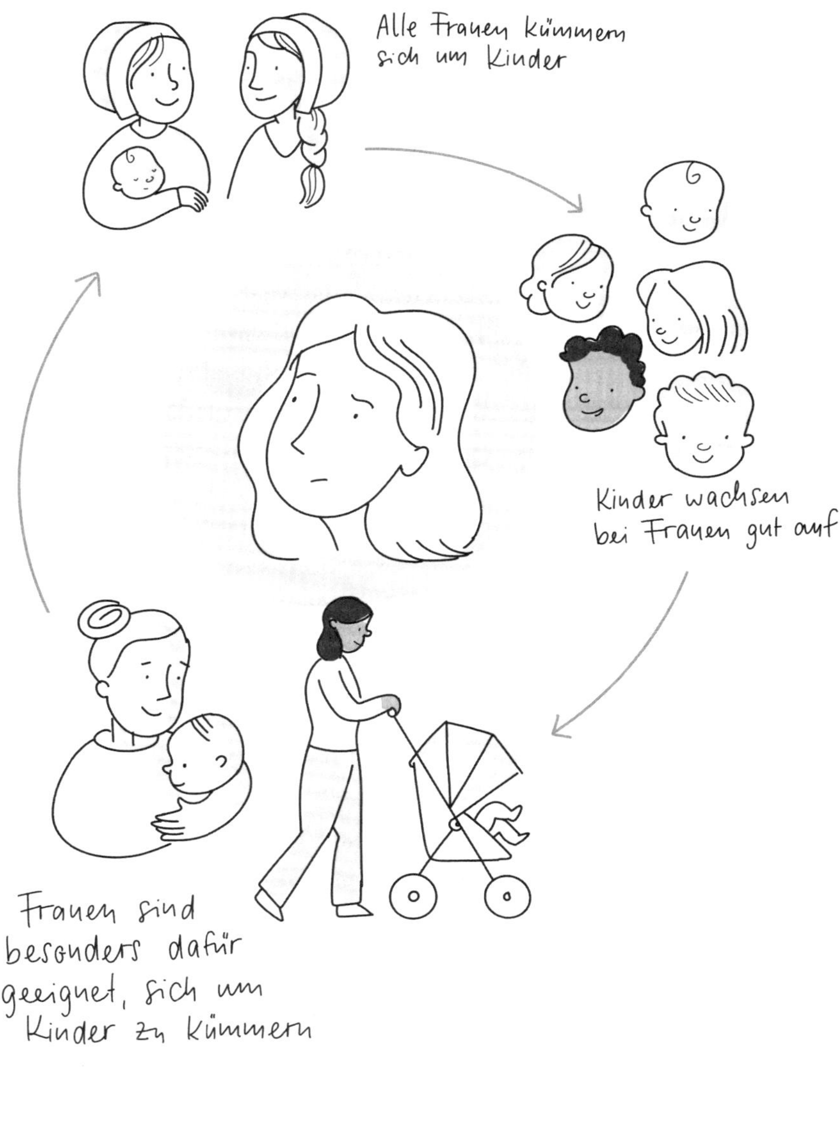

Gewalt und die darzu benöthigten Mittel haben soll. Sie ist auch in der Uebereinstimmung aller vernünftigen und gesitteten Völker des Alterthums gegründet.«[38] Der Vater hingegen verfügt über eine Art Freiwilligkeit, sich um Kinder kümmern zu können, während er gleichzeitig für viele Jahrhunderte die Inhalte des Kümmerns bestimmt: Während die Mutter in ihrem Status als Mutter aufgrund des Gebärens als sicher galt, war Vaterschaft an die Ehe geknüpft: Vater wird, wessen Ehefrau ein Kind gebiert. Heute – seit 1984 – kann Vaterschaft über einen Vaterschaftstest nachgewiesen werden. In der römischen Antike konnte der Vater innerhalb der Ehe entscheiden, ob er ein Kind annimmt oder nicht: Nach der Geburt legte die Mutter das Neugeborene auf den Boden. Hob der Vater das Kind vom Boden auf, bedeutete dies die Anerkennung des Kindes und die Aufnahme in die Familie.[39] Später wurde ein verheirateter Mann Vater der Kinder, die die Frau gebiert, und er hatte *auch* die Option, außerhalb der Ehe gezeugte Kinder anzuerkennen.

Bis tief ins 20. Jahrhundert hinein war der Mann das Oberhaupt der Familie, er hatte die Entscheidungsgewalt über das alltägliche Leben. Um 1900 wurde die väterliche Gewalt abgelöst von elterlicher Gewalt, aber während nun die Sorge um das Kind sowohl Vater als auch Mutter zustand, behielt der Vater die alleinige Vermögenssorge und das Vertretungsrecht für die Kinder. Auch hatte offiziell nur der Vater das Recht, Zuchtmittel bei Kindern anzuwenden. Erst 1958 wurde das Züchtigungsrecht in der BRD aufgehoben[40] (während es in der DDR schon 1945 abgeschafft wurde) – Mütter hatten dieses Recht offiziell nie, aber es gab die Möglichkeit der Übertragung der Ausübung der Züchtigung (bis zu einem Recht auf gewaltfreie Erziehung dauerte es dennoch noch viel länger). Der Ausspruch »Warte nur, bis Vater nach Hause kommt!« illustriert dies sehr treffend.

Auch im Falle einer Scheidung bestand die Aufteilung zwischen gemeinsamer Personensorge und Vermögenssorge/Vertretungsrecht allein für den Vater fort. Wurde ein Elternteil allein für das Scheitern der Ehe für schuldig befunden, stand dem anderen Elternteil die Personensorge zu. Im Falle beiderseitiger Schuld wurde die Personensorge für eine Tochter oder einen Sohn unter sechs Jahren der Mutter zugewiesen, für einen Sohn über sechs Jahren jedoch dem Vater. Gänzlich unabhängig von der Schuldfrage behielt der Vater das Vertretungsrecht des Kindes. Erst 1977 wurde in der BRD die Schuldfrage bei Scheidungen aufgehoben, und das Sorgerecht sollte im Sinne des Wohls des Kindes einem Elternteil zugesprochen werden, wodurch es aber zum Streit um das Kind kommen konnte. Erst 1998 wurde mit der großen Kindschaftsreform das Sorgerecht auf beide Eltern übertragen.

Bei unehelichen Kindern hatte die Mutter lange Zeit das alleinige Sorgerecht, mittlerweile kann der Vater aber einen Antrag auf gemeinsame elterliche Sorge stellen. Dennoch zeigt sich auch hier noch immer der schon erwähnte Aspekt der Freiwilligkeit von Vaterschaft: Es gibt keine Verpflichtung, sich als Vater einzubringen. Lediglich die finanzielle Unterstützung ist rechtlich geregelt, wird aber nicht ausreichend verfolgt und eingetrieben: Im Jahr 2018 wurden in Deutschland 2,1 Milliarden Euro Unterhaltsvorschuss gezahlt, weil der andere Elternteil den Unterhalt nicht zahlen konnte oder wollte. In letzterem Fall muss der Vorschuss eigentlich zurückgezahlt werden, was aber sehr selten passiert – laut Medienbericht aus dem Jahr 2019[41] nur bei 13 Prozent der Fälle, wobei insbesondere Väter hier in der Rückzahlungspflicht stehen.

Bis zu seiner Aufhebung 1928 hatten Ehemänner auch ein gesetzliches Züchtigungsrecht über ihre Frauen, um ihre Stellung und Rechte durchzusetzen. Erst 1997 wurde Vergewaltigung in der Ehe verboten. In der BRD durften Frauen zwar erwerbstätig sein, aber nur solange dies mit ihren Pflichten in Ehe und Familie zu vereinbaren war. Erst 1977 wurde das paritätische Ehemodell eingeführt, nachdem beide Ehepartner*innen zur Erwerbstätigkeit berechtigt sind. Diese Fortschritte kamen nicht von allein: Sie wurden in der ersten und zweiten Welle der Frauenbewegung erkämpft. Die ersten Aktivistinnen, wie Luise Otto-Peters oder Marie Cauer, nahmen noch im 19. Jahrhundert besonders das Frauenwahlrecht in den Blick, während die Frauen der zweiten Welle ab den 1960er-Jahren besonders für das Recht auf Selbstbestimmung, aktives politisches Mitspracherecht und Zugang zu Erwerbstätigkeit sowie die Abschaffung des Paragrafen 218 kämpften. Ab den 1980er-Jahren begann dann die sogenannte dritte Welle, in der sich Frauen dafür einsetzten, einengende Zuschreibungen und Dogmen noch weiter aufzubrechen. Mit der vierten Welle verbinden wir hierzulande Namen wie Magarete Stokowski und Teresa Bücker, die sich mit modernem, intersektionalem Feminismus beschäftigen.

Reflexion: Das Patriarchat in der Ursprungsfamilie hinterfragen

Wir haben nun gesehen, wie sehr unsere Welt vom Patriarchat geprägt wurde. Wie steht es dabei um unsere eigene Familienwelt? Spüren wir einmal der Bedeutung von männlichen Personen in unserem Leben nach: Welche Personen gab es in unserer Kindheit und Jugend und welchen Stellenwert haben sie eingenommen? Wer war die entscheidende Person bei unseren eigenen Eltern, gerade in Hinblick auf größere Familienentscheidungen: Gab es eine mehr bestimmende Person, oder wurde alles demokratisch entschieden?

Blicken wir dann auch auf unsere eigene Familie heute: Es ist nicht schlimm, wenn dir dabei auffällt, dass es auch dort in bestimmten Bereichen eine eher patriarchale Aufteilung gibt bei Finanzen, Planungen und Entscheidungshoheit. Oft übernehmen wir die Strukturen ungefragt, sind vielleicht auch froh, dass wir uns um Themen wie Verträge, Versicherungen und Altersvorsorge nicht selbst kümmern müssen, und führen dies gar nicht auf patriarchale Strukturen zurück. An diesem Punkt wollen wir nicht bewerten, sondern nur wahrnehmen: Wie ist das eigentlich bei uns?

Erziehung und Bildung im Patriarchat

Die Herrschaft der Väter wirkte sich auch auf die Art und Inhalte der Erziehung aus und bestimmte mit, was im Rahmen dieser Herrschaftsform von wem gelernt werden durfte und wie mit den einzelnen Mitgliedern einer Gesellschaft umgegangen wurde. Nicht erst erwachsene oder verheiratete Frauen mussten sich der Herrschaft der Männer unterwerfen, die Erziehung war darauf ausgerichtet, dass Mädchen den für sie vorgesehenen Platz einnehmen. Die alltägliche Unterweisung für diesen Platz übernahmen in den ersten Jahren die Mütter, und zwar nach den Vorgaben der Väter und anderer Vertreter der Väterherrschaft, wie beispielsweise der Autoren von Ratgebern. Die erste in Volksschrift verfasste Erziehungsschrift erschien 1275 (gedruckt 1736), darin erklärte der mallorquinische Philosoph Ramon Llull die richtige Art, Kinder zu erziehen. Später reihen sich Werke von Michel de Montaigne, John Locke, Jean-Jacques Rousseau, Friedrich Fröbel, Herbert Spencer und anderen ein. Auch wenn es vor dem 19. Jahrhundert durchaus Literatur zu Erziehungsthemen gab, die von Frauen verfasst wurde, waren sie in der Minderheit. Erst Helene Lange, Auguste Schmidt, Ellen Key und Maria Montessori wurden bekanntere und lautere pädagogische Stimmen von Frauen. Und selbst wenn im deutschsprachigen Elternratgeberbereich heute viele qualifizierte weibliche Stimmen vertreten sind, haben Autoren auch in dieser Branche ein besonderes Standing.[42] Männer *scheinen*, obwohl meistens wesentlich weniger im Care-Bereich tätig, eine bessere Expertise zu haben, selbst in Kinderfragen: Sie gaben Jahrhunderte vor, wie mit Schwangerschaft, Geburt und Kindern umgegangen werden solle. Sie schrieben und veröffentlichten Frauenzeitschriften,[43] ebenso Bücher über Frauen, wie schon Virginia Woolf 1929 in ihrem bekannten Werk *Ein Zimmer für sich allein* beschrieb: »Haben Sie nur eine Ahnung, wie viele Bücher im Laufe eines Jahres über Frauen geschrieben werden? Haben Sie eine Ahnung, wie viele davon Männer geschrieben haben? Sind Sie sich dessen bewusst, dass Sie wahrscheinlich das meistdiskutierte Tier im gesamten Universum sind? […] Das Geschlecht und seine Natur mag sehr wohl Ärzte und Biologen anziehen, was aber überraschend und schwer erklärbar war, war die Tatsache, dass das Geschlecht – das heißt, die Frau – auch artige Essayisten anzieht, ausgefuchste Romanciers, junge Männer, die einen Studienabschluss haben, Männer, die keinen Studienabschluss haben, Männer, die keine erkennbare Qualifikation haben außer der, dass sie keine Frauen sind.«[44]

Generell ist die Erziehung der letzten Jahrhunderte ein dunkles Kapitel der Kindheit. Hier und da gab es Lichtblicke, Reformationen etc., dennoch bedeutete Erziehung sehr lange vor allem die Anpassung des Kindes an die Wünsche und Interessen des Erziehenden und Einpassung in ein bestehendes System, um dieses weiter zu stützen und aufrechtzuerhalten. Dies findet sich speziell in Bezug auf die Erziehung von Mädchen wieder: Hier ging es jahrhundertelang darum, sie in ihre Rolle als Mädchen und Frau im Patriarchat einzupassen. Auch wenn zwischen dem 16. und 18. Jahrhundert nach und nach mehr Mädchen und Jungen schreiben lernten, blieb der Anteil der lese- und schreibkundigen Frauen insgesamt niedrig, und viele Mädchen konnten gar keine Schulen besuchen.[45] Je nach Stand wurden sie zu Hause auf Mutterschaft und Ehe vorbereitet und erhielten hierfür ihre Unterweisung. Mädchen, welche der Ehe durch einen Klosteraufenthalt entzogen wurden, wurden dort zwar unterrichtet, aber in weniger Fächern als Jungen. Auch jene Kaufmannstöchter, die in Pfarr- und privaten Winkelschulen unterrichtet wurden, lernten deutlich weniger als Jungen, konnten durch diese Ausbildung aber immerhin später die Arbeiten ihrer reisenden Männer übernehmen oder sogar – in wenigen Fällen – eigene Unternehmen führen und eigenen Frauenzünften beitreten. Auch in den Handwerksbetrieben ihrer Ehemänner arbeiteten viele Frauen als Handwerkerin mit, blieben aber dabei juristisch und finanziell abhängig von ihrem Mann. Zwar setzte sich Martin Luther auch für Schulen für Jungen und Mädchen ein, aber dennoch blieb es bei Unterschieden: Mädchen sollten nur eine Stunde, Jungen sechs Stunden am Tag in der Schule verbringen.

Bildung, Wissen, sexuelle Befreiung und allgemeine Frauenfeindlichkeit spielten auch bei den Hexenverfolgungen in der Zeit vom Spätmittelalter bis zur Aufklärung eine gefährliche Rolle: Hunderttausende »Hexen« wurden innerhalb von 350 Jahren hingerichtet.[46] Erst in der zweiten Hälfte des 19. Jahrhunderts veränderte sich die Mädchenbildung wirklich und nachhaltig: 1893 eröffnete das erste Gymnasium für Mädchen, aber die Schulbildung war auch dort weiterhin verkürzt und konnte nur durch ein anschließendes Lehrerinnenseminar noch verlängert werden. Kein Wunder, schließlich verkündete der Biologe Theodor von Bischoff noch 1887, dass Frauen aufgrund ihrer kleineren Gehirne nicht die erforderlichen geistigen Fähigkeiten für ein Studium besäßen und zu viel Bildung die Entwicklung der reproduktiven Organe behindern würde.[47] Ab 1908 durften Frauen dann endlich studieren. Der Nationalsozialismus aber führte wieder zurück zur Rolle als Frau und Mutter, da unter anderem Hitler in seinem Buch *Mein Kampf* selbst ausführte, dass die Mädchenerziehung die körperliche Ausbildung fokussieren solle, dann die seelischen und zuletzt die geistigen Werte: »Das Ziel der weiblichen Erziehung hat unverrückbar die kommende Mutter zu sein.«[48] Dementsprechend wurden wieder wesentlich weniger Frauen an Universitäten zugelassen. Während in der DDR nach dem Zweiten Weltkrieg Wert auf eine gleichwertige Ausbildung von Mädchen und Jungen gelegt wurde, aber dennoch ein starkes Mutterbild existierte, wie wir später noch sehen werden, gab es in der BRD bis in die 70er-Jahre eigene Lehrpläne für Mädchen.[49] 1969 stellte die Soziologin Prof. Dr. Helge Pross fest, »daß die prinzipiellen Widerstände gegen die Ausbildung für Mädchen überwunden sind«.[50] Aber der Ausbildungsbereich ist nur ein Teil der gesellschaftlichen Teilhabe. 1979 schrieb sie dementsprechend: »Eine Demokratie, in der die größere Hälfte der Bevölkerung weder in den Parlamenten noch in den Regierungen angemessen vertreten ist, ist bloß eine Demokratie am Anfang.«[51] Und auch heute müssen wir noch feststellen, dass Frauen weiterhin die Arbeiten im Fürsorgebereich übernehmen: Über 80 Prozent der beruflichen Care-Arbeit werden hierzulande von Frauen geleistet.[52]

Ein weiterer Teil der patriarchalen Erziehung besteht in der Aberziehung der Wut. Gerade Mädchen sollen eher ruhig, zuvorkommend und lieb sein. Das Unterdrücken von Wutgefühlen führt nicht nur dazu, dass sich die Menschen nicht gegen die bestehende Ordnung auflehnen, sondern kann auch andere langfristig schädigende Auswirkungen haben: Es führt zu Veränderungen der Denkstrukturen und des Verhaltens bis hin zu Depressionen und anderen psychischen Erkrankungen, und selbst das Zähneknirschen kann auf unterdrückte Wut zurückgeführt werden.[53] Erziehung ist – oft unbewusst und unterschwellig – immer noch darauf ausgerichtet, Mädchen in patriarchale Strukturen einzupassen und ihnen eine bestimmte Rolle darin zuzuweisen. Die Erziehungsmethoden der Anpassung und Einpassung haben langfristige Auswirkungen für Mädchen, Jungen und auch die Erwachsenen, die sie durchführen müssen.

Wie auch Jungen mussten sich Mädchen im Laufe der Geschichte den von der Gesellschaft und den Eltern gesteckten Zielen unterwerfen, wobei die Handlungsräume für Mädchen wesentlich kleiner waren. Die Professorin für Historische Pädagogik Prof. Dr. Juliane Jacobi erklärt, dass die Orientierung der Mädchen auf ihre zukünftige Aufgabe als Mutter und Hausfrau in der Forschung bisher kaum thematisiert wurde. Sie führt dazu aus: »Ihre Reaktion wird überwiegend von Akzeptanz geprägt gewesen sein. Denn wie Kinder sich selbst wahrnehmen und welche potenziellen Fähigkeiten und Möglichkeiten sich ihnen eröffnen, hängt zu einem nicht unerheblichen Teil davon ab, wie sie sozialisiert und erzogen werden. Wenn die Schule nur das bestätigt, was der Rest der Welt ihnen mitteilt, und diese Botschaft nicht in Zweifel zieht, dann bedeutet dies eine Verstärkung, die unter Umständen dazu führt, dass die Botschaften bis weit in das Erwachsenenleben nicht infrage gestellt werden.«[54]

»Heute putzte ich gerade das Bad, da kam mir wieder der Gedanke von der inneren Zerrissenheit meiner Mutter in den Sinn. Ihr ›standesgemäßes‹, auf Anpassung genormtes Erziehungsverhalten mit der Unterdrückung der ›lauten‹ Gefühle und gleichzeitig ihr Reden von dem Recht auf eigene Meinung, sich durchsetzen müssen, erst recht als Frau, dass anders zu sein erlaubt ist und wir unseren Weg gehen sollen. Dann wiederum die Fragen meiner Mutter und auch der abwertende Blick, wenn ich es wirklich anders gemacht habe.

Es erinnerte mich heute an den wichtigen Punkt, den ich immer wieder in der ›neueren‹ Lektüre finde, dass es nicht um das Vorsagen, sondern Vorleben geht.

Also ist eine meiner Prioritäten, meiner Tochter eine gute Mutter zu sein, das Für-mich-Einstehen, das Verändern von nicht wirklich gewollten Situationen und Missständen.« STINE

Eine Erziehung in Richtung Anpassung und Unterdrückung handelt – je nach (geschlechtsunabhängigem) Temperament – gegen den natürlichen Entwicklungsimpuls breit gefächerter Neugierde, was zu Konflikten zwischen erziehender Person und Kind führt. Kinder wollen nicht zwangsweise das tun, was Erwachsene wollen oder für das Beste halten. Je enger der Rahmen des gewünschten Verhaltens ist, desto wahrscheinlicher sind Konflikte, die sich auch nachhaltig auf die Beziehungsebene auswirken können. Und die Person, die diese Anpassung des Kindes und das Handeln gegen die kindlichen Entwicklungsimpulse vorwiegend vornehmen muss, ist jene, mit der besonders viele (und zum Teil lange nachwirkende) Konflikte auftreten: die Mutter. Aber dazu kommen wir im nächsten Teil noch ausführlicher.

Wie verschieden sind sie denn nun?

Wie wir schon gesehen haben, wurden Mädchen und Frauen bestimmten Aufgaben zugeordnet – nicht weil sie sich wirklich besser dafür eignen, sondern weil sie in diese Rolle gedrängt wurden und darin einen scheinbaren Expertinnenstatus erworben haben, der als natürliche Eignung ausgelegt wurde. Und auch wenn diese Zuschreibung von der Geschichte her logisch klingt, müssen wir, um wirklich zu verstehen, was Mädchen brauchen und wie sie sich entwickeln, auch einen Blick auf die biologischen und neurologischen Rahmenbedingungen werfen. Wir haben (in Bezug auf die Wirkung von Medikamenten oder das Kälteempfinden) bereits gesehen, dass es durchaus Unterschiede zwischen Männern und Frauen zu geben scheint. Aber wie gravierend sind sie? Und was davon ist angeboren und was durch unser Verhalten beeinflusst? Rechtfertigen diese Unterschiede eine unterschiedliche Behandlung oder gar Stellung in der Gesellschaft? Ist es vielleicht so, wie die Dozentin für Neurowissenschaften und Psychologie Dr. Daphna Joel schreibt, »dass es das weibliche und das männliche Gehirn nicht gibt, sondern jeder Mensch ein einzigartiges Mosaik aus ›männlichen‹ und ›weiblichen‹ Eigenschaften besitzt«?[55] In ihrem Buch erklärt sie, dass es durchaus Unterschiede in den Gehirnen von Frauen und Männern gibt, dass es aber in einer Gesellschaft, in der Mädchen und Jungen ab der Geburt ungleich behandelt werden, unmöglich ist, zu bestimmen, ob ein bestimmtes Verhalten oder eine kognitive Fähigkeit angeboren oder die Folge bestimmter Erfahrungen ist.[56] Die Muskelmasse beispielsweise hänge teilweise vom Geschlecht ab, aber auch von den vorgegebenen Geschlechterrollen: Während von Jungen Stärke und Athletik erwartet wird, sollen Mädchen nicht nur sanftmütiger, sondern auch sanft aussehend sein, was sich auf den Umgang mit ihnen und angebotene Aktivitäten auswirkt. In Sprachtests zeigen weibliche Babys bessere Ergebnisse, was die allgemeine These, Mädchen und Frauen seien in der Kommunikation besser, bestätigen würde. Aber mit weiblichen Babys wird auch mehr gesprochen, was sich auf ihre Fähigkeiten auswirkt. Sie hält deswegen fest: Das Geschlecht beeinflusst durchaus das Gehirn, aber die vielen Wechselwirkungen zwischen Geschlecht und vielen anderen Faktoren führen dazu, dass jedes Gehirn auf eine einzigartige Weise aufgebaut ist. Auch die amerikanische Neurobiologin Prof. Dr. Lise

Elliot legt in ihrem Buch *Wie verschieden sind sie wirklich?* ausführlich dar, dass die Geschlechterdifferenzen nicht so ausgeprägt oder festgelegt sind, wie es die geschlechtsspezifischen Stereotype unserer Gesellschaft behaupten: »Die wirklich ›angeborenen‹ Unterschiede – Sprachfertigkeit, Aktivitätsniveau, Hemmung, Aggression und vielleicht soziale Wahrnehmung – sind leichte Tendenzen, die das Verhalten von Kindern beeinflussen, aber keinesfalls festlegen.«[57] Sie erklärt weiter, dass es wesentlich ist, wie und womit Kinder ihre Zeit verbringen, wie sie sich selbst sehen und wie sich die Erfahrungen, die sie machen, auf ihre neuronalen Netze auswirken.

Wenn wir alle bisher gesammelten Informationen zusammenfassen, ergibt sich folgendes Bild: Auf Basis der Anatomie wurden Menschen in zwei Gruppen aufgeteilt: männlich und weiblich. Den weiblich gelesenen Personen wurden im Laufe der Zeit besonders die Fürsorgeaufgaben zugeschrieben, und sie wurden aus anderen Gesellschaftsbereichen stark ausgegrenzt, während die andere Personengruppe mit der Zuschreibung »männlich« mehr Macht und Privilegien erhielt und die Gesellschaft dominierte. Den Personengruppen wurden auch bestimmte Eigenschaften zugeordnet, die für diese Eingruppierung und Aufrechterhaltung des Systems notwendig erschienen, und die Erziehung hat sich dem angepasst. Diese Eingruppierung ist aber nicht zwangsläufig passend, denn aufgrund neuerer Forschung kann belegt werden, dass die angeborenen Unterschiede zwischen den zwei festgelegten Geschlechtern gar nicht so groß sind: Es gibt zwar Unterschiede, aber der große Einflussfaktor sind Umgang und Angebote.

»Zum Schulanfang gab es Gespräche mit anderen Eltern, wo es darum ging, ab wann die Kinder alleine zur Schule gehen dürfen. Für mich war das eine Frage danach, wie meine Tochter die Umwelt wahr-

nimmt und wie sicher sie sich selbst dabei fühlt. Von den anderen Eltern wurde dann aber gesagt, dass man schon einen Unterschied machen müsse zwischen Jungen und Mädchen, weil man auf Mädchen mehr aufpassen müsse und Jungen früher alleine zur Schule gehen können.« ANNA

Die binäre Unterscheidung der Geschlechter erfolgt neben anatomischen Gegebenheiten auch über die Geschlechtschromosomen: Bei Säugetieren werden jene mit zwei identischen Geschlechtschromosomen (XX) als Weibchen, jene mit zwei unterschiedlichen Geschlechtschromosomen (XY) als Männchen bezeichnet. Über die An- oder Abwesenheit des Y-Chromosoms wird festgelegt, ob ein Embryo männliche oder weibliche Keimdrüsen entwickelt. Die Chromosomen bestimmen, ob im Embryo Hoden- oder Eierstockgewebe gebildet wird, das dann wiederum Testosteron beziehungsweise Östrogen bildet, wobei beide Hormone bei allen Menschen vorkommen, aber in unterschiedlicher Verteilung. Die Hormone sind dabei von Zyklen, aber auch äußeren Einflüssen abhängig. Durchschnittlich haben Personen mit XY-Chromosomen die zehnfache Menge an Testosteron, was sich auf Körperbau, Physiologie, Denkweise und Verhalten auswirkt. Umgebungsfaktoren und Stress nehmen aber auch Einfluss auf die Testosteronmenge beider Geschlechter und ihre Auswirkungen. Während Testosteron früher als das männliche Hormon galt, das Männern Aggressivität, Gewalt, Risikobereitschaft und verminderte Empathie beschert, legen Prof. Dr. Rebecca Jordan-Young und Dr. Katrina Karkazis in ihrem Buch *Testosteron. Warum ein Hormon nicht als Ausrede taugt* dar, dass wir auch hier wieder vielen Mythen begegnen, die Stereotype bedienen und untermauern sollen. Tatsächlich belegt die von Institutionen wie der Guggenheim Foundation und National Science

Foundation unterstützte Arbeit und Analyse bisheriger Studien der Mediensoziologin und Bioethikerin, dass Testosteron keineswegs jener »Bad Boy« der Hormonszene ist, zu dem es gern gemacht wird. Es ist also alles nicht so einfach und geradlinig, wie wir manchmal annehmen. Die Biologin Meike Stoverock erklärt den Einfluss des Testosterons in der Schwangerschaft folgendermaßen: »Je mehr Testosteron im Mutterleib, desto mehr entspricht das Neugeborene einem ›typischen‹ Männchen – und zwar unabhängig von seinem anatomischen Geschlecht.«[58] Hat aber ein XX-Fötus im Mutterleib eine erhöhte Testosteronkonzentration, wird die Körperbehaarung stärker, die Gesichtszüge werden kantiger, die Klitoris penisartig vergrößert, und im Spiel zeigen sich die Kinder ruppiger und konkurrenzorientierter. Gibt es bei einem XY-Fötus hingegen einen Mangel an Testosteron, hat das Kind zwar XY-Chromosomen, aber keinen Penis. Wie viel Testosteron aber was genau bewirkt, kann nicht so klar gesagt werden, wie von Laien oft angenommen wird: Auch kleine Mengen können eine große Wirkung entfalten, wenn der Hormonspiegel sonst gering ist. Und auch der Kontext, in dem es ausgeschüttet wird, ist wichtig. Testosteron zirkuliert im gesamten Körper, wird in verschiedenen Organen und im Gewebe gebildet.

Es ist also gar nicht so einfach. Oder vielleicht doch? Chromosomen, Hormone und soziale Einflussfaktoren machen uns zu den Menschen, die wir sind. Dabei gibt es eine recht große Bandbreite an Verschiedenheit. Eine völlige Geschlechtsneutralität des Kindes, ein zu formendes Tongefäß, gibt es dabei nicht: Wir sind, wer wir sind. Auch wenn wir ein Kind geschlechtsneutral anziehen, zeigen Kinder durchaus angeborene Verhaltenstendenzen, die ihr Spiel und die Auswahl von Spielzeug beeinflussen.[59] Soziale Faktoren wirken sich dann aber nochmals auf dieses Interesse aus. Zudem sind Erwachsene dadurch dazu verleitet, aus diesem Interesse Schlüsse zu ziehen, die so nicht passend sind: beispielsweise dass

Mädchen, die sich eben mehr für Puppen interessieren, deswegen kein Interesse oder keine Eignung hätten, sich auch mit Technik zu beschäftigen.

Aus der Beratungspraxis

Cordelia ist Mutter einer dreijährigen Tochter. Ihr Wunsch ist es, ihre Tochter ohne Stereotype aufwachsen zu lassen, damit sie sich frei entfalten kann. Bei der Auswahl von Kleidung, Büchern und Spielsachen achtet sie darauf, dass diese nicht die klassische Rosa-Hellblau-Falle bedienen, sondern neutral sind und auch verschiedene Tätigkeitsbereiche zulassen. Ihre Tochter Lina spielt dennoch bevorzugt mit Puppen und lässt Autos, Bagger etc. liegen. Cordelia ist deswegen beunruhigt und fragt sich, ob sie doch Fehler in der Erziehung macht, weil ihre Tochter »einfach nicht mit allem spielt«. Der Konflikt wird dadurch verstärkt, dass die Großeltern, von denen Lina zweimal in der Woche betreut wird, ihren Wunsch nach »Mädchenspielzeug« unterstützen und zu Feiertagen nur noch schenken wollen »womit Lina auch wirklich spielt«.

Auch wenn Cordelias Ansinnen gut ist, ihr Kind ohne Stereotype und Klischees aufwachsen zu lassen, bringen Kinder verschiedene Vorlieben mit. Ziel ist es nicht, dass alle Kinder mit allem freudig spielen sollen, sondern Individualität zu ermöglichen und daneben Vorbild und offen für Alternativen zu sein. Kein Mädchen muss mit Autos spielen, aber es sollte die Chance und die Möglichkeit haben, das zu tun, und erleben, dass das normal ist.

Unsere Einteilung in Mann/Frau oder Junge/Mädchen ist recht grob: Aus der großen Vielzahl unterschiedlicher Möglichkeiten, Einflüsse und genetischer Faktoren haben wir lediglich zwei soziale Geschlechter mit bestimmten Eigenschaften festgelegt, denen wir Menschen zuordnen. Damit erschweren wir jenen Personen den Alltag, die sich nicht mit dieser Festlegung identifizieren können und die unter den Stereotypen der Gesellschaft einen erheblichen (und ungesunden) Anpassungsdruck erleben. Dies betrifft auch schon Kinder, die sich eben nicht »mädchenhaft« benehmen oder mit »Mädchenspielzeug« spielen wollen. Oft werden Personen, die nicht in die Kategorien der beiden sozialen Geschlechter passen, diskriminiert und abgelehnt.

»Mein zweites Kind ist 12 und wurde nach der Geburt als Mädchen eingeordnet. Er hatte sein Coming-out zu Beginn der Pandemie und der Pubertät. Für mich als Mutter rüttelt das alles durch, und ich frage mich, wie die beste Form der Begleitung aussehen kann. Ich habe mich in den letzten Wochen oft gefragt, wie eine Mutter-Tochter-Beziehung zu fassen ist. Was genau passiert, wenn mein Kind nicht, wie wir annahmen, eine Tochter ist, sondern ein Sohn oder nichtbinär? Ist dann die Beziehung plötzlich anders? Manche Eltern beschreiben das wie einen ›Verlust der Tochter‹. Das passt für mich nicht. Mein Kind ist mein Kind. Die Bindung bleibt. Ich habe früher immer viel Bedeutung an das Weibliche geknüpft, jetzt bin ich verunsichert. Vielleicht ist es das Gemeinsame, das eine Beziehung so tief werden lässt. Das Gemeinsame kann zufällig auch die gelebte Geschlechtsidentität beinhalten, aber vielleicht ist diese gar nicht so wichtig.« MAGDA

Kinder merken recht früh, wenn sie nicht der gewünschten Norm entsprechen, auch wenn sie das noch nicht reflektieren und vor allem nicht die Möglichkeit haben, sich bewusst dagegenzustellen. Sie werden vielmehr von Anfang an verunsichert, ausgegrenzt und erleben sich als Person »falsch«. Sie spüren durchaus, dass sie anders behandelt werden als andere, und verinnerlichen dies in ihrem Selbstbild: Als Mädchen habe ich andere Rechten/Pflichten/Möglichkeiten als als Junge.

Wenn wir dies alles zusammenfügen, leitet sich daraus die berechtigte Frage ab: Vielleicht ist die Eingruppierung in zwei soziale Geschlechter auch eines der einflussreichsten Probleme? Würden wir nicht beständig davon ausgehen, dass wir jedes Kind spätestens ab der Geburt einer von zwei Personengruppen zuordnen müssen und jede dieser Gruppen mit ganz bestimmten Erwartungen verbunden ist, wären wir dann nicht viel freier in der individuellen Begleitung?

Auch wenn es noch immer erheblichen Gegenwind gegen die Anerkennung der Vielfalt der Geschlechter gibt, ist diese wichtig und notwendig. Schon 2014 hat Facebook daher insgesamt 60 Geschlechter zur Auswahl gestellt, aus denen Nutzer*innen auswählen können.[60] Leider ist die Anerkennung dieser Vielfalt noch in vielen anderen Bereichen so nicht vorgesehen – inklusive der meisten Köpfe erwachsener Menschen. Jugendliche gehen mit den Begrifflichkeiten und ihren Bedeutungen oft schon sehr offen um. Als Eltern sollten wir uns daher informieren oder von unseren Kindern lernen, um uns nicht von der Lebensrealität der Heranwachsenden zu entfernen und zudem selbst offener zu werden.

Kinder haben nur durch Vielfalt die Möglichkeit, herauszufinden, wer sie wirklich sind und was sie individuell ausmacht. Für die begleitenden Erwachsenen hat diese Offenheit den Vorteil, dass sie das Kind nicht gegen sein eigentliches Wesen erziehen müssen.

Wenn wir gegenüber den wirklichen Interessen und dem Wesen des Kindes offen sind, können wir seine Potenziale viel besser sehen und es unterstützen.

Wenn wir diese Offenheit zulassen, kehren wir uns gleichzeitig ab von stereotypen Erwartungen: Wir sehen, dass sich Geschlecht nicht in einem zweigeteilten System bewegt, sonders dass es ein Spektrum verschiedenster Möglichkeiten ist. Und in diesem Spektrum befindet sich irgendwo unser Kind. Am Anfang wissen wir mit hoher Wahrscheinlichkeit nicht, wo genau es sich befindet, und sollten ihm daher nicht von uns aus einen Platz zuweisen, sondern das Kind so annehmen, wie es ist, damit es den eigenen Platz nach

und nach selbst finden kann. Identifiziert sich unser Kind als Mädchen, sollte es diese Beschreibung dann so ausfüllen können, wie es es selbst möchte.

Erwachsene beeinflussen die Identitätsentwicklung von Kindern dadurch, wie sie mit ihnen sprechen, welche Worte sie nutzen, wie sie Konflikte begleiten, welche Spielmöglichkeiten zur Verfügung stehen und welche anderen Verhaltensweisen unterstützt oder ausgebremst werden. Die Soziologin Candace West und der Soziologe Don H. Zimmermann prägten den Begriff »doing gender« dafür, dass Menschen bei allen Alltagstätigkeiten ihr sozial erlerntes Geschlecht permanent konstruieren, was dazu führt, dass die bestehenden Geschlechterverhältnisse gestärkt werden. Dem wurde von Prof. Dr. Stefan Hirschbauer der Begriff »undoing gender« entgegengesetzt mit dem Gedanken, dass Menschen die verinnerlichten Geschlechterrollen durch eine »praktizierte Geschlechtsindifferenz« wieder auflösen können. Es geht dabei nicht darum, Geschlechtsidentitäten ganz abzuschaffen oder nicht mehr wahrzunehmen, sondern sie für den Alltag unwichtig werden zu lassen, sodass sie kein normatives Ordnungssystem mehr darstellen. Stellen wir uns das konkret vor: Wenn ein Kind geboren wird, ist es unwichtig, ob »männlich« oder »weiblich« angekreuzt wird. Es ist unwichtig, welche Farbe Spielzeug und Kleidung haben, weil das Kind nicht aufgrund der Farben eingeordnet wird. Es ist unwichtig für den Kitaplatz, ob es Mädchen oder Junge ist, sondern es wird auf die individuelle Gruppenzusammensetzung aufgrund von echter Passung und Temperamenten geachtet. Im Laufe der Zeit kristallisieren sich Vorlieben und Abneigungen des Kindes heraus, die wir so annehmen, wie sie sind.

Das Geschlechterdreieck nach Petra Focks zeigt, dass es mehrere miteinander in Verbindung stehende und sich wechselseitig beeinflussende Ebenen der Identitätskonstruktion gibt. Es geht also

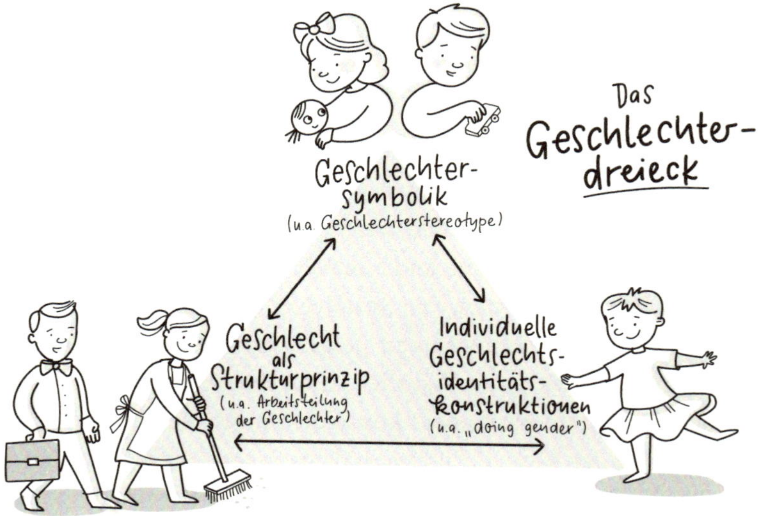

nicht um die Abschaffung einer Geschlechtszuordnung, sondern um die Freiheit in der Geschlechtszuordnung und um die persönliche Entscheidung jeder einzelnen Person. Auf dem Weg zu dieser Freiheit und zur Auflösung von Stereotypen, ist es wichtig, dass wir den Handlungsraum unserer Kinder möglichst weit lassen und jede Beschränkung auf das, was »typischerweise« männlich oder weiblich sein soll, vermeiden. Das gilt selbstverständlich für alle Kinder. Während für Jungen besonders die Bereiche des sozialen Miteinanders, der Einfühlsamkeit und Beziehungskultur bedeutsam sind, stehen bei Mädchen Selbstbehauptung, Durchsetzung eigener Belange und Teilhabe im Fokus dessen, was als Handlungsraum oft noch ausgebaut werden kann.[61] Gerade in Hinblick auf die Geschichte des Patriarchats ermöglicht eine solche Abwendung von Beschränkungen und Einpassungen insbesondere für Mädchen einen neuen, anderen und gerechteren Entwicklungsraum.

Reflexion 4: Typisch Mädchen, typisch Junge?

»Typische« Zuordnungen finden wir heute noch oft in unserer Gesellschaft. Auch wenn wir sehen, dass das (in Bezug auf die Entwicklung von Kindern und ihren Lernerfahrungen) hinderlich ist, sind wir umgeben von Stereotypen. Allerdings sind wir auch hier so daran gewöhnt, dass wir kaum wahrnehmen, wo hier gerade wieder die Rosa-Hellblau-Schublade benutzt wird. Geh doch in dieser Woche einmal mit einer darauf ausgerichteten »Brille« durch den Supermarkt und den Spielzeugladen und schau dir Onlineshops an, die nach Mädchen- und Jungenkleidung sortieren. Was fällt dir auf? Welche Bilder von »Mädchen« und »Jungen« werden rein durch die Kaufempfehlungen ausgebildet?

Wenn wir unseren Blick dafür sensibilisieren, nehmen wir nach und nach immer mehr solcher Schubladenzuordnungen wahr. Im Shoppingbereich anzufangen ist dafür ein einfacher Einstieg.

Rechte von Frauen und Mädchen

Wenn wir uns ansehen, wie sich die Rolle von Mädchen und Frauen und ihre Erziehung entwickelt haben, stellt sich schnell die Frage, wie das heute eigentlich noch so sein kann. Gibt es da nicht Gesetze, die für die Gleichbehandlung sorgen sollen? Ja, die gibt es eigentlich. Aber die Kultur und unsere neuronalen Denkmuster, die sich aufgrund unserer eigenen Erziehung entwickelt haben, haben einen langen Atem und werden durch Stereotype unter anderem in Werbung und Medien befeuert. Dies nimmt einen starken Einfluss darauf, wie sich Menschen tatsächlich verhalten und welche Möglichkeiten sie wirklich im Alltag haben.

In den vorangegangenen Kapiteln haben wir bereits gesehen, dass Kinderserien stark mit Stereotypen arbeiten und damit Ungleichheit demonstrieren. Auch die Werbung ist hier ein gutes Beispiel: Während es deutschlandweit einheitliche Beschränkungen zur Werbung für Tabak und Alkohol gibt, gibt es so etwas in Bezug auf sexistische Werbung nicht. Dabei gibt es durchaus Bedarf für eine solche Regelung: Schon 1974 gab es Diskussionen um Leitlinien gegen sexistische Werbung in der UNESCO. 2013 organisierte der Verein Pinkstinks die weltweit erste Demonstration gegen Sexismus in der Werbung in Berlin. Das Bundesministerium für Familie, Senioren, Frauen und Jugend förderte in der Zeit von 2017 bis 2019 ein Monitoring-Projekt, das Daten über sexistische Werbung sammeln sollte. Gleichzeitig wurden Unternehmen von dem Verein aufgeklärt und Bildungsmaterialien zur Verfügung gestellt.[62] Trotz der vielen Meldungen und des Bedarfs, der in einem Abschlussbericht 2019 aufgezeigt wurde, gab es weiterhin keine einheitlichen gesetzlichen Festlegungen. Zumindest haben einige Städte wie Stuttgart und München Regelungen gegen sexistische Werbung getroffen.[63]

Aber welche Gesetze gibt es eigentlich, die Frauen und Mädchen vor Sexismus und Diskriminierung schützen sollen? In Artikel 3 des Grundgesetzes gibt es den Gleichheitsgrundsatz: Alle Menschen sind vor dem Gesetz gleich. Männer und Frauen sind gleichberechtigt, und der Staat fördert laut Gesetz die tatsächliche Durchsetzung der Gleichberechtigung und wirkt auf die Beseitigung von Nachteilen hin. Niemand dürfe wegen seines Geschlechts, der Abstammung oder aus rassistischen Gründen, wegen der Sprache, Heimat, Herkunft, Glauben, religiöser und politischer Anschauungen benachteiligt oder bevorzugt werden. Auch darf niemand wegen einer Behinderung benachteiligt werden. Außerdem findet sich im Kinder- und Jugendhilfegesetz in Artikel 9 Absatz 3 die Formulierung, dass »die unterschiedlichen Lebenslagen von Mädchen und Jungen zu berücksichtigen, Benachteiligungen abzubauen und die Gleichberechtigung von Mädchen und Jungen zu fördern« ist. Über diese nationale Gesetzgebung hinaus gibt es auch die »Allgemeine Erklärung der Menschenrechte«, die auf die Würde des Menschen und die Gleichberechtigung von Mann und Frau verweist. 1985 hat Deutschland zudem die Frauenrechtskonvention ratifiziert, das Übereinkommen der Vereinten Nationen zur Beseitigung jeder Form von Diskriminierung der Frau (CEDAW), das hierzulande im Rang eines Bundesgesetzes gilt: Es verbietet die Diskriminierung von Frauen in allen Lebensbereichen und verpflichtet die teilnehmenden Staaten dazu, die gleichberechtigte Teilhabe von Frauen rechtlich und faktisch sicherzustellen.[64]

In Bezug auf die Position der Kinder ist zudem die 1992 ratifizierte Kinderrechtskonvention, bestehend aus 54 Artikeln, die von den vier Grundprinzipien Diskriminierungsverbot, Recht auf Leben und persönliche Entwicklung, Kindeswohlvorrang und Recht auf Beteiligung basieren, zu erwähnen. Allerdings ist die Kinderrechtskonvention in Deutschland noch nicht vollständig umgesetzt, und die Rechte von Kindern werden nicht ausreichend verwirklicht. Das seit 2007 bestehende Aktionsbündnis, das die Kinderrechte im Grundgesetz verankern möchte, konnte dieses Ziel bislang noch nicht erreichen.

Wir sehen also: Wir haben eine klare politische Ausrichtung in Bezug auf die Beseitigung von Diskriminierung, und diese erstreckt sich auch auf institutionelle Einrichtungen wie Kitas und Schulen, die die Teilhabe aller Kinder und Jugendlichen ermöglichen und individuelle Förderung anbieten sollen. Und trotzdem sind wir in der Gesellschaft noch weit davon entfernt. Das mag auch daran liegen, dass der gesellschaftliche Fokus besonders auf den Erwachsenen liegt und das Problem gesamtgesellschaftlich noch zu wenig »von der Wurzel her« angegangen wird: Wir müssen uns mehr mit den Einflüssen auseinandersetzen, die vom Anfang des Lebens an auf uns einwirken, und uns ebenfalls mehr damit beschäftigen, wo und wie Kinder entsprechend diesen Ansätzen behandelt werden. Es braucht mehr Aufmerksamkeit und Aufklärung bei all dem, was sich Tropfen für Tropfen in den Gehirnen unserer Kinder festsetzt: durch Serien und andere Medien, die sie konsumieren; Werbung (für Kinder und Erwachsene), denen sie ausgesetzt sind; es braucht mehr Aufklärung von Erzieher*innen und Lehrer*innen und eben den Umgang der Eltern mit Offenheit, Toleranz und Individualität.

Interview
Mirja Siegl: »seiten.verkehrt«

Mirja Siegl hat im Jahr 2020 den Instagramaccount @seiten.verkehrt ins Leben gerufen, dem mittlerweile über 40 000 Personen folgen. Auf dem Account werden Klischees und Stereotype umgedreht: Die Bikinifigur, über die wir oft in Zeitschriften aufgeklärt werden, wird zur Badehosenfigur, der Frauenversteher zur Männerversteherin, und es wird über Hengst- statt Stutenbissigkeit geschrieben. Die Posts führen oftmals deutlich vor Augen, wie absurd einige Klischees sind, wenn sie plötzlich auf »das andere Geschlecht« angewendet werden.

Mirja, wie kam es dazu, dass du diesen Account gegründet hast?
Ich hatte schon immer eine sehr feministische Lebenseinstellung und dachte, ich sei ganz gut informiert. Allerdings war ich nicht darauf vorbereitet, welche Abgründe sich auftun, sobald man Kin-

der bekommt. Plötzlich wurden mir Fragen gestellt, die sich mein Mann niemals hätte anhören müssen, gleichzeitig wurde er für Dinge gelobt, die von mir ganz selbstverständlich erwartet wurden. Meine Tochter konnte kaum ihr Köpfchen halten, da wurden wir bereits mit Geschlechterstereotypen konfrontiert, und irgendwann hatte ich davon genug. Ich begann zurückzufragen: »Wieso fragst du das nicht meinen Mann?«, oder: »Würdest du das über einen Jungen auch sagen?« Die Idee, Klischees umzudrehen, ist im Kern nicht neu, aber in Deutschland gab es dafür noch keinen Kanal in den sozialen Medien. Ich habe es einfach mal versucht – und es kam gut an.

Welche Reaktionen gibt es zu den Inhalten in Social Media?
Die große Mehrheit nimmt meinen Content begeistert auf. Viele verwenden ihn als Gesprächs-/Diskussionsgrundlage oder argumentieren damit. Sogar in einigen Schulen dienen die Postings als Stoff, um Schüler*innen zu sensibilisieren. Mir schreiben regelmäßig Menschen, dass es bei ihnen erst durch mich wirklich Klick gemacht hat. Das ist für mich natürlich das Allergrößte.

Aber es gibt auch kritische Stimmen: Für einige übertreibe ich oder hänge mich zu sehr an Details auf. Allerdings finde ich, dass man ruhig im Kleinen anfangen darf und sollte, um Änderungen zu erzielen. Und Übertreibungen gehören schlicht zu meinem Stil. Es ist nun einmal Satire.

Wie notwendig ist es für unsere Gesellschaft, auf weitverbreitete Klischees hingewiesen zu werden, und warum hast du Humor/Satire als Mittel ausgewählt, um auf die Absurdität mancher Glaubenssätze und Stereotypen hinzuweisen?
Leider habe ich das Gefühl, dass gerade die Stereotype noch enorm in den Köpfen verankert sind: Mädchen mögen Rosa, Jungs Autos;

Frauen gehen shoppen, Männer essen Grillfleisch. Abweichungen werden mindestens verwundert aufgenommen oder sogar kritisch kommentiert (das betrifft speziell Jungs und Männer, da weibliche Stereotype in der Regel als etwas Negatives bewertet werden). Und das ist nicht zwingend nur die ältere Generation. Ehrlich gesagt ist mein Eindruck, dass insbesondere junge Menschen sich oft solcher Schubladen bedienen. So werden diese Strukturen immer weiter verfestigt und Klischees reproduziert. Das geschieht oft völlig unbewusst. Selbst ich stolpere oft über mein eigenes Denken, und ich beschäftige mich nun schon sehr lange intensiv mit der Thematik. Insofern ist es meiner Meinung nach unerlässlich, immer wieder darauf hinzuweisen, wie sehr Klischees und stereotypes Denken unsere Sozialisierung beherrschen.

Humor ist dabei das Löffelchen Zucker, das die Medizin angenehmer im Geschmack machen soll. Theoretische Abhandlungen zu dem Thema sind sicherlich auch wichtig, aber einen besseren und breiteren Zugang zu verschiedensten Menschen erhält man, wenn man die Inhalte etwas verträglicher verpackt. Im besten Fall lacht jemand über eines meiner Postings und fragt sich anschließend, warum überhaupt. Dann wäre der Grundstein für eine weitere Auseinandersetzung gelegt.

Satire bietet sich als Stilmittel an, sobald es um hierarchische Strukturen geht, und die liegen in einer patriarchalen Gesellschaft vor. Es wird durch satirisches Überspitzen deutlich, wie abwegig und kritikwürdig manche Dinge sind, die wir umgekehrt einfach so hinnehmen und gar nicht hinterfragen. Und natürlich soll die Satire in dem Ausmaß, in welchem ich sie anwende, ein Hinweis darauf sein, dass ich das natürlich nicht ernst meine. Mein Ziel, oder vielmehr mein Traum, ist nicht die umgekehrte Unterdrückung, sondern gleiche Möglichkeiten, Entfaltung und selbstverständlich Rechte für alle.

Formen der Gewalt gegenüber Mädchen und Frauen heute

Da wir uns heute sowohl der Geschichte als auch ihrer Auswirkungen auf die Entwicklung von Mädchen und Frauen bewusst sind, sollte anzunehmen sein, dass Erziehung heute anders aussieht und wir keine Gewalt mehr gegenüber Kindern allgemein, aber auch gegenüber Mädchen im Speziellen anwenden. Leider ist dies aber nicht so. Mädchen sind den Diskriminierungen und Gewalterfahrungen ausgesetzt, unter denen Kinder generell leiden, plus der geschlechtsspezifischen Gewalt. Gewalt kann sowohl physischer als auch psychischer Natur sein, und beides trifft auch heute noch speziell auf Mädchenerziehung zu. Wir finden psychische Gewalt dort, wo sich Mädchen »wie Mädchen verhalten« sollen, obwohl sie eigentlich anders sein wollen, und dafür beschämt oder herabgewürdigt werden. Gerade Mädchenzeitschriften sind, wenn wir sie genau betrachten, voller Anweisungen, wie man als Mädchen sein oder nicht sein sollte. Wir finden sie auch da, wo »Sei kein Mädchen!« als Schimpfwort für Jungen benutzt wird, weil es Mädchen sofort abwertet. Wir finden sie da, wo Mädchen in Schulen neben die »unruhigen Jungs« gesetzt werden, damit diese ausgeglichener werden. Oder wo Mädchen bewusst Angst gemacht wird mit Drohungen wie »Du willst doch nicht, dass andere von dir denken, du seist eine Schlampe?«. Wir finden sie dort, wo für Mädchen strengere Kleidungs- und Ausgehregeln gelten oder mehr Überwachung stattfindet, einfach weil sie Mädchen sind. Wir finden sie im »Catcalling« auf der Straße, wenn Mädchen sexuell belästigt werden.[65] Wir finden sie im Ausschluss aus Gruppen und Vereinen, weil sie dort als Mädchen nicht sein dürfen oder ihnen weniger Erfolg in Aussicht gestellt wird. Wir finden sie in Familien, wo Jungen bevorzugt werden. Wir finden sie massiv in Social Media: Laut Studie haben in Deutschland 70 Prozent der Mädchen angegeben, Bedrohungen, Beleidigungen und Diskriminierungen in den sozialen Medien erlebt zu haben.[66] Die Folgen psychischer Gewalt können umfangreich sein: Sie kann zu Verhaltensänderungen, Unsicherheiten, Minderung des Selbstwerts, psychischen Erkrankungen führen. Konkrete Zahlen zu physischer und körperlicher Gewalt gegenüber Mädchen hierzulande gibt es wenige. Die Soziologin Dr. Nancy Lombard, die Jungen und Mädchen dazu befragt hat, was für sie Gewalt bedeutet, erklärt, dass Gewalt nicht immer sofort als Gewalt erkannt wird: Es ist möglich, dass Mädchen und Frauen auch erst später die Bedrohung, den Über- oder Angriff als Gewalt wahrnehmen. Sie erklärt auch, dass Gewalterfahrungen von Mädchen oft bagatellisiert werden und Mädchen das, was sie selbst beispielsweise in Schulen als Gewalt wahrnehmen, nicht als Gewalt beschreiben: Sie berichten davon, geschubst, bedrängt, getreten, verfolgt oder beleidigt worden zu sein, bezeichnen es aber nicht als Gewalt. Hier ist der Einfluss der Gesellschaft von großer Wichtigkeit: Je mehr ein Bewusstsein dafür besteht, in welchen Formen sich Gewalt zeigt, desto besser kann es ausgedrückt und dann auch bearbeitet werden. Erfolgt dies nicht, wird die Gewalt als normal angesehen und trägt sich in das Erwachsenenalter als scheinbar normale Behandlung fort.[67]

Das Bundeskriminalamt hat 2019 einen Anstieg von Partnerschaftsgewalt um 7,74 Prozent verzeichnet. 81 Prozent davon betreffen Frauen. Gerade die Corona-Pandemie im Jahr danach hat zu weiterer Gewalt geführt, wobei die Dunkelziffer als groß angenommen wird: Eine Studie der TU München ergab, dass im Frühjahr 2020 drei Prozent der Frauen zu Hause Opfer körperlicher Gewalt wurden.[68] 2019 wurden 117 Frauen von ihrem (Ex-)Partner getötet. Eine genaue Statistik von Femiziden, das heißt Tötungen von Frauen, weil sie eine Frau sind (Definition der WHO), gibt es hierzulande nicht, da die Tötungsmotive nicht genau ermittelt werden und die Definition des Femizids, wie sie die WHO vorgibt, in Deutschland nicht anerkannt wird. Wir lesen häufig von einem »Familien- und Beziehungsdrama«, was die gezielte Tötung von Frauen bagatellisiert.[69] Die meisten Frauenmorde Europas werden in Italien, Deutschland und Großbritannien registriert. Während die Zahl der Gewalttaten gegen Frauen hoch ist, fehlt es hierzulande gleichzeitig an Schutz für die betroffenen Frauen (und ihre Kinder): In Deutschland fehlen 14600 Plätze in Frauenhäusern, weshalb jede zweite Frau, die einen Platz sucht, abgewiesen werden muss. Auch im Hinblick auf die Täterprävention gibt es zu wenige Angebote. Darüber hinaus finden wir Gewalt gegenüber Frauen aber auch an anderen Stellen: Überall dort, wo sie zu wenig berücksichtigt werden, wie beispielsweise in der Medizin oder den aktuellen Strukturen der Geburtshilfe.

Gewalt gegenüber Frauen und Mädchen ist also auch hierzulande ein Problem. Und leider eines, das zu wenig gesehen, berücksichtigt und überhaupt registriert wird. »Wir dürfen niemals wegschauen, wenn Mädchen oder Frauen Gewalt angedroht oder gar angetan wird«, erklärte die ehemalige Bundeskanzlerin Angela Merkel im Podcast zum Internationalen Tag gegen Gewalt an Frauen am 25. November 2020. Leider tun wir es doch. In den kleinen Momenten des Alltags, weil uns vielleicht nicht auffällt, dass diese Behandlung eines kleinen Mädchens schon Gewalt ist und dazu führen kann, dass sie auch in späteren Jahren Gewalt über sich ergehen lässt, weil sie es so gelernt hat. Und in den großen Momenten, wenn wir den Streit in der Wohnung neben uns hören und nicht die Polizei oder das Hilfetelefon »Gewalt gegen Frauen« anrufen, weil das sicherlich ein privater Familienstreit ist, der uns schließlich nichts angeht. Aber es geht uns eben doch etwas an, im Kleinen wie im Großen, denn damit Gewalt endet, müssen wir alle aktiv dagegen vorgehen – durch Prävention und Aktion.

Muss ich Feminist*in sein, um Mädchen heute gut zu begleiten?

Die Bezeichnung »Feminist*in« ist auch heute noch für viele Menschen schwer anzunehmen. Es erscheint irgendwie noch immer als ein radikaler Schritt, sich dem Feminismus anzuschließen. Natürlich steht es dir frei, ob und wann du dich so bezeichnen möchtest. Vielleicht hast du nach den vergangenen Seiten bereits das Gefühl, dass die geschilderten gesellschaftlichen Umstände etwas sind, was dir in seinem Ausmaß noch nicht ganz bewusst war. Vielleicht spürst du auch Empörung oder Wut. Und vielleicht denkst du dir: Das mache ich so nicht mehr mit! Ich will etwas ändern, und ich will eine andere Welt für mein Kind und mich selbst! Dann beginnt in dir wahrscheinlich gerade eine kleine Flamme des Feminismus zu lodern. Denn anders als oft behauptet, sind Feminist*innen nicht männerhassende Frauen, die das Patriarchat abschaffen und ein Matriarchat, also eine Herrschaft der Mütter, aufbauen wollen, die BHs verbrennen und sich nicht mehr rasieren. Die amerikanische Autorin und Aktivistin Marie Shear beschrieb Feminismus bereits 1986 als »den radikalen Gedanken, dass Frauen Menschen sind«[70]. Das klingt doch wesentlich weniger radikal als das Bild des Feminismus, das wir oft vermittelt bekommen. Und wie wir auf den letzten Seiten gesehen haben, ist dieser Gedanke durchaus angebracht, und die Ironie, dies als »radikalen Gedanken« zu bezeichnen, wird durch die Geschichte, die hinter uns liegt, besonders deutlich.

Natürlich gibt es im Feminismus unterschiedliche Strömungen, und er hat sich – wie schon betrachtet – grob in verschiedenen Wellen entwickelt, die jeweils eigene Schwerpunkte hatten und sich aus dem aktuellen Zeitgeschehen ergaben. Da Feminismus vor allem aber für Freiheit und Gerechtigkeit steht, geht es überhaupt nicht darum, ein einheitliches Bild davon zu kreieren. Dennoch werden seine Ideen oft überspitzt dargestellt und ins Lächerliche gezogen, um der Bewegung einen negativen Anstrich zu geben und einer Identifikation entgegenzuwirken. So werden Feminist*innen als unweiblich, hässlich, männerfeindlich, lustfeindlich, radikal, unfreundlich, übertrieben, engstirnig, besserwisserisch etc. bezeichnet. Die Autorin und Feministin Margarete Stokowski schreibt in ihrem Bestseller *Untenrum frei* dazu: »Natürlich gibt es Menschen, die sagen, dass Feminist*innen hässlich wie die Nacht sind, aber wir haben nie versprochen, für sie hübsch zu sein. Sie sagen, dass wir keinen Sex hätten, aber wir haben nur keinen Sex mit ihnen. Sie sagen, dass wir unlustig sind, aber politische Bewegungen müssen nicht lustig sein. Zumba ist eine lustige Bewegung, wenn sie das wollen, dann sollen sie auf YouTube Zumba-Videos gucken.«[71] Allein die Frage um gendergerechte Sprache zeigt uns, wie abwertend die Debatte geführt und ins Lächerliche gezogen wird, obwohl es nur darum geht, dass die gesamte Bevölkerung in der Sprache ernsthaft mitvertreten sein möchte.

Feminismus setzt sich aber nicht nur für die Gleichbehandlung von Frauen ein, sondern kämpft auch für die Rechte der Männer. Denn – wie wir schon gesehen haben – hat das Patriarchat nicht nur negative Auswirkungen auf Frauen, sondern auch auf Männer. Der Aktivist JJ Bola erklärt: »Der Feminismus ist tatsächlich für Männer von Vorteil, da er versucht, Männern zu helfen und den Druck zu beseitigen, den die patriarchalische Gesellschaft auf sie ausübt, insbesondere durch falsche Behauptungen über das Auferlegen von Männlichkeit, und den allgemeinen politischen und gesellschaftlichen Schaden, den das Patriarchat anrichten kann. Als Folge dessen erleben viele Männer psychische Zusammenbrüche, und auch die besorgniserregend hohen Suizidraten von Männern werden in diesem Zusammenhang gesehen.«[72]

Die Aufgabe des Feminismus ist es, eine wirkliche Balance der Rechte für alle Menschen herzustellen, sodass alle die Chance auf eine gerechte Erfüllung ihrer Bedürfnisse haben. Damit ist Feminismus auch ein Teil bedürfnisorientierten Lebens: Wir setzen uns dafür ein, dass wir selbst und unsere Kinder gerecht behandelt werden und ihr Bedürfnis nach Teilhabe, Akzeptanz, Freiheit von Diskriminierung erfüllt wird. Unsere Kinder dürfen sein, wer sie sind – unabhängig von Klischees und Rollenzuweisungen.

»Manchmal fühle ich mich von dieser ganzen Last erdrückt. Denke, dass ich gar nicht so viel lesen, gar nicht so viel denken und mich gar nicht so viel weiterbilden kann, wie ich es müsste, um meinen Mädchen die bestmögliche Zukunft zu geben, hoffentlich in einer Welt, die immer mehr patriarchale Strukturen verliert und Mädchen nicht länger klein macht. Was schwierig ist? Als Frau selber das beste Vorbild für meine Mädchen zu sein. Selber aus eigenen Strukturen, aus der eigenen Komfortzone auszubrechen. Stark zu sein, meinen Mädchen das auch zu zeigen. Aber wie alles ist das sicher ein Weg, der während der Elternschaft gelernt wird.« FRANZISKA

Vielleicht hättest du am Anfang dieses Buches noch nicht gedacht, dass Feminismus einmal dein Thema wird. Am Anfang meiner Reise durch die Elternschaft war es das auch noch nicht. Aber je älter ich wurde, je mehr negative Erfahrungen ich machte und je mehr ich mich mit den Auswirkungen der Gesellschaft auf mich und meine Kinder auseinandersetzte, desto näher bin ich dem Feminismus gekommen. Es gab keinen konkreten Entschluss »Ich bin jetzt Feministin!«, sondern vielmehr irgendwann ein überraschtes Feststellen, dass ich nicht mehr keine Feministin sein konnte.

Und vielleicht wird es dir am Ende dieses Buches ebenso gehen. Du musst dieses Gefühl aber nicht überstürzen: Beobachte einfach, was die Informationen in diesem Buch mit deinem Denken machen.

Reflexion: Sprecht über Unterschiede

Mädchen und Jungen, Frauen und Männer werden in unserer Gesellschaft unterschiedlich behandelt. Auch wenn wir denken, dass wir eigentlich schon weiter sein müssten und es uns anders wünschen, ist diese Unterschiedlichkeit vorhanden. Unser Aufbäumen gegen diesen Umstand beginnt erst einmal damit, dass wir die Unterschiede wahrnehmen und Ungerechtigkeit empfinden. Diese gibt uns dann die Kraft, etwas zu verändern. Sprich deswegen mit deinem Kind darüber, ob es das Gefühl hat, dass Mädchen und Jungen unterschiedlich behandelt werden. Schon mit Kindergartenkindern können wir gut über solche Unterschiede sprechen. Vielleicht berichtet dein Kind dir Dinge, die du selbst so noch gar nicht wahrgenommen hast. Auch du kannst von deinen Erfahrungen und Wahrnehmungen erzählen, und gemeinsam könnt ihr dann besprechen, was warum unfair ist und wie etwas geändert werden sollte. Als Mütter sind wir Verbündete. Dafür ist es wichtig, dass wir offen sind gegenüber den Berichten unserer Töchter.

Es gibt tolle Kinderbücher, die als Anlass genutzt werden können, um das Thema aufzugreifen.

»Wir können untenrum nicht frei sein, wenn wir obenrum nicht frei sind.«

MARGARETE STOKOWSKI[1]

ZWEI

Was wir unseren Töchtern mitgeben

Als Mütter prägen wir. So, wie wir auch selbst von unseren Müttern geprägt wurden. Wenn wir mit anderen über Kindheit sprechen, ist unsere eigene Mutter oft ein wichtiger Inhalt. Und so werden auch wir wahrscheinlich ein Inhalt der Gespräche werden, die unsere Kinder einmal über ihre Kindheit, ihre Beziehungen führen. Über das, was gut, und das, was schlecht lief. Viele Mütter wünschen sich, für ihre Töchter andere Mütter zu sein, als sie ihre eigene Mutter empfunden haben. Beim Gedanken an die Mutter spüren sie Enge oder zu viel Weite, Verletzung, Übergriffigkeit, Unbedachtsamkeit, zu wenige oder zu viele Emotionen. Vielleicht erklären wir auch gern: »Ich war eher ein Papa-Kind.« Nicht selten begleitet uns dann, wenn wir selbst Mutter werden, der Gedanke: Mache ich etwas falsch? Was könnte ich besser machen? Oder auch: Ich will so gern alles richtig machen, aber trotzdem schaffe ich es nicht.

Wir lesen so oft: Mütter prägen ihre Kinder besonders, die Mutter-Kind-Bindung ist exklusiv. Aber ist sie das, weil wir Mütter sind? Im vorigen Teil haben wir gesehen, dass Frauen über die Jahrhunderte hinweg in die Fürsorgerolle geschoben wurden. Wenn wir unsere eigene Position als Mutter und die Position unserer Mutter in diesem Kontext sehen, stellt sich die Frage danach, was an der so oft hervorgehobenen Exklusivität der Mutter-Kind-Beziehung dran ist. Und weiter gedacht bedeutet dies auch: Was ist dran an dem Glaubenssatz, Mütter seien an allem schuld? Müssen wir nicht die Rahmenbedingungen, unter denen Mutterschaft stattfindet, viel stärker in den Blick nehmen, um den Handlungsspielraum von Beziehungen wirklich ermessen zu können? Und müssen wir nicht einen Blick auf die Prägungen unserer eigenen Mütter werfen, um zu verstehen, was uns (auch unbewusst) leitet? Wenn ich erfahren möchte, was ich meiner Tochter jetzt mitgeben kann, stellt sich unweigerlich die Frage, woher ich nehme, was ich ihr mitgeben will. Und was ist mit dem oft so diffusen Gefühl vieler heutiger Töchter, dass ihre eigene Mutter ihnen an dieser oder jener Stelle nicht das gegeben hat, was sie brauchten? Können wir das wirklich allein den Müttern zuschreiben?

Das sind erst einmal viele und vielleicht auch verwirrende Fragen. Es ist ein schwieriges Feld, sich mit Verletzungen, Schuld, Bindung und Beziehungen zu beschäftigen. Denn es tauchen auch unsere eigenen Verletzungen auf, und die Betrachtung dieser Wunden kann manchmal schmerzhaft, aber auch erlösend sein. Sie kann unsere Interpretation unserer eigenen Geschichte verändern. Um dem nachzugehen, wie wir unsere Töchter wirklich gut begleiten können, ist die Einbettung unserer Gefühle und unserer Mutterbeziehung in die gesellschaftlichen Rahmenbedingungen wichtig, denn damit kann sich unser Blick auf das, was wir gestalten und fordern sollten, ändern – und es nimmt uns gleichzeitig auch etwas Last von den Schultern. Denn so viel schon vorab: Wir sind als Mütter wichtig. Aber wir können nur geben, wenn wir selbst gut genährt sind im Gestern und Heute – oder zumindest den Mangel des Gestern im Heute verstehen und heilen.

Gehen wir nun also einen Schritt weiter: Im vorigen Teil haben wir gesehen, welchen Einflüssen Mutterschaft, Weiblichkeit und Tochtersein in der Vergangenheit unterlagen und wo und warum es an Freiheit und Gerechtigkeit mangelt. Nun tauchen wir etwas tiefer in unsere persönlichen Mutter-Tochter-Geschichten ein.

Unsere persönlichen Erfahrungen sind komplex, und dieses Buch kann nicht allen möglichen Beziehungserfahrungen Rechnung tragen, aber es kann zur Reflexion anregen und die großen Themen, die uns alle verbinden, zumindest einkreisen. Widmen wir uns zunächst dem einen großen Thema, das uns Mütter an vielen Stellen vereint, wenn wir daran denken, was wir unseren Töchtern mitgeben wollen: der Angst, in der ein oder anderen Weise etwas falsch zu machen.

Die Angst der Mütter

»Ich habe Angst, etwas falsch zu machen!« – Diesen Satz kennen viele Mütter, zumindest in ihren Gedanken. Bis er über die Lippen kommt, kann es manchmal eine ganze Weile dauern, denn über unsere Ängste sprechen wir nicht gern. Wir schlucken sie oft lieber hinunter, machen sie mit uns aus, nehmen sie an und versuchen, ihnen aus dem Weg zu gehen. In diesem Fall bedeutet »aus dem Weg gehen« nicht selten, alles dafür zu geben, dass es zu Hause richtig läuft. Wir übergehen die Warnsignale der inneren Unruhe, der Verspannung, des Perfektionismus, des Vermeidungsverhaltens oder der Übervorsicht und nehmen sie als normal hin.

Der oben zitierte Satz begegnet mir als Familienbegleiterin in der Beratung von Müttern mit Babys, von Müttern mit Kleinkindern, von Müttern mit größeren Kindern – und auch ich selbst als Mutter kenne, trotz allen Wissens, das nagende Gefühl, ob meine und unsere Entscheidungen so richtig sind. In ihm spiegelt sich eine Erwartungshaltung an Mutterschaft, die in besonderer Weise für die Last steht, die wir Mütter tragen: die Zuständigkeit, die gesellschaftliche und persönliche Verantwortung, die Sorge. Und manches Mal spiegelt sich darin auch ein Stück unserer eigenen Erziehung wider, wenn wir damit aufgewachsen sind, beständig Leistung zu erbringen.

Wir sagen nicht »*Wir* haben Angst, etwas falsch zu machen« oder »Ich habe Angst, dass *wir* etwas falsch machen«. Wir sagen, dass wir selbst Angst davor haben, dass wir unausbügelbare Fehler begehen: *Ich*. Denn ich *als Mutte*r bin verantwortlich! Die Angst ist manchmal so tief in unsere Rolle als Mutter eingewoben, dass sie zu einem ständigen Begleiter werden kann. Dabei ist sie oft nicht richtig zu greifen: Es sind weniger die einzelnen Situationen, sondern das Gesamtpaket, um das wir uns sorgen. Wir haben Angst, insgesamt als Mutter zu versagen. Gerade emotionale Narben, Bindungs- und Beziehungsnarben machen uns besonders anfällig für die diffusen Ängste: Kleine und größere negative Erlebnisse des Alltags wühlen in uns eigene Erfahrungen auf, setzen Gefühle und Gedanken frei, und wir beginnen zu grübeln. Wir machen uns Sorgen um das Jetzt und Heute, die vielleicht auch begründet sind, aber wir können die diffuse Angst auch als Einladung verstehen, in unserer eigenen Geschichte noch einmal genauer hinzusehen: Was sagt mir diese Angst eigentlich gerade auch über mich?

Wenn du zu diesem Buch gegriffen hast, begleitet dich wahrscheinlich auch die Sorge davor, deine Tochter nicht ausreichend begleiten zu können, damit sie mit den Herausforderungen der Gegenwart und Zukunft gut umgehen kann. Es ist oft unsere ganz besonders verwundbare Stelle als Mutter, dieses Gefühl der Schuld, der Unzulänglichkeit und der Versagensangst.

Aber Angst muss weder verschwiegen werden, noch ist sie per se negativ. Sie kann ein sinnvolles Warnsystem für uns sein: Sie zeigt uns, dass es eine Gefahr geben könnte, vor der wir uns und/oder andere schützen sollten. Es ist gut, wenn wir spüren, dass wir eigene

Verletzungen nicht weitergeben wollen an unsere Kinder. Es ist gut, zu spüren, wenn wir unser Kind verletzt haben. Und auch die diffuse Sorge, die sich daraus nährt, dass wir uns heute in der Rolle als Frau irgendwie nicht ganz wohlfühlen, dass wir spüren, dass es eine Benachteiligung gibt, die unsere Kinder nicht erleben sollen, kann hilfreich sein, auch wenn wir sie anfangs nicht richtig fassen können. Aus dieser Sorge können Reflexion, Veränderung, Schutz und Selbstermächtigung erwachsen. Das diffuse Gefühl, dass irgendwas nicht ganz rund läuft und wir etwas anders machen wollen, kann uns die Kraft geben, wirklich etwas zu verändern. Indem wir unsere Sorgen und Ängste umdeuten, können wir aus dem zuerst negativen Gefühl der Angst einen Impuls für Veränderung gewinnen: Wir reframen diese Angst, sodass wir aus der Passivität (»Ich ängstige mich vor …«) in die Aktivität kommen (»Ich ändere etwas, weil …«).

Wichtig ist aber bei Ängsten, dass wir wirklich hinsehen und sie einordnen: Haben wir ein mulmiges Gefühl, eine Sorge, die uns drängt und mit der wir uns auseinandersetzen, oder haben wir eine Angst oder gar Panik, die uns schon im Alltag einschränkt? Bei Sorgen und Ängsten ist es hilfreich, dass wir uns die Sachlage konkret vor Augen führen. So können wir die Angst einordnen, Veränderungen anstoßen und werden nicht handlungsunfähig. Manchmal kann uns die Sachlage auch zeigen, dass unsere Ängste eigentlich unbegründet sind und wir nicht an dem arbeiten sollten, wovor wir uns ängstigen, sondern daran, dass wir diese Angst überhaupt haben. Das trifft auch an einigen Stellen auf das Muttersein zu.

Wie wir im ersten Teil gesehen haben, ist die Sorge, dass unsere Töchter allein aufgrund ihrer Geschlechtszuschreibung einen Nachteil in ihrer Entwicklung und an ihrem Platz in der Gesellschaft erfahren, durchaus begründet: Es gibt zahlreiche Studien, die belegen, wie sich die Zuordnung in die Kategorie »weiblich« auf verschiedenen Ebenen negativ auswirkt. Aus diesem Wissen heraus können und sollten wir etwas ändern.

Im ersten Teil dieses Buches haben wir hierfür schon ein wenig unseren Blick geschärft und uns mit den verschiedenen Problembereichen unserer Gesellschaft vertraut gemacht. In dem von Noel Burch entwickelten Modell der »Vier Phasen der Kompetenzentwicklung«[2] sind wir damit von der Stufe der unbewussten Inkompetenz (wir wissen nicht, worum es geht, und sehen das Problem nicht) übergegangen zur Stufe der bewussten Inkompetenz (wir kennen die Problemlage, wissen aber noch nicht, wie wir sie beheben können). In den folgenden Teilen des Buches wirst du dann die bewusste Kompetenz erlangen (das Problem erkennen und ändern können, dafür aber noch Zeit und Konzentration brauchen) und mit etwas Übung und stetiger Reflexion in die Stufe der unbewussten Kompetenz übergehen (die Informationen sind in Fleisch und Blut übergegangen, du denkst und handelst feministisch).

Die Sorge um die richtige Begleitung von Mädchen steht auch mit der Angst in Zusammenhang, dass wir aufgrund eigener Verletzungen und falscher Bindungsmuster unseren Töchtern kein gutes Vorbild sein könnten. Wir werden uns weiter unten eingehender damit beschäftigen, warum Probleme der Bindungsbeziehung sich gerade darauf negativ auswirken können, unseren Töchtern neue, moderne Frauenbilder, den Kampf für Gerechtigkeit und Verschwesterung zu ermöglichen. Aber auch hier gilt, dass wir mit Reflexion und Information eine Veränderung bewirken und zu höheren Kompetenzstufen gelangen können, um unsere Töchter wirklich gut zu begleiten.

An unserer großen Sorge, als Mütter generell »alles falsch« zu machen und von Natur aus für ihre Entwicklung verantwortlich zu sein, ist oft weniger dran, als wir denken: Der gesellschaftliche Anspruch an die Mutter ist so groß, dass es nahezu unmöglich ist, ihn perfekt zu erfüllen. Auch hier sehen wir wieder den Einfluss des Patriarchats, das die hohen Erwartungen an Mutterschaft etabliert hat und ihr im Falle einer »falschen« Entwicklung die Schuld zuweist. Noch im letzten Jahrhundert finden wir diese Zuschreibungen beispielsweise bei Max Planck[3] und insbesondere auch bei Sigmund Freud: Sie haben – neben anderen – die Bedeutung der Mutter für die gesamte psychische Entwicklung hervorgehoben. Auch die Bindungsforschung um und nach dem berühmten Bindungsforscher John Bowlby war lange besonders auf die Mutter-Kind-Bindung fokussiert und hat das überhöhte Mutterbild teilweise mitgetragen.[4] So wurden beispielsweise Forschungsergebnisse zum Verlust der Mutter auf Müttererwerbstätigkeit und außerfamiliäre Betreuung übertragen, um die These zu stützen, Mütter dürften zum Wohle ihrer Kinder nicht erwerbstätig sein. Bis heute ist es schwer, dieses tief in uns verankerte Bild aufzubrechen, obwohl schon in den 1980er-Jahren weitere Forschungsergebnisse zeigten, dass auch Väter von Geburt an eine intensive Beziehung zum Kind aufbauen können.

Das Damoklesschwert der mütterlichen Fehler hängt dennoch beständig über uns, und wir haben das Gefühl, dass sie alle Lebensbereiche betreffen, sodass wir nahezu ohnmächtig vor diesem Berg an potenziellen Fehlern stehen: Das Kind sollte schön, sportlich, gut ernährt, gebildet, sozial, empathisch, gesellschaftsfähig, wohlgekleidet, sauber, manierlich sein. In jedem einzelnen Entwicklungsbereich scheinen wir beständig Fehler machen zu können, die von anderen mit hochgezogenen Augenbrauen betrachtet werden: »Ah, dein Kind kann noch nicht …?«, »Also in diesem Alter konnte meine Antonia ja schon!«, »Kinder, die sich nicht benehmen können, gehören nicht ins Restaurant!«, »Hat deine Mama dir morgens nicht die Haare gebürstet, bevor sie dich in den Kindergarten gebracht hat?«. Das Verhalten und Aussehen des Kindes werden schnell auf die Mutter zurückgeführt. Die Abwertung und Ausgrenzung, die wir durch andere erfahren, weil unser Kind (oder wir mit unserem Verhalten) vielleicht von der erwarteten Norm abweicht, schmerzen und können Stress verursachen, der wiederum die Ängste verstärkt.

Auch der Balanceakt zwischen Wurzeln und Flügeln macht vielen Müttern Kopfzerbrechen, ebenso wie die Frage danach, ab wann

wie viel außerfamiliäre Betreuung nun gut sei. Wir sind verunsichert, und Schuldgefühle begleiten uns beständig auf unserem Weg.

Reflexion: Schuldgefühle

Schuldgefühle ergeben sich oft aus den zu hohen Anforderungen unserer Gesellschaft an die Mutterrolle und können sich negativ auf unser Wohlbefinden auswirken. Wir haben selbst oft einen negativen Blick auf uns selbst und stellen eher unsere Fehler denn unsere positiven Eigenschaften in den Fokus – gerade wenn wir uns mit anderen oder eben einem bestimmten Rollenbild vergleichen. Aber was würden andere nahe Bezugspersonen zu deinen Anforderungen und Vorstellungen sagen? Du kannst mit deinen zugewandten, respektvollen Bezugspersonen über deine Gefühle sprechen oder in den Situationen, in denen dich etwas besonders quält, dich fragen: »Was würde xy dazu sagen?« Dann nämlich spricht auf einmal nicht unser eigener, innerer Kritiker mit uns, dessen Stimme wir in der Kindheit über Erziehung und Erwartungshaltungen an uns verinnerlicht haben, sondern eine liebevolle Bezugsperson, die uns schätzt und anerkennt. Das macht oft einen erheblichen Unterschied.

Die Frage ist auch: Müssen wir uns wirklich an dem hohen Ideal orientieren? Blicken wir nämlich einmal den Tatsachen dieser Angst ins Auge und nutzen wir wieder Informationen, um unsere Ängste zu besiegen: Nie zuvor in der Geschichte waren so viel Aufmerksamkeit und Erziehungsbemühen von einer Mutter auf so wenige Kinder konzentriert.[5] Wir sind unglaublich informiert, bemüht und sogar zeitlich vergleichsweise recht gut verfügbar. Einer Studie der Forscherinnen Giulia Maria Dotti Sani und Judith Treas, die die Betreuung von Kindern durch ihre Eltern in elf westlichen Ländern zwischen 1965 und 2012 untersuchte, zeigte, dass Mütter 2012 fast doppelt so viel Zeit mit Kindern verbrachten wie 50 Jahre zuvor[6], wobei besonders Familien mit Akademikereltern dem Konzept der »intensiven Elternschaft« folgen.[7] Ist es daneben wichtig, keine Fehler zu begehen? Jein: Fehler sind nicht gleich Fehler. Natürlich gibt es solche, die wir vermeiden sollten: physische und psychische Gewalt. Daneben gibt es aber viele, die eben im Alltag passieren und uns nicht gleich an unserer Eignung zur Mutterschaft zweifeln lassen sollten. Es ist auch für das Kind nicht notwendig, dass wir perfekt sind. Es ist normal, dass wir auch Fehler machen. Wie wir gleich sehen werden, ist das Bindungssystem auf kleine (oder auch mal größere) Unebenheiten vorbereitet, und unsere Kinder erleiden nicht sofort ein Trauma, wenn es mal nicht ganz so rund läuft. Im Gegenteil: Das Bindungssystem ist an das echte Leben angepasst, in dem Stimmungsqualität und Atmosphäre nicht nur geradlinig sind.

Die Angst davor, »etwas« falsch zu machen, kann uns darin behindern, unsere Kinder gut zu begleiten: Sie spüren unsere Unsicherheit, während sie uns eigentlich als sichere, echte Bezugsperson dringend brauchen. Ständige Selbstbeschuldigung kann in unseren Kindern (und anderen) das Gefühl der Unsicherheit bis hin zur Unfähigkeit hervorrufen. Und dies gerade in der Mutter-Tochter-Konstellation, wenn wir unseren Kindern ein sicheres, stabiles Rollenvorbild sein wollen. Auch auf uns selbst hat die diffuse Angst vor dem Falschmachen einen negativen Einfluss, wenn wir uns ständig als minderwertig, als nicht ausreichender Elternteil betrachten. Je höher die Anforderungen daran sind, es richtig zu machen, desto schwerer ist es, dieses Ziel zu erreichen – und desto eher finden wir uns in einem Gefühl des Scheiterns und der Schuldgefühle wieder.

Die Frage, die wir uns bei dem Gedanken »Ich habe Angst, etwas falsch zu machen!« stellen sollten, ist: »Was bedeutet dieses ›Falsch‹ für das Kind?« und: »Warum trage ich in besonderer Weise diese Sorge auf meinen Schultern?« Sehen wir also erst einmal genauer hin, was Kinder generell brauchen.

Reflexion: Meine Ängste

Ein guter Umgang mit unseren Ängsten ist wichtig. Stellen wir uns an dieser Stelle einmal offen und ehrlich unseren Ängsten. Schreib auf, was dich ganz besonders als Mutter einer Tochter sorgt: Was sind die Ängste, die du im Herzen trägst?

Schreib sie auf und lass daneben Platz für den Umgang mit dieser Angst. Im Laufe dieses Buches wirst du für die meisten Ängste, die dich begleiten, Lösungs- beziehungsweise Umgangsideen finden. Beispielsweise in Bezug darauf, zu denken, dass du im Alltag keine Fehler machen darfst – damit beschäftigen wir uns gleich im nächsten Abschnitt weiter. Aber auch der Angst davor, dass deine Tochter auf dem Nachhauseweg Opfer sexueller Gewalt wird, können wir rational etwas entgegensetzen.

Die Eltern-Kind-Bindung

Die moderne Forschung ist sich im Großen und Ganzen darüber einig, dass das, was Kinder wirklich brauchen, liebevolle, Sicherheit und Beständigkeit gebende Bezugspersonen sind. Betrachten wir einmal genauer, was eine Person zu einer genau solchen Bezugsperson macht: Das Schutzsystem der Bindungsbeziehung baut sich von der Seite des Kindes aus insbesondere in den ersten drei Lebensjahren auf durch die Erfahrungen, die das Kind im Umgang mit den engen Bezugspersonen macht. Es ist dabei wichtig, dass die Signale des Kindes wahrgenommen, richtig interpretiert und beantwortet werden. Je nach Alter des Kindes muss die Beantwortung zeitnah (Babys) erfolgen oder kann später auch durchaus einmal aufgeschoben werden, wenn wir erklären, dass wir das Bedürfnis wahrgenommen haben, es aber nicht im gleichen Moment befriedigen können. Das Kind kann durch diese Interaktion und das Wissen, dass seine Bedürfnisse beantwortet werden, ein Vertrauen in die Bezugsperson aufbauen und lernt zudem, sich auszudrücken und ein gutes Bild von sich und den eigenen Bedürfnissen zu entwickeln, weil es weiß, dass es das, was es spürt, ausdrücken darf, dass seine Gefühle und Wahrnehmungen nicht falsch sind. Umgekehrt lernt die Bezugsperson, dass sich das Kind auf eine bestimmte Weise äußert, um auf Bedürfnisse aufmerksam zu machen, und dass jedes Signal des Kindes auf ein bestimmtes Bedürfnis zurückgeführt werden kann. Je nach Art, wie die Bezugspersonen mit den Bedürfnissen der Kinder umgehen, bilden sich so verschiedene Qualitäten der Bindungsbeziehung aus: Werden Signale wahrgenommen, richtig interpretiert und beantwortet, kann sich eine sichere Bindungsbeziehung ausbilden in dem Gefühl, gut und verlässlich umsorgt zu werden. Wenn die Signale allerdings oft ins Leere laufen, abgewiesen oder ignoriert werden oder es nur unzuverlässige Antworten gibt, bildet sich eine andere Bindungsqualität aus: Das Kind ist unsicher in Bezug auf seine Bezugspersonen. Treten sogar Übergriffe auf, und das Kind wird von den nahen Bezugspersonen, die eigentlich seinen Schutz garantieren sollten, misshandelt, kann es zu einer desorganisierten Bindungsbeziehung kommen. In Gesellschaften mit einem geringen sozialen Risiko finden sich etwa 55 Prozent sicher gebundene Kinder, 15 Prozent unsicher-vermeidend gebundene Kinder, 10 Prozent unsicher-ambivalent gebundene Kinder und 15 Prozent desorganisierte Kinder.[8]

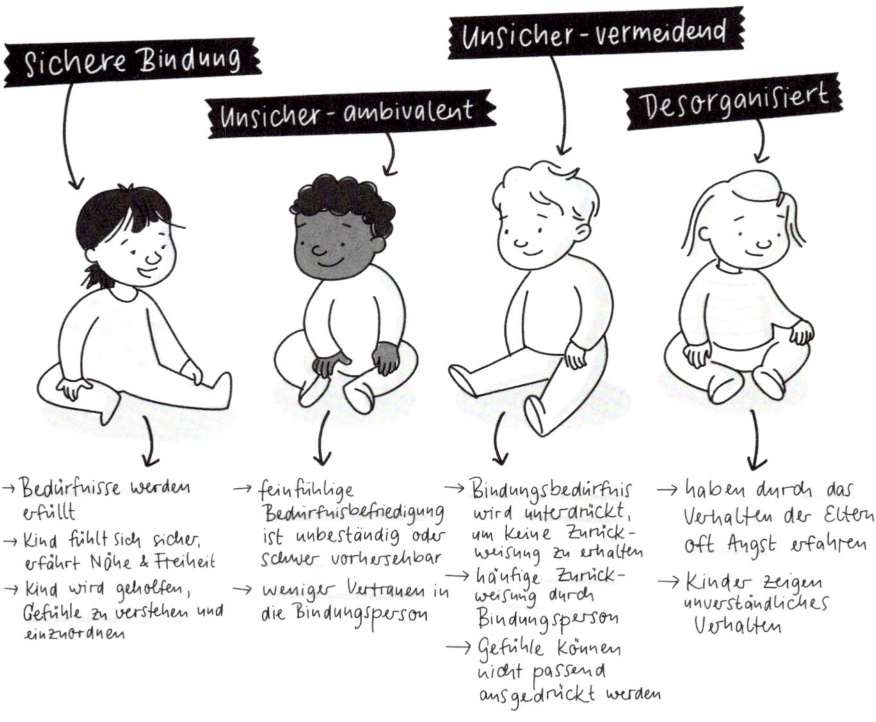

Es gibt aber nicht nur ein Bedürfnis des Kindes nach Sicherheit und Verbundenheit, sondern auch nach Autonomie und Selbstwirksamkeit. Wir müssen nicht nur auf die Wurzeln achten, sondern dem Kind auch Flügel ermöglichen. Die Entwicklung des Kindes ist ein beständiger Kreislauf aus Nähe und Freiheit: Das Kind bricht auf zu neuen Entdeckungen, Erkundungen, Bewegung und kehrt irgendwann zurück zur Bezugsperson, um dann wieder aufzubrechen. Je größer die Kinder werden, desto länger und weiter werden die Kreise, die sie ziehen. Aber als Bezugsperson bleibt uns die Aufgabe, sie immer wieder Sicherheit, Verständnis und Respekt gebend in die Arme zu nehmen, wenn sie zu uns zurückkommen. Auch wenn sie größer sind.

Die amerikanischen Forscher und Entwickler des Konzepts »Kreis der Sicherheit« Bert Powell, Glen Cooper, Kent Hoffmann und Bob Marvin fassen es mit den Worten zusammen, dass die Bindungsperson(en) immer größer, stärker, weiser und gütig sind, wenn möglich, dem Bedürfnis des Kindes folgen, und wenn nötig, die Führung übernehmen sollen.[9] Damit wird das gesamte Bedürfnisfeld des Kindes an seine Begleitung sehr gut umrissen: Wir sollten versuchen, uns auf das Kind einzustimmen, seine Absichten und Bedürfnisse zu erkennen, sie zu akzeptieren und den Weg durch das jeweilige Empfinden zu begleiten. Dazu gehört auch, dass wir als Bezugspersonen dort in Verantwortung und Führung übergehen, wo das Kind nicht ausreichend für sich sorgen oder die Situation nicht überblicken kann, wodurch wir wiederum Sicherheit und Stabilität vermitteln. Selbst wenn der »Kreis der Sicherheit« auf die ersten Lebensjahre fokussiert ist, lässt sich diese Haltung auch auf die Begleitung von Teenagerkindern übertragen: Auch sie brauchen Nähe, Freiheit und sichere Begleitung. (Selbst-)Sicherheit und Stabilität: Wie wir später noch sehen werden, sind gerade dies aber oft auch Eigenschaften, die gerade in der Erziehung von uns heutigen Müttern zu kurz gekommen sind. Wir zweifeln oft an uns, unseren Handlungen, unserer Eignung.

Das Wechselspiel zwischen Nähe und Freiheit fällt vielen Bezugspersonen nicht so leicht. Manche haben mehr Schwierigkeiten auf der Seite, Nähe zu geben, andere mehr auf der Seite, Freiheit zu ermöglichen. Unsere eigenen Schwachstellen und Hindernisse, die oft aus den eigenen Bindungserfahrungen resultieren, wirken sich dann wiederum auf die Beziehung zum eigenen Kind aus. Wir werden uns weiter unten eingehender damit beschäftigen, welche Einflüsse es gerade bei uns Müttern gibt, die uns diese Pole erschweren. Es ist deswegen hilfreich, zu wissen, auf welcher Seite unsere ganz persönlichen Probleme liegen, um an ihnen zu arbeiten und dem Kind sowohl das Maß an Nähe als auch den Freiraum zu geben, die es individuell benötigt.

Dabei betonen die Verfasser des »Kreises der Sicherheit« wie auch viele andere Autor*innen aus dem Feld der Bindungsforschung, dass die oben schon erwähnten kleineren Fehler im Umgang der Eltern mit ihren Kindern normal und nicht schlimm sind, es gehe vielmehr darum, welches Klima wir erschaffen und wie wir insgesamt dem Kind gegenüberstehen: Die Bindungstheorie bestätigt, »daß nicht ein Augenblick oder ein Problem über die psychische Gesundheit eines Kindes im weiteren Leben entscheidet, sondern daß die intergenerationelle Übertragung der psychischen Verfassung der primären Bezugsperson durch die Anpassung in Zehntausenden von Situationen tagtäglich erfolgt und daß sich auf diese Weise eine bestimmte Art des Umgangs mit Ereignissen herausbildet«.[10] Und weiter: »Wir können nicht nachdrücklich genug darauf hinweisen, daß es nicht darum geht, perfekte Eltern oder primäre Bezugspersonen zu kreieren. Es geht darum, daß Eltern ›gut genug‹ sind.«[11] Kinder sollten vielmehr lernen, dass auch nach Situationen, die nicht so gut gelaufen sind, wieder die andere Stimmungs- und Beziehungsqualität hervortritt und die Situation geklärt wird. Gerade auf diese Weise kann eine sichere Beziehung ausgebildet werden, und das Kind stärkt hiermit seine Fähigkeit, sich selbst und andere zu akzeptieren. Dies ist ein wesentlicher Punkt für unsere heutige Begleitung der Kinder: Ja, wir machen Fehler. Anders als in früheren Generationen gehen wir aber nicht darüber hinweg, sondern können mit unserem Kind ins Gespräch kommen und erklären, warum wir wie gehandelt haben, und um Entschuldigung bitten. Das Kind erfährt, dass wir nicht unfehlbar sind, dass alle Menschen Fehler machen, und es lernt einen guten Umgang mit Konflikten. Vielleicht können wir beim nächsten Mal anders handeln, dann wäre der vermeintliche Fehler ein Impuls, unser Denken und Handeln zu überdenken und anzupassen. Vielleicht können wir es auch nicht und können – gerade mit größeren Kindern – genau dies thematisieren und schaffen auch so wieder eine emotionale Nähe zum Kind.

Es ist also nicht nur normal, sondern auch nicht schlimm für das Kind, dass wir nicht alles immer richtig machen. Es sind die Erwartungen, die uns einreden, wir müssten perfekt sein in absolut jeder Situation, nicht die tatsächlichen Fakten der Forschung. Wir sehen aber auch: Unsere Werte, unsere generelle Einstellung sind wichtig für das Kind. Und dies tritt in Bezug auf unser Selbstbild als Frau, in unserem Verständnis von Weiblichkeit, Frausein, Mädchensein besonders in der Weitergabe an unsere Töchter hervor. Deswegen ist es so wichtig, dass wir bestimmte Sichtweisen und Werte verinnerlichen, die wir dann auf ganz natürliche Weise immer wieder in unserem Alltag vermitteln. Was unser Kind an Bindung und Beziehung in den ersten Jahren verinnerlicht, wirkt sich darauf aus, was das Kind als Muster für Beziehungen abspeichert. Das ist nicht in Stein gemeißelt, nimmt aber einen entscheidenden Einfluss und ist in späteren Jahren schwerer zu verändern, wenn der Start nicht optimal war. Wir bestimmen mit unserem Verhalten mit, wie schützenswert und wertvoll sich das Kind selbst empfindet, können durch sichere Bindungsbeziehungen die Wahrscheinlichkeit psychischer Widerstandsfähigkeit und die Resistenz gegenüber Stress erhöhen und insgesamt die psychische Gesundheit und den Aufbau späterer Beziehungen stärken, was sich dann beispielsweise auch auf den Bildungserfolg auswirken kann, wenn das Kind vertrauensvoll und sicher seinen Lehrpersonen gegenübertritt.

Reflexion: In welcher Richtung liegt meine Problemzone?

Es ist völlig in Ordnung, dass uns manche Dinge mit unseren Kindern schwerfallen. Dennoch ist es hilfreich, wenn wir die Muster hinter unseren Problemen erkennen, um besser mit ihnen umgehen zu können. Hilfreich ist es deswegen, wenn wir uns vor Augen führen, welche Probleme sich immer wieder ergeben und was aus Bindungssicht genau dahintersteht: Kinder brauchen Freiheit, aber auch Nähe und uns als sichere Bezugspersonen, die den Weg vorgeben, aber auch Mitbestimmung und Selbstwirksamkeit ermöglichen. Viele Konflikte in Familien gehen auf ein bestimmtes Grundmuster zurück: Entweder ist die Ermöglichung emotionaler (und/oder körperlicher) Nähe erschwert oder die Ermöglichung von Freiheit. Schau einmal auf deinen Kompass und zeichne die Nadel dort ein, wo deine Problemzone liegt.

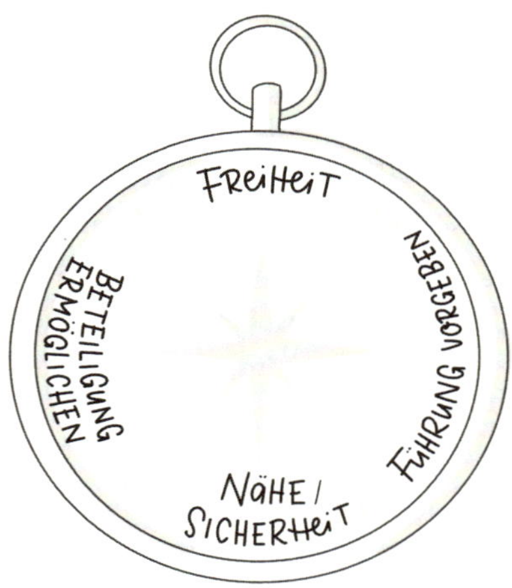

Wie sich die Probleme unserer eigenen Erziehung auf die Bindung zu unserem Kind auswirken

Wir sehen also, dass es zwei zentrale Elemente gibt, die für die Entwicklung unserer Kinder von großer Bedeutung sind: Sicherheit und Freiheit. Sicherheit meint dabei die sichere Beantwortung der unterschiedlichen Bedürfnisse und dass wir als Bezugsperson generelle Sicherheit ausstrahlen und das Kind gut und sicher in die Welt begleiten können. Mit der Bedürfniserfüllung sind nicht nur die physiologischen Bedürfnisse wie Schlaf und Ernährung gemeint, sondern auch soziale und Individualbedürfnisse: Zuwendung, Geborgenheit, Selbstachtung und »das Gefühl, dass die Menschenwelt grundsätzlich positiv ist«.[12] Wir sehen schon aus der Vielzahl dieser Bereiche, dass es viele Faktoren geben kann, die an der einen oder anderen Stelle störend einwirken können. Wenn wir dabei nicht nur punktuell mal ein Bedürfnis übersehen, nicht beantworten können oder es eine Lebensphase gibt, in der es uns schwerfällt, die aber wieder vorübergeht, sondern einer dieser Bereiche generell ein Hindernis für uns darstellt, dann kann sich dies auf die Bindung und Entwicklung des eigenen Kindes auswirken. Es ist daher wichtig, dass wir uns unserer »blinden Flecken« bewusst sind und an diesen arbeiten.

Ein übergeordneter Bereich, der uns an der Bedürfniserfüllung hindern kann, sind unsere eigene Kindheit und die Erfahrungen, die wir selbst gemacht haben. Auch wenn die eigenen Erfahrungen nicht zu einem Verhalten führen, das uns für immer bestimmt, kann es – gerade bei fehlender Aufarbeitung – durchaus zu Einflüssen auf unser Verhalten als Eltern kommen. Wenn wir Eltern werden, gelangen wir unweigerlich wieder bei uns selbst an, bei unserem eigenen Anfang. Und dann können wir die Geschichte wiederholen oder verändern.

GRUNDBEDÜRFNISSE
nach Nahrung, Bedarf, Wärme, Luft etc.
zu dick
EIN-WIRKUNG
SICHERHEIT
Schutz, Stabilität, Unversehrtheit
EIN-WIRKUNG
Gewalt
VERBUNDENHEIT
Gemeinschaft, Kommunikation, soziale Rolle
EIN-WIRKUNG
Außenseiter
AUTONOMIE/ SELBSTWIRKSAMKEIT
EIN-WIRKUNG
Freiheit nicht zulassen
INDIVIDUALBEDÜRFNISSE
ANERKENNUNG, WERTSCHÄTZUNG
EIN-WIRKUNG
„Nicht gut genug! Mehr leisten."
SELBSTVERWIRKLICHUNG
EIN-WIRKUNG
Man darf nicht werden, wer man ist

»Meine Tochter hat zu viel Spielzeug, weil ich nie welches hatte. Meine Tochter darf ein drittes Eis essen, wohl wissend, dass sie Bauchschmerzen bekommen wird, weil ich mich nicht traue, bei ›solchen trivialen Dingen‹ Nein zu sagen. Meine Tochter darf oft zu viel alleine entscheiden. Meine Tochter setzt oft ihren Willen durch, weil ich nicht die Kraft oder den Mut habe, ihr zu erklären, warum ich Nein gesagt habe. Meine Tochter ist das Kind, das nach dem Kindergarten ausgefragt wird, wer sie auf Toilette begleitet hat und wer ihr geholfen hat, sich umzuziehen. Meine Tochter wird auch das Kind sein, das jeden Tag zur Schule gebracht und abgeholt wird, obwohl wir nur fünf Minuten entfernt wohnen. Das Kind, dessen Handy von den Eltern geortet werden kann. Nicht weil ich (wir) ihr nicht vertraue(n), sondern weil ich mir selber nicht vertrauen kann bzw. innerlich nicht ruhen kann. Weil ich weiß, wie ich mich als Kind gefühlt habe. Weil ICH (!!) Angst habe und hatte. Weil ich die Mutter bin, die ihre Ängste auf ihr Kind überträgt, ohne das zu wollen.« LAURA

Damit kommen wir zu einem wichtigen Aspekt der heutigen Begleitung von Kindern in Verbindung mit unserer eigenen Erziehung: Diese war weniger auf die Bedürfniserfüllung ausgerichtet und stand, wie wir im vorigen Teil gesehen haben, in einer patriarchalen Tradition, was sich darauf auswirkt, wie wir heute mit uns und unseren Bedürfnissen umgehen, uns selbst sehen und welche Selbstsicherheit wir verinnerlicht haben. Haben wir seelische oder körperliche Gewalt erfahren, durften wir nicht sein, wer wir sind, weil wir in bestimmte Rollenanforderungen eingepasst wurden, hat sich das auf unser Denken und Empfinden ausgewirkt. Heute wissen wir, dass das Verhalten von Kindern auf bestimmte Bedürfnisse zurückgeführt werden kann und dass ein »unerhörtes Verhalten«

auf »unerhörte Bedürfnisse« zurückzuführen ist, und haben dadurch einen guten Blick auf sinnvolle Handlungsmöglichkeiten als Eltern. Früher wurde das »unerhörte Verhalten« eines Kindes lediglich als Ereignis betrachtet, das es zu unterlassen gilt. Gearbeitet wurde am Verhalten, nicht an der Ursache desselben, wodurch die Bedürfnisse des Kindes übersehen und Grenzen überschritten wurden. Wenn unsere persönlichen Grenzen beständig überschritten werden, verlieren wir das Bewusstsein für unsere Grenzen und auch die anderer Menschen. »Ist doch nicht so schlimm!«, »Hat mir ja auch nicht geschadet!« sind Sätze, die fallen, wenn wir uns nicht in andere hineinversetzen (können), unter anderem weil uns der Zugang zu der Wahrnehmung eigener Grenzüberschreitung fehlt oder weil wir in einem emotional armen Klima aufgewachsen sind. Ein beständiges Überschreiten der kindlichen Bedürfnisse kann dazu führen, dass wir nur schwer einen Zugang zu unseren eigenen Wünschen und Bedürfnissen finden. Dass es uns schwerfällt, für sie einzustehen oder sie überhaupt erst zu spüren. Haben wir nicht erlebt, wie es ist, dass sich jemand vertrauensvoll und sicher um uns kümmert, kann es uns schwerfallen, in späteren Jahren tief gehende Beziehungen einzugehen. Wir können uns anhaltend unzufrieden fühlen mit unserem Leben und unseren Beziehungen.

Gerade die Beachtung von Bedürfnissen stand in den vergangenen Generationen oft nicht im Vordergrund. Wir sehen dies beispielsweise daran, welche Regeln es in Bezug auf Essgewohnheiten gegenüber Kindern gab: süßer Nachtisch als Belohnung, wenn aufgegessen wird; sitzen bleiben, bis der Teller leer ist; Baby füttern nach Zeitplan und nicht nach Bedarf. Ein anderes Beispiel ist der Töpfchengang: auch hier wieder nach Zeitplan, insbesondere in Kindertageseinrichtungen, sitzen bleiben, bis »etwas rauskommt«; oder auch das Schlafen der Babys und Kleinkinder, wenn ihr normales Bedürfnis nach Nähe übergangen wurde und man sie schreien und weinen ließ, bis sie vor Erschöpfung eingeschlafen sind. All diese und weitere Beispiel zeigen uns, dass nicht die kindlichen Bedürfnisse im Vordergrund standen, sondern die Anpassung des Kindes an die Rahmenbedingungen von Familien beziehungsweise Institutionen. Ein solches beständiges Übergehen der Bedürfnisse, teilweise auch mit psychischer und/oder physischer Gewalt, wirkt sich auf uns aus und kann zu Problemen in der Verhaltenskontrolle führen, zu Selbstwertproblemen, Problemen der Emotionsregulation, sozialen Problemen bis hin zu psychischen Erkrankungen.

Bedürfnisse lösen in uns Gefühle aus: Wenn die Bedürfnisse erfüllt werden, werden angenehme Gefühle hervorgebracht, wenn sie nicht erfüllt werden, unangenehme Gefühle. Diese führen wiederum zu einem bestimmten Verhalten, das Einfluss auf die nahen Bezugspersonen nimmt: Wenn bestimmte Bedürfnisse nicht befriedigt werden, nimmt das Kind dies anhand eigener Gefühle wahr und macht dann darauf aufmerksam. Wenn die Bezugspersonen diese Signale aber nicht oder falsch deuten, entsteht ein negativer Verhaltenskreislauf, bis das Kind im Baby- oder Kleinkindalter resigniert, sich in späteren, selbstständigeren Jahren, abwendet beziehungsweise andere Problemlösungsstrategien heranzieht. Durch Vernachlässigung/Missachtung der Bedürfnisbefriedigung verlieren wir das Gefühl für uns selbst, die Achtung vor dem Wert der Selbstfürsorge oder überhaupt den Blick dafür, für uns selbst (richtig) zu sorgen. Das Gefühl für uns selbst entwickelt sich aus dem Miteinander mit unseren nahen Bezugspersonen. Gibt es hier Probleme, kann es uns schwerfallen, unseren Kindern ein gutes Vorbild darin zu sein, und gleichzeitig kann es uns auch schwerfallen, die Bedürfnisse der Kinder angemessen zu berücksichtigen und nicht mit ihnen so umzugehen, wie wir es selbst erfahren haben.

Aus der Beratungspraxis

Sabine kommt mit ihrer dreijährigen Tochter Kira in die Beratung. Es geht um das Thema Ernährung: Kira isst nur sehr ausgewählt und sehr wenig, was im Familienalltag viel Stress bedeutet. Zwar zeigt Kira keine Anzeichen einer restriktiven Essstörung, aber der Familienalltag ist deutlich durch das Essverhalten eingeschränkt, während im Kindergarten und bei den Großeltern das Problem weniger zu bestehen scheint. Auch Allergien oder organische Erkrankungen konnten bereits als Ursache ausgeschlossen werden. Sabine macht sich auch Sorgen um Kiras Entwicklung, da sie Gemüse beinahe komplett ablehnt. Sabine möchte eigentlich nicht mit Druck arbeiten. Sie selbst musste als Kind oft aufessen, war übergewichtig und hat bis heute Schwierigkeiten mit ihrem Körperbild, was sie auf keinen Fall an ihre Tochter weitergeben möchte. Ihre Angst hat aber gleichsam einen betont vorsichtigen Umgang mit Nahrung hervorgerufen. Auch wenn es durchaus so genannte »Picky Eaters« und »Supertaster« gibt, die wählerischer in der Auswahl von Nahrung sind, gibt es hier einen Zusammenhang mit den Erfahrungen der Mutter und dem Verhalten des Kindes. Die Angst, die Ernährung falsch zu gestalten, und die Angst, die eigene Tochter könnte unter ähnlichen Mobbingerfahrungen leiden wie sie selbst, hervorgerufen durch das gesellschaftliche Schönheitsideal, beeinflusst das Verhalten der Mutter. Um mit dem aktuellen Problem umzugehen, ist es wichtig, die eigenen Ängste therapeutisch aufzuarbeiten und auf dieser Basis den Alltag mit dem eigenen Kind zu verändern.

Eng zusammen mit dem erschwerten Zugang zu unseren Bedürfnissen hängt auch ein anderes Problem, das besonders Frauen kennen: Der Begriff »Gaslighting« wurde bereits im Jahr 1938 durch ein Theaterstück geprägt, das jene Form der psychischen Gewalt aufzeigt. Gaslighting meint, dass eine Person von einer anderen gezielt desorientiert, manipuliert und verunsichert wird, sodass sich das eigene Realitätsempfinden verändert. Gerade im Kontext von Ungerechtigkeit gegenüber Frauen, in Sekten, in Beziehungsstrukturen mit Personen mit narzisstischen Persönlichkeitsstörungen, aber auch in der Kindesmisshandlung wird Gaslighting eingesetzt. Hier werden beispielsweise Gefühle uminterpretiert, und der Person wird eingeredet, sie müsse etwas anderes empfinden, ihr Selbstwertgefühl wird gemindert, indem ihr vermittelt wird, wenig wert/intelligent/beliebt zu sein, oder es wird ihr die Schuld an bestimmten Ereignissen in die Schuhe geschoben. Gaslighting kann zu ernsten psychischen Erkrankungen führen, und für die Opfer ist es meist schwer, überhaupt einen Ausstieg zu finden, weil sich ihre Weltsicht verändert und sie sich dieser manipulativen Änderung nicht bewusst sind. Auch das, was wir Kindern an falschen Botschaften vermitteln, kann sich auf ihr Verhalten und ihre Wahrnehmung auswirken: Wer von klein auf lernt, dass »Jungs dich eigentlich mögen, wenn sie dich ärgern«, wird irgendwann aufhören, sich als Kind darüber zu beklagen, und es als Beziehungsmuster verinnerlichen. Wer als Kind erfährt, dass man eben an den Haaren gezogen wird, wenn man »so schöne lange Zöpfe hat«, oder Männer einen belästigen, »weil man einen kurzen Rock trägt«, projiziert das Entstehen von Problemen zunächst auf sich selbst. Und so gut es auch ist, Probleme im Alltag zu reflektieren und einen eigenen Anteil an schwierigen Situationen auszumachen, ist es weder richtig noch angemessen, immer zuerst die Schuld bei sich selbst zu suchen. Hierdurch gelangen wir in die oben schon erwähnten ständigen Schuldgefühle und stellen unser eigenes Handeln und Erleben beständig infrage.

Schon vor der Schwangerschaft gibt es oft bestimmte Bilder und Erwartungen: Möchte ich lieber einen Jungen oder ein Mädchen bekommen, und wenn es eine bestimmte Bevorzugung gibt, warum? Wir machen uns Gedanken darüber, was wir vielleicht später einmal mit dem Kind machen wollen, kaufen bestimmte Kleidung, richten vielleicht sogar ein Kinderzimmer oder eine Kinderecke ein. Vielleicht bekommen wir auch Geschenke von Verwandten, die ebenfalls mit bestimmten Erwartungen aufgeladen sind. Wir kreieren vom Kind und unserer Beziehung ein Bild in unserem Kopf. Das ist einerseits gut, weil wir damit beginnen, uns emotional auf die Zukunft einzustimmen und eine Beziehung aufzubauen. Ist dieses Bild aber zu eng, zu sehr mit Stereotypen und Erwartungen aufgeladen, erschwert dies, wenn das Kind da ist, das Aufeinandereinstellen: Vielleicht ist das Kind nicht so, wie wir erwartet haben. Die Enttäuschung durch eine zu hohe Erwartungshaltung kann den Beziehungsaufbau negativ beeinflussen. Auch das Verhalten anderer Personen in Bezug auf das Geschlecht des Kindes kann sich auf unsere Elternrolle, unsere Erwartungen und unser Wohlbefinden mit dem Kind auswirken.

»Als ich schwanger wurde, war ich also darauf eingestellt, auch ein Mädchen zu bekommen. Doch es war nicht so. Ich habe heute einen sechsjährigen Sohn. Und ich kann diese Zeilen kaum schreiben, ohne zu weinen, und weiß, dass ich diese Mail nach dem Senden löschen werde, damit niemand meine Wahrheit kennt. Denn: Ich bin neidisch – so neidisch. Auf alle Mütter, die Töchter haben. Auf die Beziehung, die Innigkeit und Verbundenheit, die Mütter und Töchter haben. Ich habe riesige Angst, dass mein Sohn, wenn er älter ist, die Familie verlässt. So wie die ›angeheirateten‹ Männer in unserer Familie

eben eher bei uns sind als bei ihren Müttern und Vätern. Auch ein zweites Kind wollte ich aus Angst, dass es wieder ein Junge werden könnte, nicht. Ich liebe meinen Sohn sehr. Aber ich merke, wie er anders behandelt wird als damals meine Nichten oder jetzt unser kleinstes Mädchen in der Familie.« SIMONE

Zu hohe oder falsche Erwartungen sind es auch, die in den folgenden Jahren das Band der Bindung negativ beeinflussen können, gerade in Bezug auf Töchter: Wenn unsere Töchter »wilder« sind als erwartet, wenn sie in der Autonomiephase weniger kooperieren, als von einem Mädchen gewünscht, wenn sie sich bestimmten Hobbys, die wir aber nicht als passend erachten, weniger oder mehr zuwenden wollen. Und auch in den Teenagerjahren kann es schwierig werden, wenn wir verinnerlichte, patriarchale Rollenmuster auf sie übertragen in Bezug auf Sexualität, Verhütung, Freundschaften. Wir können insgesamt festhalten: Zu enge Erwartungshaltungen und Anpassungsdruck durch die Eltern können sich in jedem Alter negativ auswirken, weil das Kind dadurch immer die Nachricht »So, wie ich bin, bin ich nicht gut/richtig/geliebt« erhält. Die Veränderung des Selbstbildes durch diese Botschaft wirkt sich kurz- und langfristig sowohl auf das Kind als auch auf die Beziehung zu den Personen aus, die sie vermitteln.

Was unsere Töchter – gerade in Hinblick auf das Bestehen im Patriarchat – brauchen, ist das Bild von sich, gut, wertvoll und selbstständig zu sein. Haben sie dies wirklich verinnerlicht, sind sie resistenter gegen die vielen Angriffspunkte auf Freiheit und Gerechtigkeit, die unsere Gesellschaft Mädchen und Frauen gegenüber bietet: Wenn ich mich als gut, wertvoll und selbstständig betrachte, bin ich weniger anfällig für den Druck des Schönheitsideals, weniger anfällig für das Impostor-Syndrom, habe ich weniger das Gefühl, immer mehr geben zu müssen, damit andere mich wirklich mögen. Natürlich gibt es diesen gesellschaftlichen Druck dennoch, und natürlich werden sie auch mit ihm konfrontiert, aber mit einem guten Selbstwertgefühl können sie diesem eher standhalten. Und dieses gute Selbstwertgefühl vermitteln wir durch eine sichere Bindungsbeziehung. Sichere Bindungsbeziehungen und das dadurch vermittelte Selbstvertrauen sind deswegen ein wesentlicher Eckpfeiler, um unsere Töchter für ein gutes Zurechtkommen in und auch das Rebellieren gegen unsere Gesellschaft zu stärken. Durch ein gutes Rollenvorbild als Mütter können wir zudem den Umgang mit diesem Druck vorleben: dass wir dem nicht nachgeben müssen und wie wir dem standhalten können. Wir können beispielsweise vorleben, dass wir uns dem Schönheitsideal nicht ergeben und darüber sprechen, wie wir damit umgehen. Wir können unsere persönliche Art, Care- und Erwerbsarbeit zu leben, zeigen und erklären.

Es ist schwer, sich den Verletzungen der Kindheit und Jugend zu stellen und sie aufzuarbeiten. Wenn wir unsere Kinder allerdings frei und in ihrem Sinne begleiten wollen, führt daran kein Weg vorbei. Gerade in Hinblick auf Rollenklischees und Erwartungen an »weibliches Verhalten«.

Und hier nun schließt sich der Kreis zwischen Bindungstheorie und Sozialisation als Mädchen und Frau, die in den vergangenen Jahrzehnten und Jahrhunderten hinter uns liegen und die wir im ersten Teil dieses Buches betrachtet haben: Neben den Umständen, die auf alle Kinder gleichermaßen ungünstig auf ihre individuelle Entwicklung einwirkten, gibt es auch geschlechtsspezifische Ein- und Anpassungen und geschlechtsspezifische Erfahrungen, die die Entwicklung beeinträchtigen können. Beispielsweise der Umstand, dass insbesondere Jungen wilder, stärker, widerstandsfähiger, weniger emotionsbetont sein sollten und auf der anderen Seite Mädchen eher emotional, rücksichtsvoll, nicht zu fordernd, anpassungsfähig, ruhig und genügsam. Die der Kategorie »Junge« oder »Mädchen« zugeordneten Attribute werden der Individualität vorangestellt. Die Art des Umgangs mit Mädchen und Frauen, weil sie dieser Kategorie und ihren Attributen zugeschrieben werden, nimmt auch Einfluss auf den Beziehungsaufbau und die Bindungsbeziehung: Wer lieb, angepasst, aufopfernd sein soll, muss gegebenenfalls Wut, Aggression und Selbstbestimmung unterdrücken. Wenn wir unseren Töchtern bestimmte Aspekte eines gewünschten Aussehens vermitteln, geben wir ihnen das Gefühl, anders nicht in Ordnung zu sein. Auch wenn die Anzahl von Jungen mit Essstörungen steigt, sind es dennoch mehr Mädchen, die unter anderem aufgrund der frühen Anpassung an ein Schönheitsideal mehr Essstörungen aufweisen.[13] Wenn Mädchen als »schwächer« angesehen werden und als gefährdeter, wird ihnen ein Aspekt der so notwendigen Freiheit vorenthalten und ihr Erkundungsverhalten eingeschränkt. Wenn wir als

Bezugspersonen verinnerlicht haben, dass Mädchen und Frauen belästigt, missbraucht oder vergewaltigt werden, weil sie sich »falsch kleiden«, geben wir diese Befürchtung durch unser Verhalten weiter. Wie wir noch sehen werden, wirken gerade in diesem Bereich der (sexuellen) Gewalt Erfahrungen der Eltern oder gar Großeltern noch lange nach durch das, was aufgrund der eigenen Traumatisierung verbal und nonverbal weitergegeben wird.

Gerade der Aspekt der erlebten (sexuellen) Gewalt muss aufgrund seiner Häufigkeit eine besondere Beachtung erfahren: (Sexuelle) Gewalt gegenüber Mädchen und Frauen ist weit verbreitet. Eine repräsentative Studie des Bundesministeriums für Familie, Frauen und Jugend zu Gewalt gegenüber Frauen in Deutschland aus dem Jahr 2004 legt dar, dass jede zweite bis dritte Frau in Deutschland körperliche Übergriffe in ihrem Erwachsenenleben und etwa jede siebte Frau sexuelle Gewalt durch bekannte oder unbekannte Personen erlitten hat.[14] Wenn wir mit einer solch bedrohlichen Situation konfrontiert und ihr ausgeliefert sind, entsteht oftmals ein Trauma als Folge. Bei vielen von einem Trauma betroffenen Personen klingen die Reaktionen wieder ab, aber etwa 30 Prozent zeigen nach einem Trauma eine posttraumatische Belastungsstörung. Wenn die Bedrohungssituation jedoch über einen längeren Zeitraum erfolgt oder es immer wieder zu ähnlichen Vorfällen kommt, beispielsweise bei Gewalt in der Familie oder durch das nähere Umfeld, Krieg, fortwährenden Missbrauch/Misshandlung, kann die Belastungssituation kaum abklingen, und die Person hat keine Ruhepausen. Das Nervensystem reagiert nicht mit Gewöhnung, sondern mit beständiger Erregtheit. Die Person steckt in der Situation eines hohen Erregungslevels fest, es kann unter anderem zu chronischem Stress, Angst, Unruhe, Reizbarkeit, Schlaflosigkeit etc. kommen. Denn die Person lebt ständig in der Erwartung einer neuen Angstsituation.[15] In der Psychologie wird von

»Hyperarousal« gesprochen: einem Zustand des anhaltenden erhöhten Aktivierungsniveaus des Zentralnervensystems.[16] Erhöhte Schreckreaktion, erhöhte Aufmerksamkeits- und Konzentrationsschwierigkeiten können Symptome dieser Übererregung sein, die die betroffenen Personen aber vielleicht (zunächst) gar nicht auf ein Trauma zurückführen, sondern als besondere Sensibilität deuten. Damit wird der Zugang zu einem angemessenen Umgang mit diesen Symptomen erschwert und auch die Problembehebung behindert. Der Stress wirkt sich allerdings auch auf die Feinfühligkeit gegenüber anderen Personen aus, die wir gerade in der Begleitung von Kindern benötigen. Erfahrene Gewalt oder immer wieder vorkommende Gewalt, die gerade Frauen auch heute noch erfahren, kann dadurch einen starken Einfluss auf die Beziehungsgestaltung zwischen Mutter und Kind nehmen.

Reflexion: Den Bedürfnissen der Kindheit auf der Spur

Um unser heutiges Handeln verstehen zu können, ist es wichtig, zu verstehen, was uns selbst geprägt hat. Die Prägungen, gerade in Bezug darauf, was uns an Bedürfnissen verwehrt geblieben ist, begleiten uns oft ein Leben lang und können an vielen Stellen Einfluss auf unser Denken und Handeln nehmen. Gehen wir also ein wenig zurück in deinem Leben und sehen wir uns deine Kindheit an. Beschreibe, wie du als Kind deine nahen Bezugspersonen erlebt hast: Mutter, Vater oder auch Oma und Opa – die Personen, bei denen du aufgewachsen bist. Wie waren sie? Wie sind sie mit deinen Bedürfnissen umgegangen? Gab es Eigenschaften oder Bedürfnisse, die sie abgelehnt haben, oder solche, auf die sie sehr viel Wert gelegt haben? Welches Gefühl haben sie in Bezug auf deinen Selbstwert bei dir hinterlassen? Und welches Gefühl hast du heute ihnen gegenüber, wenn du ganz ehrlich bist?

Kreisläufe durchbrechen

Wir können Kreisläufe durchbrechen, wir müssen nicht weitergeben, was wir selbst erfahren haben. Aber dieses Durchbrechen ist schwierig. Je mehr negative Erfahrungen wir im Laufe des Lebens angesammelt haben, umso schwieriger gestaltet sich eine Änderung. Wir können nicht allein durch die Vorstellung oder den Wunsch, etwas zu ändern, aus unserer eigenen Geschichte oder Sozialisation ausbrechen, sondern nur durch eine tiefgehende Beschäftigung und ihre Aufarbeitung. Deswegen wollen wir im Folgenden noch etwas tiefer hinsehen, warum gerade Mutter-Tochter-Beziehungen durch eine Geschichte der Gewalt belastet sein können und wie sich dies auf einige ganz wesentliche Bereiche auswirkt, die wir bei unseren Töchtern eigentlich stärken wollen. In dem Moment, in dem wir geboren werden, kommen wir zu einer Mutter, die eine eigene Geschichte hat, die wiederum durch eine andere Geschichte – die Geschichte ihrer Mutter – geprägt wurde. »Das neugeborene Kind holt die Mutter da ab, wo sie steht«, schreibt die Psychotherapeutin Claudia Haarmann dazu passend.[17] Als neugeborene Tochter werden wir in eine individuelle Geschichte eingebettet, treffen auf eine Mutter, deren Gefühls- und Handlungswelt bereits durch eigene Erfahrungen geprägt ist, und passen uns im Sinne des Bindungssystems an diese Situation an. Wir übernehmen eine Position in der Familie, die aufgrund schon bestehender Bedürfnisse eingefordert wird: Wir sind angepasst oder umsorgend oder besonders selbstständig oder sehr zurückhaltend oder dürfen sein, wie wir sind – je nachdem, auf welche Bedürfnisse und Möglichkeiten wir stoßen. Dies prägt unsere eigene Entwicklung, und dann, wenn wir selbst Mütter werden, ist auch in uns bereits ein Bild angelegt, auf das unsere Tochter reagieren wird. Wenn wir unsere Töchter frei begleiten wollen, wenn wir ihnen Gerechtigkeit ermöglichen wollen, müssen wir uns den Bildern in uns und hinter uns stellen. Denn nur so können wir uns selbst frei machen und wirkliche Freiheit ermöglichen. Blicken wir daher auf die Geschichte, die hinter uns liegt, und ihre Auswirkungen bis heute.

Unsere (Groß-)Mütter, die den Krieg erlebten, und die Traumafolgen bis heute

Den Erkenntnissen über die Folgen von Gewalt kommt in Bezug auf die Generation unserer Eltern und Großeltern eine besondere Brisanz zu. Traumata, die in vorangegangenen Generationen aufgetreten sind und mitunter nicht verarbeitet wurden, können über Körpersymptome, Emotionen oder Glaubenssätze an nachfolgende Generationen weitergegeben werden. Wir sprechen von einer transgenerationalen Weitergabe traumatischer Erfahrungen. Gerade Frauen waren, wie wir gleich sehen werden, in den vergangenen Jahrzehnten besonderer Gewalt ausgesetzt. In Verbindung mit der Zuständigkeit für die Kinder ist dies ein wichtiger Faktor, den wir betrachten müssen, wenn wir über die Mutter-Kind- beziehungsweise Mutter-Tochter-Beziehung sprechen.

Schon vor dem Krieg hatten die gängigen Erziehungsansätze der Zeit Auswirkungen auf Bindung und Beziehung, denn das im Nationalsozialismus (und vorher) propagierte Erziehen von Kindern war mit einer starken Anpassung des Kindes an die vorherrschenden politischen Vorstellungen verbunden: Kinder sollten abgehärtet, zäh und widerstandsfähig sein. Dementsprechend ging es in der Erziehungspraxis nicht um Bedürfniserfüllung, sondern um Anpassung, in der Kinder vor allem nicht verzärtelt werden sollten. Zu diesen ohnehin schwierigen Rahmenbedingungen kamen dann noch das Kriegstrauma und die sexuelle Gewalt gegenüber Frauen am Kriegsende: »Schätzungen zufolge wurden allein in Berlin zwischen Frühsommer und Herbst 1945 mindestens 110 000 Mädchen und Frauen vergewaltigt. Das entspricht etwa sieben Prozent der weiblichen Bevölkerung. Fundierte Berechnungen kommen für die gesamte sowjetische Besatzungszone, die ehemaligen deutschen Ostgebiete sowie für Vorfälle während Flucht und Vertreibung auf insgesamt mindestens 1,9 Millionen Leidtragende.«[18] Die noch heute wenig thematisierte Massenvergewaltigung von Frauen nach Kriegsende war unter anderem eine gezielte misogyne Maßnahme, wie beispielsweise einem sowjetischen Flugblatt zu entnehmen ist: »Brecht mit Gewalt den Rassenhochmut der germanischen Frauen! Nehmt sie als rechtmäßige Beute!«[19] Die Traumata des Krieges wurden in den nachfolgenden Generationen wenig bis gar nicht aufgearbeitet. Die Journalistin und Historikerin Miriam Gebhardt schreibt in ihrem Buch *Wir Kinder der Gewalt* dazu: »Direkte Gewalt erfahren haben nach meiner Schätzung mindestens 860 000 Personen. Doch betroffen waren davon viel mehr Menschen: allen voran die Familien der Opfer, besonders ihre Nachkommen, aber auch die Nachbarn und sonstigen Mitwisser, die oft mit Abwehr auf das Problem reagierten, die Ärzte und Pfarrer, die eingeweiht, aber nicht immer hilfreich waren, die Behörden, die mit den rechtlichen Folgen rangen. Die sexualisierte Kriegsgewalt zeitigte letztlich Auswirkungen auf die ganze Nachkriegsgesellschaft.«[20]

*»In der Familie meines Vaters sind inklusive Cousinen und Cousins fast drei Viertel Alkoholiker*innen. Ich wusste nichts von der Vorgeschichte meiner Familie, jedenfalls nicht dieses Teils. Dann ist meiner Lieblingstante bei einem Geburtstag der Kragen geplatzt, als ich fragte, warum sie so abschätzend und beleidigend über Polen spricht. Und dann ist alles herausgesprudelt: Die ganze Familie von meinem Papa ist auf der Flucht von Usedom nach Berlin von polnischen Soldaten vergewaltigt worden. Sieben Jungs und zwei Mädchen und die Mama. Alle ihre Geschwister waren da an diesem Geburtstag. Danach wurde nie wieder drüber gesprochen.«* KRISTIANE

Die Folgen der Gewalt und ihre Auswirkungen auf die spätere Erziehung sind komplex miteinander verwoben. Eine generell gewaltvolle, wenig bedürfnisorientierte Erziehung dieser Zeit gesellt sich zu Erfahrungen von physischer Gewalt, Verlust, Armut, Hunger, Not, der Eingliederung von 12 Millionen Vertriebenen unter generellen Notbedingungen, dem Stillschweigen über Gewalterfahrungen, Notprostitution, Stigmatisierung nach Vergewaltigung (oder auch Geburt eines durch Vergewaltigung entstandenen Kindes, da aufgrund §218 Abtreibung verboten war und nur informell wegen der Massenvergewaltigungen außer Kraft gesetzt wurde), (unter anderem behördliche) Vorenthaltung der Abstammung gegenüber den Kindern, die aus Vergewaltigung oder aus Beziehungen mit Soldaten entstanden sind, dem Verlust der Kindheit durch zu viel Eigenverantwortlichkeit durch die Kriegsbedingungen. All diese Umstände und Lebensereignisse nahmen Einfluss auf Erziehung und Beziehung, auf Bindungsmöglichkeiten und das so wichtige Gefühl, als Mensch gesehen und angenommen zu werden. 1945 gab es in Deutschland 1,6 Millionen Voll- und Halbwaisen, bis zu

100 000 Minderjährige waren in Nachkriegsdeutschland ohne Heimat und Familie allein unterwegs, einem Viertel der Kinder und Jugendlichen fehlte der Vater, andere Väter waren traumatisiert, krank oder abwesend, die Mütter körperlich und seelisch erschöpft. Und die Beziehungen zwischen den Eltern waren oft zerrüttet.[21]

Die Kinder, die im Krieg oder in der Zeit danach als Kinder traumatisierter Eltern geboren wurden, waren oftmals zu einer sogenannten Parentifizierung gezwungen, einer Umkehr der Rollen zwischen Eltern und Kind. Sie mussten für ihre erkrankten, traumatisierten Eltern sorgen, teilweise Geld verdienen und mehr Alltagslasten tragen, als für eine gesunde kindliche Entwicklung zuträglich sind. Auch mussten sie nicht selten eine sie überfordernde emotionale Last tragen: Trost spenden, den familiären Zusammenhalt sichern, Ansprechpartner*in sein. Aufgrund der Rollenerwartungen an Mädchen kann hier von einem besonders großen Anspruch an sie ausgegangen werden. Gerade die Parentifizierung ist eine Bindungsstörung[22], die sich auf kommende Generationen auswirkt: Die Kinder der Kriegskinder werden wiederum parentifiziert, weil sie die sorgenden Aufgaben übernehmen sollen, die eigentlich die Großeltern, das heißt die Kriegserlebenden, übernehmen sollten. Die Bedürfnisbefriedigung, die von den eigenen Eltern nicht eingelöst wurde, wird auf die Kinder übertragen. Das Kind versucht, ganz im Sinne der Bindungstheorie, den Eltern zu gefallen, übernimmt diese Rolle und bekommt darüber Aufmerksamkeit und Zuwendung. Die Kinder, die nach außen höflich, zuvorkommend und angepasst erscheinen, können durch diese Rollenumkehr jedoch Störungen der eigenen Entwicklung ausbilden, beispielsweise im Sozialverhalten, im emotionalen Ausdruck, in Bezug auf Ängste und die Bindungsfähigkeit. Und: Sie haben eine höhere Wahrscheinlichkeit, ihre Kinder wieder zu parentifizieren, wenn die Dynamik nicht aufgearbeitet wird.

»Zu meiner Mutter hatte ich früher ein sehr gutes Verhältnis. Sie behandelte mich jedoch eher wie eine Freundin und nicht wie eine Tochter. Aus verschiedenen familiären Gründen musste ich sehr früh Verantwortung in der Familie übernehmen. Meine Mutter kommt aus einem schwierigen Elternhaus, und ich habe viele Jahre immer geglaubt, ich kann diese Familie retten. Als ich zwölf Jahre alt war, schrieb ich lange Briefe an meine Großeltern, um ihnen meine Sicht der Dinge zu schildern, und hoffte, dass das Verhältnis zu meinen Eltern und Urgroßeltern wieder gut wird. Die Probleme meiner Mutter wurden zu meinen. Meine Mutter kenne ich selten glücklich, ständig war sie krank oder musste sich um ihre Großeltern kümmern bzw. hatte ständig zwischenmenschliche Zwistigkeiten. […] Dieses schwierige Verhältnis meiner Mutter streift auch das Verhältnis zu meiner Tochter. Ich wollte immer, dass meine Kinder eine behütete Kindheit haben. […] Ich wollte immer das krasse Gegenteil von dem, wie ich es erlebt habe. Die goldene Mitte wäre gut. Ich bin auch sehr darauf bedacht, dass unsere Große ihre Freundschaften ›pflegt‹ und manches mit ihren Freundinnen und Freunden bespricht. Nicht alles muss mit der Mutter geteilt werden.« HOLLY

Über eine Million Frauen aus Deutschland mussten nach dem Krieg in der Sowjetunion Zwangsarbeit leisten, wo sie an Staudämmen, beim Kohleabbau, in Fabriken etc. arbeiteten und weiterer Gewalt ausgesetzt waren.[23] Auch sie brachten – wenn sie zurückkamen – Traumata mit. Auch wenn all diese Zahlen nur einen geringen Anteil der Gräueltaten widerspiegeln, die während des Zweiten Weltkrieges und davor stattfanden, und vor allem nicht abbilden, welche schweren Verbrechen durch Deutsche begangen wurden, ist dieser Blick auf die Zahlen und Fakten der Geschichte unserer Mütter und

Großmütter wichtig für das Verständnis von Mutter-Tochter-Beziehungen hierzulande bis heute. Wir müssen uns dieser Vergangenheit und ihren Auswirkungen stellen, um zu verstehen, welche Lasten wir (oft unbewusst) von Generation zu Generation weitertragen.

Oft wird über den Erfolg des im Nationalsozialismus gebräuchlichen Ratgebers für Mütter, geschrieben von der Lungenfachärztin Johanna Haarer, berichtet, der mit leichten Änderungen und unter dem abgewandelten Titel *Die Mutter und ihr erstes Kind* bis ins Jahr 1987 verkauft wurde. Darin fanden sich auch jene Empfehlungen zur Erziehung, die einer sicheren Bindung nicht zuträglich waren. Bis zum Kriegsende wurde das Buch 690 000-mal verkauft, insgesamt hatte es eine Auflage in Millionenhöhe.[24] Vielleicht konnten sich dieser Ratgeber und die darin enthaltenen Erziehungstipps auch durch die fehlende Aufarbeitung der Kriegstraumata so lange halten: Denn neben den eigenen Erfahrungen kann ein erlebtes Trauma uns quasi »blind« machen für das Leid anderer. Wer funktionieren musste und nicht spüren durfte, wer schlimmste Not erfahren hat, erklärt einem Kind mit blutendem Knie: »Ist doch nicht so schlimm!«, und dieses »Ist doch nicht so schlimm!« bezieht sich auch auf viele andere Bereiche des Erlebens, jenseits körperlicher Schmerzen: psychische Erlebnisse, Abwertung, Ungerechtigkeit. Die Psychologin Dr. Monika Nienstedt und der Psychologe Dr. Arnim Westermann erklären es folgendermaßen: »Während die Identifikation mit den Eltern angstabwehrend ist, macht die Identifikation mit dem Kind Angst, weckt frühe Ängste und Ohnmachtsgefühle, die nicht ausgehalten werden, wenn der Erwachsene nicht eine Versöhnung ermöglichende kritische Distanz zu den eigenen Eltern entwickelt hat.«[25] Dabei müssen wir unterscheiden, ob sich eine Person aus Selbstschutz vor den ehemals traumatischen Erfahrungen abschirmt oder ob es durch ein Trauma zu einer Alexithymie gekommen ist, einer so genannten »Gefühlsblindheit«.

Zudem konnten Studien zeigen, dass sich unsichere Bindungsbeziehungen, wie sie durch die Empfehlungen zur Erziehung der NS-Zeit hervorgebracht werden konnten, auf die Bildung von Oxytocin auswirken: Mütter mit einem unsicheren Bindungsmodell setzen weniger Oxytocin frei, was sich wiederum auf die Feinfühligkeit gegenüber dem eigenen Kind auswirken kann. Die geringere Oxytocin-Freisetzung kann zudem mit anderen psychischen Erkrankungen in Zusammenhang stehen.[26] Und auch die insgesamt durch ein Trauma hervorgerufene Veränderung in der hormonellen Stressantwort, der Immunreaktion, der neuronalen Entwicklung und Gehirnstruktur kann »in grundlegenden biologischen Systemen zur erhöhten Vulnerabilität für psychische und andere Erkrankungen beitragen«[27], die sich dann wiederum auf die Beziehung zum Kind auswirken können.

Insgesamt sind die Erkenntnisse über Traumata und ihre Auswirkungen sowie Traumafolgestörungen, beispielsweise nach Kriegserfahrungen, noch ein recht junger Bereich der Psychologie. Auch da es durch die fehlenden Möglichkeiten, das Trauma aufzuarbeiten, zu einer dissoziativen Amnesie kommen konnte: einer Gedächtnisstörung durch Trauma und Stress, durch die die furchtbaren Erlebnisse »vergessen« wurden. Die Fachärztin für Psychiatrie und Psychoanalytikerin Dr. Luise Reddemann erklärt, dass erst ab den 1990er-Jahren in Deutschland eine Auseinandersetzung mit dieser Dissoziation stattfand.[28] Dennoch wirken die Erlebnisse nach und können zu (scheinbar unerklärbaren) Gefühlsausbrüchen, Depressionen, Schlafstörungen, Verlust von Freude, Drogenmissbrauch und anderem führen. Gerade für die damaligen Kinder ist diese dissoziative Amnesie eine Bewältigungsstrategie gewesen, da in der Nachkriegszeit noch der Glauben vorherrschte, dass Kinder von den Erlebnissen keinen großen Schaden nehmen würden. Damals wie heute wird den Auswirkungen von Gewalt und Missbrauch an Kindern zu wenig Aufmerksamkeit gewidmet – und auch den Folgen, die jenseits von psychischen Erkrankungen und Bindungsproblemen zu finden sind. Onno van der Hart, Professor für die Psychopathologie chronischer Traumatisierung, führt dazu prägnant aus: »Langzeitstudien haben erwiesen, dass Opfer schwerer Kindesmisshandlung als Erwachsene sehr viel häufiger Herz-Kreislauf-Erkrankungen, Krebs, chronische Lungenerkrankungen, Knochenbrüche und Leberschäden erleiden«.[29]

»Mein Vater ist in der direkten Nachkriegszeit Kind gewesen. Er hat manche Probleme wie den Hunger benannt, wenn er über die Zeit gesprochen hat. Aber insgesamt haben immer positive Schilderungen überwogen: Dass sie als Kinder ja wirklich frei waren und abenteuerlustig zwischen den Trümmern gespielt haben und so viel entdecken konnten und die heutigen Kinder ja eine solche ›Freiheit‹ nicht genießen könnten. Einmal hätten sein Bruder und er den Inhalt einer Panzerfaust angezündet, um Feuer zu machen. In späteren Jahren habe ich mich oft gefragt, ob er sich einfach nur noch auf das Schöne fokussieren wollte zum Selbstschutz, und habe nicht nachgefragt, ob das alles nicht auch schrecklich war. Gleichzeitig habe ich den Druck dieses romantisierten Freiheitsbegriffs empfunden.« SUSANNE

Die Nachkriegsgesellschaft hat die Auswirkungen des Krieges und der zugehörigen Gewalterfahrungen erfolgreich verdrängt, schließlich gab es in der BRD das Wirtschaftswunder, das Land wurde erfolgreich aufgebaut, und viele Menschen lebten lange Zeit sehr wohlhabend im Vergleich zur Nachkriegszeit. »Du hast doch was aus dir gemacht!«, »Es geht dir doch gut!« – solche Sätze überdeckten oft das Leid der traumatisierten Menschen. Und es waren dieses Überspielen und die Fokussierung auf Wohlstand, Wachstum, Leistung und Konsum, die durchaus weitere Probleme nach sich zogen, wie wir heute beispielsweise anhand der Klimakrise sehen. Erschwerend kommt noch die durch den Nationalsozialismus vermittelte Abwertung psychischer Probleme dazu, deren Last wir bis heute tragen: Menschen mit psychischen Erkrankungen werden hierzulande eher abgewertet, während die Psychotherapie beispielsweise in den USA zu »einem Grundbestandteil des Mainstream in der amerikanischen Medizinpraxis und einem Fixpunkt unserer Popkultur«[30] geworden ist.

Aus der Beratungspraxis

Katharina hat erhebliche Probleme in der Begleitung ihres Kindes: Sie fühlt sich »nur noch genervt«, schreit das Kind regelmäßig an und hat »gar keine Freude mehr am Elternsein«. Sie macht dies insbesondere am Verhalten ihrer Tochter fest, die durchaus ein starkes Temperament hat und viel Autonomie beansprucht. Die Umstellung von der Kitazeit zur Schule ist besonders herausfordernd, das Kind war oft krank und daher zu Hause, Katharina konnte nicht arbeiten. Die Ansprüche beider Eltern an ihre Elternschaft waren hoch: Sie wollten gute Eltern sein und dem Kind eine optimale Entwicklung ermöglichen. Als Katharina merkte, dass sie erschöpft ist, sich unwohl fühlt und eigentlich Hilfe für den Alltag braucht, wendet sie sich zunächst an ihre Mutter, die aber wenig Verständnis zeigt und Katharina erklärt, sie solle sich nicht so anstellen, sie habe schließlich nur ein Kind und sei zudem doch die meiste Zeit zu Hause: »Zähne zusammenbeißen und durch!« Von der bereits recht alten Mutter ihres Mannes erhält sie ebenfalls keine Unterstützung, sondern nur die Frage, was sie eigentlich glaube, wie Frauen das früher alles gemeistert hätten. Die mangelnde Unterstützung führt dazu, dass Katharina immer weiter unter Stress gerät, sich der Druck durch den Anspruch der Mütter sogar noch erhöht und sie viel zu spät ihre eigene Not wirklich erkennt: Ihr Burnout macht es schwer, das eigene Kind zu verstehen und feinfühlig zu begleiten. Statt »da durchzumüssen«, braucht sie eine Kur, um sich zu erholen und die Beziehung zu ihrem Kind wieder aufzunehmen.

Nein, wir sind eben nicht deswegen erfolgreich, weil wir Haus, Auto und Job haben. Ohne passende Ressourcen zur Aufarbeitung, ohne Unterstützung kann ein Trauma noch lange nachwirken. Das Göttinger Psychotraumatologie-Team Prof. Dr. Annette Streeck-Fischer, Prof. Dr. Ulrich Sachsse und Dr. Ibrahim Özkan erklären dazu: »Unverarbeitete Kriegstraumata fließen vielleicht in korrupte Wert- und Normvorstellungen einer Gesellschaft ein.«[31] Darüber hinaus und in Zusammenhang mit diesen Vorstellungen fließen sie in Elternschaft, Beziehungsdynamiken und die Mutter-Tochter-Beziehung ein.

Auch die gesellschaftliche Vermittlung der Familienideologie spielt in die Verleugnung der eigenen negativen Erlebnisse hinein: Die Psychologin Dr. Monika Nienstedt und der mittlerweile verstorbene Psychologe Dr. Arnim Westermann haben sich jahrzehntelang mit der Sozialisation von Kindern in Ersatzfamilien beschäftigt. Sie halten fest, dass auch die gesellschaftliche Annahme, dass es keine versagenden Eltern geben, sondern alle nur mehr oder andere Hilfe benötigten, das tatsächliche Leid vieler Kinder verdeckt und damit wirkliche Hilfe für die Kinder verhindert. Dies wird laut den beiden Gutachtern im Bereich der Kindeswohlgefährdung auch durch die

Ausrichtung der Kinder- und Jugendhilfe getragen und gesellschaftlich damit weitergeführt: »Was hindert viele von uns, entsprechend dem Artikel 1 des Grundgesetzes, Kinder zu achten, ihre Wünsche, Bedürfnisse und Ängste anzunehmen und zu respektieren? Wenn die Familie, unabhängig davon, ob sie ihre Funktion für die Sozialisation erfüllt oder nicht, zu einem schützenswerten Gut gemacht wird, wird das Kind selbst nicht geachtet.«[32] – Und damit sind wir wieder bei den schon im ersten Teil behandelten Auswirkungen des Patriarchats mit der Fokussierung auf die Kleinfamilie. Die liebende Kleinfamilie mit der umsorgenden Mutter wird nicht infrage gestellt. Es herrscht gesellschaftliches Schweigen und ebenso das familiäre Diktat des Schweigens über Gewalt in Familien: Darüber spricht man nicht, Kinder sollen Vater und Mutter ehren.

Meine schwierige Mutter

Im Spätsommer 2021 habe ich Eltern auf meinem Instagram-Kanal gefragt: »Welche Probleme hast/hattest du mit deiner Mutter?« – Es kamen Hunderte Antworten. Auch wenn es keine repräsentative Umfrage ist, habe ich einige Antworten in dieser Tabelle gesammelt. Sie geben einen Überblick über das Spannungsfeld zwischen Eltern heute und ihren Müttern:

- Gewalt
- Mutter war depressiv
- zu viele Emotionen
- hat mir immer das Gefühl gegeben, ich mache alles falsch
- nie gut genug
- emotional vernachlässigt
- empathielos
- ich war Muttererersatz für meine Mutter
- wenig körperliche Nähe
- war dauerhaft überfordert
- zu wenig Zeit

- egoistisch
- narzisstisch
- emotionale Erpressung
- ich war schuld an ihrem Unglück
- ich wurde nie gesehen
- Mutter war hart und kalt
- zum Funktionieren erzogen
- sie war immer eifersüchtig
- Grenzüberschreitung
- musste Freundin sein für Mutter
- ich war ihr zu sensibel
- ich musste alles allein schaffen
- ich war immer Sündenbock
- Mutter war zu launisch
- immer Vergleiche mit anderen
- Konfliktvermeidung
- Kontrollwahn
- musste die Mutter als Kind pflegen wegen Krankheit
- Bruder wurde bevorzugt
- habe sie nie als »Menschen« kennengelernt
- hat bei Misshandlung durch Vater weggesehen
- Willkür
- hat sich über mich lustig gemacht
- war nicht schön genug
- musste sie immer trösten
- viel Streit
- erziehe in ihren Augen meine Kinder falsch
- ambivalente Beziehung
- durfte nicht wütend sein als Kind
- hat meine Geheimnisse nicht behalten
- ich war ungeplant
- sie ist früh gestorben
- Liebesentzug als Strafe
- keine klare Rollenverteilung

Wir sehen also: Die Mutter-Tochter-Beziehungen heutiger Mütter zu ihren eigenen Müttern sind an vielen Stellen belastet. Im Folgenden werden wir uns die Problemsituationen, die hinter diesen Antworten stehen, genauer ansehen. So individuell und unterschiedlich unsere Erfahrungen und Situationen auch sind, können sie doch oft in bestimmte Muster eingebunden werden, die viele Mutter-Kind-Beziehungen prägen.

»Sie war immer so kalt …« – Gefühlsblindheit als Folge unsicherer Bindung

So, wie die Traumafolgen lange Zeit unbenannt waren, verhält es sich auch mit der Gefühlsblindheit: Die Linguistin Dr. Carlotta Welding, die zu dem Thema promovierte, erklärt in ihrem Buch *Fühlen lernen*, dass aktuell neuropsychologische und entwicklungspsychologische Theorien als Ursache diskutiert werden. Laut entwicklungspsychologischen Theorien können eine unsichere Bindung, Missbrauchs- und Gewalterfahrungen eine mögliche Ursache von Gefühlsblindheit sein. Es werden aber auch angeborene hirnanatomische Bedingungen als mögliche Ursache für die Gefühlsblindheit betrachtet.[33] Die Alexithymie kann unterschiedlich ausgeprägt sein und besteht aus verschiedenen Problemen: der Schwierigkeit, Probleme zu beschreiben und anderen mitzuteilen, der Schwierigkeit, eigene Gefühle zu identifizieren und von körperlichen Empfindungen zu unterscheiden, Mangel an Fantasie und Vorstellungsfähigkeit und einem nach außen orientierten, rationalen Denkstil.[34] Sie ist nicht als Krankheit, sondern als Disposition zu verstehen, als Persönlichkeitsmerkmal. Eine Person mit Alexithymie kann dann die eigenen Gefühle oder auch die des Kindes nicht ausreichend oder richtig benennen, wodurch wiederum die Entwicklung des Kindes und dessen Umgang mit Gefühlen behindert werden können. Gefühlsblinden Menschen fällt es schwer, sich in andere hineinzuversetzen und die Gefühle anderer nachzuempfinden, beispielsweise auch Schmerzen. Gerade für Kinder ist es aber wichtig, dass sie die breite Palette an Gefühlen nicht nur spüren dürfen, sondern auch verstehen lernen, und die Fähigkeit erwerben, mit diesen Gefühlen angemessen umzugehen. Wenn sich Eltern dessen bewusst sind, dass sie gefühlsblind sind, gibt es spezielle Ansätze emotionsfokussierter Therapie, um die emotionale Kompetenz zu schulen. Hierfür braucht es aber erst einmal das Wissen und die Reflexion darüber, was selbst in der Forschung noch in den Kinderschuhen steckt. Unsere Eltern und Großeltern hatten diese Therapieangebote oft noch nicht.

»Ich habe immer versucht, so selbstständig wie möglich zu sein, um meiner Mutter das Leben nicht noch schwerer zu machen, und habe ›negative‹ Gefühle wie Trauer, Wut und Verzweiflung immer versucht zu unterdrücken oder, wenn es nicht ging, dann nur mit mir selbst auszumachen. [...] Immer wieder höre ich von anderen, dass Mütter ja immer ihr Bestes geben. Aber ich finde nicht, dass das immer ausreicht. Wenn du dein Bestes gibst und deine Kinder von dem Mann, mit dem du dein Leben teilst, quasi ›unter deiner Nase‹ missbraucht werden, dann reicht Das-Beste-Geben eben nicht aus. Andere finden, ich bin zu hart, ungerecht. Ich bin ihr nicht böse, dass sie nicht bemerkt hat, was zu Hause passiert ist oder dass sie es nicht geschafft hat, sich aus ihrer unglücklichen Beziehung zu lösen, denn dafür gibt es sicher Gründe. Aber ich würde mir wünschen, dass sie sich jetzt mit ihrer Rolle in der ganzen Sache beschäftigt.« NINA

Es ist nicht egal, wie wir aufwachsen und welche Erfahrungen wir in den ersten Jahren machen. Noch immer hält sich der Gedanke der »infantilen Amnesie« in den Köpfen vieler Erwachsener – leider wird sie oft falsch interpretiert: Ja, wir können uns erst ab dem dritten Lebensjahr bewusst an Kindheitsereignisse erinnern, aber das bedeutet nicht, dass die früheren Erlebnisse aus dem Gedächtnis gelöscht sind und keinen Einfluss auf die weitere Entwicklung nehmen. All die Erfahrungen bleiben als unbewusste Erinnerungen in uns und unseren Gehirnen gespeichert und prägen unbewusst unser Handeln mit. Gerade besonders negative Ereignisse, die Furcht, Unsicherheit und Angst auslösen, wirken sich auf die kindliche Hirnstruktur aus und verändern uns tatsächlich auch organisch: Menschen, die solchen Empfindungen besonders häufig in der frühen Kindheit ausgesetzt sind, weisen eine größere Amygdala auf, jenen Hirnbereich, der besonders für die emotionale Bewertung von Situationen und die Furchtkoordination zuständig ist. In späteren Jahren sind sie stressanfälliger und ängstlicher, auch wenn sie sich vielleicht nicht konkret daran erinnern können, woher dieses Verhalten kommt. Die Amygdala macht uns auf potenzielle Gefahren aufmerksam. Hier wird abgespeichert, was auf eine Gefahr hinweisen könnte: Wenn wir merken, dass es bestimmte Auslöser von Angst gibt (wir sprechen dann von »Triggern«), dann sind diese Auslöser dort als Gefahr auslösend abgespeichert: Das können beispielsweise bestimmte Geräusche, Gerüche oder Situationen sein. Kommen wir als erwachsene Person, viele Jahre später nach dem Erleben, in eine Situation, in der wir ein dort als Gefahr auslösendes Geräusch abgespeichert haben, werden wir ängstlich und verhalten uns entsprechend. Wenn Eltern unter einem unaufgelösten Trauma leiden, kann sie das ein Leben lang unterschwellig begleiten.

»Meine Mutter war in manchen Dingen so verklemmt« – Vermiedene Themen

Die Last der Vergangenheit bildet sich nicht nur unbewusst in unseren Gehirnen und Bindungsmustern ab, sondern auch in unseren Taten und Worten – oder auch in einem Schweigen. Denn durch Traumatisierungen und bestimmte Erlebnisse gab es Dinge, über die nicht gesprochen wurde. Wie wir im vierten Teil dieses Buches noch sehen werden, fehlen uns manchmal aber auch schlicht die Worte für bestimmte, schambehaftete Sachverhalte, wie zum Beispiel die Anatomie der Vulva oder der Klitoris, der Menstruation oder verwandter Themen. Wir sind beschämt, wenn es um die Entwicklung der kindlichen Sexualität geht und sich unsere Kinder scheinbar »schamlos« verhalten.

Dieses Schweigen hat uns ebenfalls Verbundenheit gekostet und kostet sie auch heute noch. Als sichere Bezugsperson sollten wir unseren Kindern aber zur Verfügung stehen, nicht nur bei Fragen zur Erkundung der Welt, sondern auch bei Fragen zum eigenen Selbst, und wir sollten genug Raum für die freie Entwicklung geben. Auch das ist ein Aspekt von »Sicherheit«.

Mit dem Schweigen geht oft auch eine gewisse Angst vor allem Sexuellen einher. Miriam Gebhardt zeigt in ihrem Buch *Wir Kinder der Gewalt*, wie sehr in den Nachkriegsjahren die Angst den Umgang mit der Jugend prägte. Der Jugendschutz war der Nachkriegsgeneration ein wichtiges Anliegen, besonders die 1950er-Jahre nahmen die Sexualität und ihre Gefahren in den Blick. Seither wird die Gefahr »vor dem bösen Mann, der hinter jedem Gebüsch zu lauern schien« immer weitergetragen: Wir Eltern haben Angst um unsere Kinder, gerade um unsere Töchter. Auf Spielplätzen, auf dem Nachhauseweg, beim Discobesuch. Dies alles, obwohl statistisch immer wieder belegt wird, dass sexuelle Gewalttaten vor allem im nahen Umfeld stattfinden. Der deutsche Feminismus hat sich nach 1945 besonders in der Sexualpolitik und in der Gewaltprävention engagiert.[35] Aber während wir einerseits öffentlich für Schutz und Selbstbestimmung kämpfen, fehlt gleichzeitig noch vielen Frauen die Offenheit, die das tiefe Verständnis dieses Kampfes erst ermöglicht: Wir müssen wissen, wie unser Körper funktioniert, was er kann, was uns Lust bringt, was Unlust bedeutet und dass all das ein Teil der Selbstbestimmung ist. Oder in den Worten von Margarete Stokowski: »Wir können untenrum nicht frei sein, wenn wir obenrum nicht frei sind.«

»Ich bin immer neben ihr verschwunden« – Narzisstische Mütter

Wenn wir in einem beliebigen Bücheronlineshop nach Büchern über narzisstische Eltern suchen, begegnen uns zahlreiche Veröffentlichungen aus den letzten Jahren. Viele von ihnen nehmen insbesondere die Mutter-Tochter-Beziehung in den Blick, obwohl sich Narzissmus durchaus auch auf Söhne auswirkt und es ebenso narzisstische Väter wie Mütter gibt. Interessanterweise wird die Diagnose bei Männern sogar häufiger gestellt als bei Frauen, da auch hier wieder die Geschlechterklischees wirksam sind und Narzissmus bei Frauen seltener angenommen wird und sich auch anders zeigt: Frauen neigen eher zur vulnerablen Form des Narzissmus, während Männer eher von der grandiosen Form betroffen sind: Der vulnerable Typ ist introvertierter, sensibler, weniger aggressiv und nicht abwertend anderen gegenüber, der grandiose Typ lauter und offener in der Selbstdarstellung. In Bezug auf die Ratgeberliteratur sind es aber wieder die Mutter-Kind-Beziehungen, die unter dem narzisstischen Einfluss schwerpunktmäßig betrachtet werden.

Wenn wir hören, dass eine Person narzisstisch sei, denken wir an Egoismus und Selbstbezogenheit. Tatsächlich ist Narzissmus in erster Linie ein Persönlichkeitsmerkmal, das in unserer Gesellschaft normal verteilt ist und dessen Randbereiche (besonders stark, besonders wenig) eher selten vorkommen. Mit einem guten Mittelmaß an Narzissmus wirken Menschen charismatisch, selbstbewusst und durchsetzungsfähig. Dies sind bereits Eigenschaften, die Frauen eher weniger zugeordnet werden. Ist eine Frau charismatisch, selbstbewusst und durchsetzungsfähig, wird schon dieser gesunde Mittelwert schnell als pathologisch stigmatisiert, weil die Rollenerwartung anders ist. Gerade im öffentlichen Raum sehen wir immer wieder, wie selbstbewusste Frauen in der Politik, aber auch in Führungspositionen in der Industrie abgewertet werden.

Bei einer narzisstischen Persönlichkeitsstörung hingegen, also am Randbereich der Normalverteilung, zeigt sich eine tief greifende Störung der Persönlichkeit mit mangelndem Selbstwertgefühl, geringem Einfühlungsvermögen in andere und einer starken Empfindlichkeit gegenüber Kritik. Das geringere Einfühlungsvermögen kann sogar in den für Mitgefühl zuständigen Gehirnstrukturen nachgewiesen werden, die bei Menschen mit dieser Persönlichkeitsstörung kleiner sind.[36] Das geringe Selbstwertgefühl wird durch ein Selbstbild der Großartigkeit kompensiert.

In der Mutter-Kind/Tochter-Beziehung kann sich das auf verschiedene Weisen zeigen und auswirken: Das Kind wird nicht um seiner selbst geliebt, sondern lediglich in der Funktion, die es erfüllt. So kann ein Kind einerseits dazu dienen, sich selbst aufzuwerten, beispielsweise durch gute Leistungen oder ein besonders schönes Aussehen. Nach außen wirken narzisstische Eltern daher leicht als besonders unterstützend und umsorgend. Fallen die Leistungen des Sohnes oder der Tochter aber nicht gut aus, kann dies Abwertungen und Strafen zur Folge haben. Auch wenn das Kind den Elternteil vielleicht in Schönheit oder Leistung überflügelt, kann sich die Mutter bedroht fühlen: So kommt es, dass in den ersten Jahren alles scheinbar recht gut läuft, während es später zu starken Abwertungen kommt: Dann dominieren Konkurrenz und Ablehnung.

Die Ursachen der narzisstischen Persönlichkeitsstörung sind noch nicht ausreichend geklärt: Wie bei anderen Persönlichkeitsmerkmalen gibt es einen genetischen Einfluss. Hinzu kommen Theorien, die sich auf die Erfahrungen der frühen Kindheit stützen. Hier gibt es unterschiedliche Ansätze: Einerseits werden zu viel Lob, Hervorhebung und Vermeidung von Frustration des Kindes als mögliche Ursache betrachtet, andererseits zu wenig Zuwendung und Liebe. Beide Theorien zeigen aber, dass im normalen Bindungsverhalten zwischen Eltern und Kindern eine Störung auftritt.

Kinder von Eltern mit einer Persönlichkeitsstörung entwickeln generell mit einer höheren Wahrscheinlichkeit im Laufe des Lebens selbst eine seelische Erkrankung. Oft leiden das Selbstbild und die Bedürfnisbefriedigung von Kindern narzisstischer Eltern enorm: Die Bedürfnisse des Kindes stehen nicht im Vordergrund, das Kind wird nicht um seiner selbst willen geliebt. Im Sinne der Bindungstheorie passt sich das Kind an die Anforderungen nach Leistung an beziehungsweise nimmt sich selbst durch die Abwertung als falsch und nicht gut genug wahr. Mitunter erfolgt nicht nur ein emotionaler Missbrauch des Kindes, sondern es kann auch zu physischer Gewalt kommen, wenn sich das Kind in den Augen des narzisstischen Elternteils »schlecht« verhält.

»Ich habe eine physisch wie psychisch in vielerlei Hinsicht gewaltvolle Kindheit mit einer narzisstischen Mutter erlebt und über lange Jahre das Verhalten mit der eigenen Kindheit der Mutter als Opfer ihrer Geschichte entschuldigt und mich dementsprechend abgewertet. Ich hatte aber das Glück, eine außenstehende Person zu haben, bei der ich gesehen, wertgeschätzt und sicher war. […] Meine Bedürfnisse, Gefühle und auch Lebensnotwendiges wurden mir abgesprochen, bestraft oder mit Gewalt beantwortet. […] Meine Arbeit mit mir und in Therapie besteht nun darin, mich der Trauer um nie Gewesenes und vielen einschneidenden Ereignissen zu widmen, immer weiter zu heilen und mich selbst zu fühlen. Meine eigene Mutterschaft ist eine ganz andere, ich bin unheimlich stolz und so, so dankbar, dass die Spirale bei uns endet, auch wenn die Traurigkeit immer mitschwingen wird und meine eigene Geschichte immer Fallhöhen bereithält, die es zu reflektieren gilt.« NATALIE

Als Tochter einer narzisstischen Mutter ist es schwer, die emotionale Last ablegen zu können, die so eine Kindheit mit sich bringt. Die Kinder haben verinnerlicht, nie gut genug zu sein, und oft tragen Kinder narzisstischer Mütter den Wunsch in sich, doch noch geliebt und umsorgt zu werden. Doch das Leid des Kindes wird durch den Empathiemangel der narzisstischen Person nicht wahrgenommen, weshalb andere Bezugspersonen unglaublich wichtig sind. Auch hier macht die Fokussierung auf das Bild der liebenden Mutter und der Kleinfamilie es schwer, Kindern die passende Hilfe zukommen zu lassen. Werden Töchter narzisstischer Mütter dann selbst Mutter, können sie die Wunden der eigenen Kindheit in die nachfolgende Eltern-Kind-Beziehung hineintragen.

»Es war zu viel …« – Wenn Töchter Liebe geben müssen

Den Begriff der Parentifizierung haben wir bereits im Zusammenhang mit den Kriegsfolgen betrachtet – es kommt zu einer Rollenumkehr zwischen Eltern und Kind. Das Kind übernimmt die Verantwortung für die Gefühlswelt und das Wohlergehen der Mutter, während sich die Mutter ihrer eigentlichen elterlichen Aufgabe entzieht. Vielleicht verteidigt das Kind die Mutter und ihr Verhalten sogar vor anderen, lügt für sie. In solchen Fällen gibt es keinen Raum, um selbst Kind zu sein. Die Folgen dieser Rollenumkehr wirken bis ins Erwachsenenalter hinein: in einem beständigen Bemühen um Perfektion der Unterstützung von anderen und im Antrieb, anderen unter Aufgabe der eigenen Bedürfnisse zu helfen.

»Ich möchte vermeiden, dass meine Töchter irgendwann das Gefühl bekommen, sie seien nur geboren, um mich zu heilen, um mein Püppchen zu sein, mir meinen Traum zu erfüllen, um verantwortlich für meine Stimmung/Gefühle/Lebenslage zu sein – so wie ich es hatte.« MANDY

Die Psychologin Dr. Susan Forward beschreibt die Probleme dieser Töchter im Erwachsenenalter folgendermaßen: »Es wird schwierig, Liebe von Mitleid zu unterscheiden. Sie können kaum glauben, dass Liebesbeziehungen auf Gegenseitigkeit beruhen und dass das Bedürfnis, jemanden retten zu müssen, mit Liebe nichts zu tun hat.«[37]

Gerade das »Retten von Männern« ist ein Narrativ, das auch heute noch vielen Mädchen mitgegeben wird und damit nahtlos an die Erfahrung anknüpft, die eigenen Eltern retten zu müssen. Weibliche Care-Arbeit wird fortgeführt und von den Eltern auf die Partner übertragen. Die Autorin Meredith Haaf hat in einem Artikel »Rette mich, Baby«[38] aufgeführt, wie dieses Bild des zu rettenden Mannes heute in der sogenannten New-Adult-Literatur zu finden ist. Hier trifft die erlernte Retterinnenrolle der Kindheit auf toxisch-maskulines Verhalten, das ebenfalls durch Erziehung an Jungen weitergegeben wird. In den Geschichten dieses Genres erscheint es weiterhin normal, dass Frauen Männer retten müssten, und unfreundliche Männer von Frauen durch Liebe »therapiert« werden.

Die Gründe für das Umsorgenmüssen der Eltern können vielfältig sein und von Überforderung und mangelnder Unterstützung, traumatischer Trennung über die genannten Trauma-Ursachen durch Gewalt bis zu psychischen Erkrankungen und Drogenmissbrauch reichen. Auch wenn jede dieser Ursachen für die bedürftige Mutter eine Last ist, sie vor Herausforderungen stellt und sie zweifelsohne Hilfe benötigt, ist es nicht die Aufgabe des Kindes, diese Hilfe zu leisten. Töchter, die ihre Mutter umsorgen müssen, werden damit um ihre eigene Kindheit gebracht und bekommen eine schwere Last für die Zukunft auf ihre Schultern gelegt. Sie lernen nicht, gut für sich selbst zu sorgen und die eigenen Bedürfnisse zu berücksichtigen, was sich im Familienalltag dann auf ihre Stressbelastung und Feinfühligkeit auswirken kann. Je nach Ursache des

Umsorgenmüssens und einzelnen Erlebnissen, die damit in Verbindung stehen, können noch weitere Lasten hinzukommen: Eine alkoholkranke Mutter, die von der Tochter versorgt werden muss, bildet einen anderen Erfahrungsraum als eine Mutter, die das Kind zur Befriedigung ihres Bedürfnisses nach Nähe heranzieht, oder als eine Mutter, die depressiv ist und sich (phasenweise) nicht um alltägliche Dinge kümmern kann.

»Es war einfach schwierig« – Probleme auf verschiedenen Ebenen

Neben den Bindungs- und Persönlichkeitsstörungen, die sich – unter anderem durch die Kriegs- und Gewaltvergangenheit hervorgerufen – auf unsere eigene Mutter-Tochter-Beziehung ausgewirkt haben, gibt es noch viele andere kleinere und größere Dinge, die uns das Gefühl geben können, dass unsere eigene Muttergeschichte belastet ist. Die Psychologin Dr. Susan Forward hat sich ausgiebig mit den vielen Arten nicht liebender Mütter und ihren Folgen beschäftigt.[39] Aber schon die Passung der Temperamente innerhalb einer Familie kann es schwer machen, eine auf die Bedürfnisse ausgerichtete Verbindung einzugehen: Kommt ein empfindsames Kind, das stärker auf Reize reagiert und größere Schwierigkeiten in der Regulation hat (auch dies kann, wie wir gesehen haben, mit vorgeburtlichen und/oder transgenerational weitergegebenen Stressverarbeitungsproblemen zusammenhängen) in eine überlastete Familie, ist die Begleitung des Kindes für die Eltern eine große Herausforderung, und es können sich negative Kreisläufe entwickeln.

Die Suche nach der Mutter, die wir uns selbst gewünscht hätten, die aber nicht da war, kann uns unser ganzes Erwachsenenleben weiter beschäftigen. Das Trauern um diese fehlende Liebe kann uns bedrücken und sich zugleich auf unsere eigene Beziehung zur eigenen Tochter auswirken, zum Beispiel dann, wenn wir sie als Ersatz nutzen wollen oder verleitet sind, den eigenen Mangel nun überzukompensieren.

Es ist deswegen wichtig, dass wir uns unserer eigenen Geschichte, unserer eigenen Gefühle bewusst sind – und ja, dass wir die Suche nach der gewünschten Mutter in unserer biologischen Mutter irgendwann aufgeben. Wir werden sie und unsere Geschichte nicht ändern können. Aber wir können die Geschichte begreifen, die fehlende Liebe weniger auf uns beziehen. Und vor allem: Wir können es anders machen. Keine Mutter ist dazu verdammt, so wie die eigene zu werden. Auch wenn uns manchmal Sätze oder Verhaltensweisen »herausrutschen«, die nie zu zeigen, wir uns geschworen hatten. Zu einem gewissen Teil können wir uns als erwachsene Frauen von dem emanzipieren, was auf unserer Familiengeschichte lastet.

»Sie war nicht da« – verwaiste Töchter

Eine besondere Last können auch jene Mütter verspüren, die keine eigene Mutter hatten. Der Verlust von Bindungspersonen kann für Kinder traumatisch sein. Schon in jungen Jahren lernen sie, dass die schutzgebenden Personen unwiederbringlich verloren gehen können. Hier ist generell eine gute und einfühlsame Begleitung des Kindes wichtig, damit es den Verlust gut verarbeiten und in sein Leben einbetten kann. Der frühe Verlust eines Elternteils kann auch dazu führen, durch den trauernden Elternteil in die oben erwähnte Parentifizierung gedrängt zu werden. Vor allem aber kann es sich auf die Identitätsentwicklung auswirken, wenn einer Tochter keine Bezugsperson mehr zur Verfügung steht. Gerade dann, wenn das Kind in einer Familie aufgewachsen ist, in der klassische Rollenbilder vorherrschten und der Vater sich auch nach dem Tod der Mutter nicht emotional liebevoll umsorgend einbringen kann, fehlt dem Kind die »Bemutterung«[40] in emotionalen Fragen. Zweifelsohne kann diese »Bemutterung« theoretisch auch vom anderen

Elternteil ermöglicht werden, doch in der Generation unserer Eltern fiel die Abkehr von Rollenbildern noch besonders schwer – glücklicherweise ändert sich dieses Bild langsam in unserer Gesellschaft.

»Als meine Tochter sieben Monate und drei Wochen alt war, erkrankte ich lebensbedrohlich und musste ins künstliche Koma gelegt werden. Ich habe meine Tochter bis zu diesem Zeitpunkt gestillt, war ihr Bett, ihr Spielfreund, ging mit ihr zu diversen Krabbelgruppen. Kurz: Es gab keine Aufgabe, die ich nicht machte. Ihr Vater musste viel arbeiten, kümmerte sich aber immer liebevoll um mein und ihr Wohlergehen. Hatte ich eine Erkrankung oder Ähnliches, nahm er sie und fuhr sie spazieren. Jedenfalls war ich plötzlich für mein Kind nicht mehr da. Ich lag im Koma, mein Baby durfte mich nicht besuchen. Liebevoll kümmerten sich der Papa, die Großeltern und Freunde um mein Mädchen. [...] Als ich wieder zu Hause ankam, war mein Baby fast schon ein Kleinkind und nicht mehr auf mich fixiert. Der Papa war seine Bezugsperson, die Oma und die Haushaltshilfe. Es tat weh, sehr weh, und ich werde diesen Schmerz nie vergessen. Ich gab meiner Tochter alle Zeit, die sie brauchte. Meine Geduld hat sich aber gelohnt.« MOLLI

Fehlen das Eingehen auf die Gefühle und eine Begleitung der Trauer, kann sich das auch zukünftig auf den Umgang mit Gefühlen auswirken. Deswegen ist es so wichtig, dass trauernde Kinder emotional aufgefangen werden und Bezugspersonen zur Verfügung stehen, mit denen über alle wichtigen Themen gesprochen werden kann.

»Andere Mädchen sind Zicken, freunde dich mit Jungen an« – Lateral Violence

Lateral Violence wird nicht zwangsweise nur von Müttern an ihre Töchter weitergegeben, aber wir Frauen sind Teil einer Gesellschaft, in der Lateral Violence eine Rolle spielt und sich damit natürlich auch auf das Denken und Handeln unserer Töchter auswirkt. Nicht selten haben wir Frauenfeindlichkeit selbst so verinnerlicht, dass wir sie (unbewusst) reproduzieren. Misogynie kann bei allen Geschlechtern vorkommen. Lateral Violence meint: Menschen, die diskriminiert werden, nehmen die unterdrückenden Gedanken und Alltagshandlungen der Unterdrückenden an. Ursprünglich stammt der Begriff aus der postkolonialen Theorie. Die Erziehungswissenschaftlerin Prof. Dr. Bettina Kleiner führt dazu aus: »Hierbei wurde beschrieben, dass sich Gewalt von Kolonisatoren gegen kolonisierte Menschen auch so auswirken kann, dass Kolonisierte die unterdrückenden Mechanismen der Kolonisatoren übernehmen und sie gegen andere Kolonisierte anwenden – zum Beispiel in Form von körperlicher Gewalt oder von Praktiken der Beschämung. Die Ursache dafür liegt in den Unterdrückungsverhältnissen, in diesem Fall Kolonisierung und Rassismus. So auch in Bezug auf Frauen: Die Ursachen für Lateral Violence liegen zum einen in materiellen Verhältnissen und gesellschaftlichen Normalitätsvorstellungen. […] Zum anderen sorgt Sexismus dafür, dass alles, was weiblich assoziiert wird, als minderwertig gilt, und dass die Arbeit von Frauen oft unsichtbar gemacht wird.«[41] Wir finden Lateral Violence in unseren alltäglichen Gedanken und Handlungen: Wenn wir erklären, dass andere Mütter immer so anstrengend sind, sich Väter auf Elternabenden viel angenehmer verhalten, wir eigentlich lieber mit Männern zusammen sind, weil Frauen ja so zickig seien. Mit Lateral Violence können wir uns einerseits selbst abwerten, indem wir uns über uns selbst lustig machen, um mit diesen Klischees anderen zu gefallen, andererseits werten wir andere Personen ab, indem wir sie beispielsweise als »peinlich klischeehaft« darstellen. Durch die Anpassung an die geltende unterdrückende Norm bekommen die abwertenden Personen Vorteile beziehungsweise werten sich selbst gegenüber anderen auf. Gerade dann, wenn wir selbst einmal Opfer physischer oder psychischer Gewalt waren, kann es sich als hilfreiche Strategie in uns festgesetzt haben, uns lieber auf der Seite der vermeintlich mächtigeren Person zu positionieren.

Wenn wir ganz ehrlich darüber nachdenken, fällt sicher jeder Person, die dieses Buch liest, mindestens eine Situation ein, in der sie Lateral Violence begangen hat. Jetzt, wo du den Begriff und die Hintergründe davon kennst, kannst du aber in Zukunft bewusster damit umgehen. Wenn wir uns unserer abwertenden Denkmuster bewusst sind, können wir an einer Veränderung arbeiten: darüber nachdenken, sie neu einordnen, vermeiden. Damit schaffen wir es, sie nicht an unsere Töchter weiterzugeben und den Kreislauf zu durchbrechen. Unseren Töchtern ermöglichen wir so, vorurteilsfreier auf andere Mädchen und Frauen zuzugehen und Konkurrenzgedanken zu vermindern. Denn nein: Wir müssen nicht alle Konkurrentinnen sein, sondern können gegenseitige Unterstützerinnen werden. Und in dieser Gesellschaft ist genug Raum für alle Arten, zu sein: Ob nun in Pink gekleidet, in Schwarz oder in Jeans, ob kreischender Fan einer Musikgruppe oder grölend beim Eishockey, ob öko-vegan oder Supermarkt-Carnivore-Mutter, ob Action- oder Liebesfilmfan: Wir können ganz verschieden sein. Es geht immer wieder um Freiheit.

Wenn wir bei anderen eine Abwertung spüren, können wir dies ansprechen – gerade, wenn unsere Kinder dabei sind. Denn neben der Veränderung unserer eigenen Gedanken ist es wichtig, dass wir Lateral Violence in der Gesellschaft beseitigen und uns bewusst dagegenstellen.

Reflexion: Meine Mutter und ich

Wie wir gesehen haben, gibt es viele Einflüsse auf die Mutterschaft, und es gibt viele Umstände, warum Frauen ihre Beziehung zur eigenen Mutter als schwierig empfinden können. Vielleicht hast du in den Schilderungen der vergangenen Seiten auch dich und deine Mutter irgendwo erkannt oder kannst das Verhalten deiner Mutter nun endlich in einen Kontext von Ursachen setzen. In diesem Buch geht es aber weniger um die Aufarbeitung der eigenen Mutterbeziehung (sie ist nur ein Schritt auf dem Weg zu einer guten Begleitung unserer Töchter), sondern eher darum, wie diese Einfluss auf unser heutiges Handeln als Mutter nimmt. Wir wollen deswegen in dieser Reflexionsübung betrachten, was das Verhalten unserer Mutter bei uns selbst ausgelöst hat: Im Umgang mit der eigenen Mutter haben wir Strategien entwickelt, mit ihren Besonderheiten gut umzugehen. Bei besonders bedürftigen Müttern haben wir beispielsweise gesehen, dass Kinder mit Hilfe und Selbstlosigkeit reagieren, um Nähe und Verbindung herzustellen. Wenn unsere Beziehung besonders durch Konflikte geprägt war, kann das ein starkes Harmoniebedürfnis nach sich ziehen. Durften wir nur wenige Gefühle zeigen, kann es uns schwerfallen, anderen gegenüber »wir selbst« zu sein.

Überlege dir daher einmal, womit du dich an die Erfordernisse deiner Ursprungsfamilie angepasst hast. Wie gehst du mit Konfliktsituationen um, mit Verantwortung und Fürsorge?

Bindung und Partnerschaften

Die Art unserer Bindungsbeziehung in der Kindheit kann, sie muss aber nicht damit übereinstimmen, wie wir in späteren Jahren Beziehungen eingehen. Unser internes Arbeitsmodell bildet sich aufgrund der Erfahrungen mit Interaktionen aus und wird in Situationen, die mit Bindung und Beziehung zu tun haben, aktiviert. Vor allem dann, wenn – wie in Streitsituationen – besonders intensive Gefühle in einer Beziehung angesprochen werden, können die lange verinnerlichten Beziehungs- und Gefühlsmuster aktiviert werden: Haben wir beispielsweise Bestrafung als Handlungsstrategie verinnerlicht, können wir bei starken Auseinandersetzungen mit unseren Partner*innen auch dazu neigen, (emotional) bestrafen zu wollen. Haben wir Abwendung als Strategie erfahren, reagieren wir in Streitsituationen vielleicht so, dass wir mit der anderen Person nicht mehr reden.

Durch andere Erfahrungen und Einflüsse im Laufe unseres Lebens wie auch durch therapeutische Intervention kann das erlernte Arbeitsmodell jedoch verändert werden. Wir sind also nicht darauf festgelegt, dass wir, wenn wir schlechte Beziehungen zu den eigenen Eltern hatten, auch zwangsweise eine eher unsichere Beziehung zum eigenen Kind aufbauen oder uns immer Partner*innen auswählen, die frühere Beziehungsgestaltungen mit uns wiederholen und konfliktreiche Partnerschaften leben.

Wichtig für unsere Töchter ist allerdings, wie wir unsere Partnerschaftsbeziehung, sofern wir eine haben, gestalten. Die Bindungsforscherin Prof. Dr. Fabienne Becker-Stoll erklärt dazu, dass »der Qualität der Paarbeziehung eine besondere Bedeutung für das Funktionieren der gesamten Familie zukommt. Keine andere Person hat im Erwachsenenalter einen so großen Einfluss auf unsere physiologische Stressregulation und unsere Gesundheit wie unser

Partner in einer langen Beziehung. Darüber hinaus wirkt sich die Qualität der Partnerschaft auch auf die Entwicklung der Kinder aus.«[42] Wenn sich Paare gegenseitig unterstützen, halten und eine gesunde, sichere Bindung miteinander leben, ermöglicht dies durch Entlastung eine feinfühlige Begleitung des Kindes. Treten hingegen viele Konflikte auf, kann sich das hohe Stresslevel negativ auf die Feinfühligkeit auswirken: Die Beziehung ist keine Ressource, sondern ein weiterer Stressor. Auch für die persönliche Entwicklung und den Alltag ist es wichtig, in der Partnerschaft einen sicheren Hafen zu finden.

Auch hier finden wir daher wieder eine Verbindung von Bindung und Feminismus: Gleichwertige Elternschaft, in der sich beide (oder mehr) Eltern einbringen, jenseits patriarchaler Rollenvorstellungen, führt dazu, dass es nicht nur den Erwachsenen gut geht, sondern auch Kinder feinfühlig begleitet werden können, wodurch sie wiederum ein besseres Selbstbild aufbauen können, um selbst den Wirkungsweisen des Patriarchats entgegenzustehen. Dass dies in den vergangenen Generationen noch nicht der Fall war und Mütter die Hauptlast der Erziehungsverantwortung tragen mussten, ist ein weiterer Faktor, der sich negativ auf unsere eigene Tochtergeschichte ausgewirkt haben kann, wie wir im Folgenden betrachten werden.

Reflexion: Meine Eltern als Paar

Bevor wir uns mit der Aufgabenüberlastung von Müttern und deren Folgen weiter beschäftigen, wollen wir die Erkenntnisse zur Partnerschaftsthematik persönlich vertiefen: Schließe die Augen und stelle dir typische Situationen zwischen deinen Eltern in deiner Kindheit vor. Welche Situationen kommen dir in Erinnerung? Wie war die Beziehung zwischen deinen Eltern gestaltet, und mit welchen Adjektiven würdest du sie beschreiben?

aggressiv • ablehnend • eifersüchtig • gerecht • liebevoll • lieblos • konfliktbehaftet • respektvoll • romantisch • sorgenvoll • unterstützend • unromantisch • wertschätzend • zerrissen

Die Veränderung der Perspektive auf unsere Mütter

Es kann viele Ursachen dafür geben, dass unser Einfühlungsvermögen und der Umgang mit den Gefühlen der eigenen Kinder erschwert sind. Es kann auch viele Gründe dafür geben, warum das echte Hinsehen und Wahrnehmen sich schwierig gestalten. Gerade dieser Aspekt, einmal nicht hinter das Verhalten des Kindes zu sehen, wie wir in der modernen Erziehung heute angeregt werden, sondern hinter das Verhalten der eigenen Eltern, stellt uns vor Herausforderungen. Auf einmal wird die Instanz der Elternschaft demontiert. Das, was wir über Jahrzehnte erfahren haben, oft in Verbindung mit einem Erziehungsbild, in dem Eltern und ihre Handlungen nicht hinterfragt werden durften und Kinder weniger Rechte und Einspruchsmöglichkeiten hatten, gerät ins Wanken. Wir sehen: Die eigenen Eltern sind auch »nur« Menschen, die bestimmten Einflüssen unterlagen, auch sie sind durch eigene Eltern und die Umstände geformt worden. Und es fehlte damals an Informationen, Hilfen, Therapieangeboten. Heute wissen wir: Unsere Bindungsgeschichte ist nicht in Stein gemeißelt. Es gibt Studien, die sich damit beschäftigen, welche Therapieangebote traumatisierten Eltern helfen, sogar Medikamente dazu werden erforscht, um die neurobiologischen Folgen von Traumata aufzuheben. Eine Studie mit Müttern mit postnataler Depression infolge von Traumatisierung konnte zeigen, dass vermehrtes Streicheln des Kindes die Folgen beim Kind abmildern können. Wir sind auf dem Weg, die Rahmenbedingungen zu verändern:

Aktuell befinden wir uns in der Gesellschaft an einem Punkt, an dem die Macht infrage gestellt wird. Der »alte weiße Mann«, Herrschaftssysteme, das Schulsystem, alle Machtbereiche, die um das Patriarchat herum aufgebaut wurden, in denen es Ungleichheit, Unterdrückung und zu wenig Respekt gibt, werden in Zweifel gezogen. So auch das Machtverhältnis zwischen Eltern und Kindern, das, wie wir gesehen haben, eng an das Patriarchat angebunden ist. Erich Fromm schrieb schon 1976 dazu: »Die Befreiung der Frauen von patriarchalischer Herrschaft ist eine fundamentale Voraussetzung der Humanisierung der Gesellschaft. […] Die Machtausübung gegenüber dem Schwächeren ist der Wesenskern des bestehenden Patriarchats wie auch der Herrschaft über die nicht-industrialisierten Nationen und über Kinder und Jugendliche. Die wachsende Bewegung zur Befreiung der Frau ist von unerhörter Bedeutung, weil sie das Machtprinzip bedroht, auf dem die heutige Gesellschaft […] aufgebaut ist – vorausgesetzt, die Frauen meinen mit Befreiung nicht, daß sie an der Macht des Mannes über andere Gruppen, etwa die Kolonialvölker, partizipieren wollen. […] In enger Beziehung zur Frauenbewegung steht die antiautoritäre Einstellung der jungen Generation.«[43] Diese Umwälzung ist nicht einfach, weil durch die Verschiebung und das Infragestellen neue Fragen aufgeworfen werden. Wir setzen eine neue Brille auf, und plötzlich erscheint die Welt in einem anderen Bild. Daran müssen wir uns erst gewöhnen. Das gilt auch für die Aufarbeitung der eigenen Mutter-Tochter-Erfahrung im Kontext der Geschichte.

»Im Laufe meiner eigenen Mutterschaft erlebe ich nun aber ein ganz anderes Gefühl. Und das ist tiefes Verständnis und echtes Mitgefühl für meine Mutter. Plötzlich verstehe ich so viel, was mir vorher unklar war. Ich verstehe plötzlich, wie viel sie geleistet hat mit Job, Haushalt und vier Kindern. Ich sehe plötzlich ihre Anstrengung, ihren Stress, ihre Sorgen. Ich verstehe plötzlich, warum sie mich so früh in die Kinderkrippe gegeben hat und auch, warum sie bei meinem dritten Bruder so lange zu Hause in Elternzeit blieb. [...] Der Blick auf meine Mutter hat sich durch meine eigene Mutterschaft verändert. Er ist vor allem nicht mehr so unbedarft. Ich sehe so viel mehr. [...] Und für mich selbst bleibt nur: Der Versuch, das anders zu machen, was ich mir selbst anders gewünscht hätte, so gut es eben geht. Und die Hoffnung, dass meine Tochter mir später, wenn sie vielleicht einmal selbst Mutter ist, meine Unzulänglichkeiten verzeihen wird.« JOLANDA

Wir sind die, die eben immer da sind

Dieses Wissen um die transgenerationale Weitergabe von Traumata und andere gesellschaftliche und persönliche Belastungen von Müttern sollten wir nun innerhalb der herrschenden patriarchalen Familienstrukturen betrachten, um unser Verständnis für die oft so problematischen Beziehungsstrukturen zwischen Müttern und Töchtern noch zu vertiefen.

Als Frauen, die über Jahrtausende in die abgeschirmte Versorgerinnenrolle der Kinder gedrängt wurden und die über viele Jahre die engsten Bezugspersonen der Kinder waren und immer noch sind, sind wir an erster Stelle diejenigen, die es »falsch« machen können. In der sogenannten »Rushhour des Lebens« sind wir auch heute noch in besonderer Weise für die Entwicklung des Kindes (oft allein-)verantwortlich. Die Fehler, an die wir uns aus der eigenen Kindheit erinnern und die wir noch heute mit unseren Kindern machen, sind auch das Ergebnis der mütterlichen Omnipräsenz: Wer soll denn Fehler machen, wenn nicht wir, die beständig anwesend und zuständig sind? Wir, die in besonderer Weise das Weinen der Kinder begleiten, trösten, Wutanfälle gemeinsam durchstehen? Wir, die aufgrund der Rollenzuweisungen vorwiegend zuständig sind für all die Gefühlsaspekte, die das Familienleben so mit sich bringt? Die sich um Streit in Freundschaften, um Liebeskummer, um Einladungen zu Kindergeburtstagsfeiern kümmern? Die die meiste Zeit des Tages mit Fürsorgearbeit beschäftigt sind, Hausaufgaben begleiten, Kinder baden und füttern? Das Deutsche Institut für Wirtschaftsforschung hält fest: Neun von zehn Müttern nehmen Elternzeit, und auch die Einführung des Elterngelds Plus 2015, das den Elterngeldbezug mit Teilzeiterwerbstätigkeit kombiniert, hat daran nicht grundlegend etwas geändert.[44] Auch Daten des Statistischen Bundesamts bestätigen, dass besonders Mütter Zeit mit den Kindern verbringen: 2019 war fast ein Viertel aller Mütter mit einem jüngsten Kind unter sechs Jahren in Elternzeit – dagegen nur 1,6 Prozent der Väter.[45] Und denken wir auch an die beträchtliche Zahl der Alleinerziehenden: Im Jahr 2019 gab es laut Statistischem Bundesamt rund 2,2 Millionen alleinerziehende Mütter und etwa 407 000 alleinerziehende Väter in Deutschland.[46]

In all dieser Zeit entsteht Verbindung durch all die Begleitung, Zuwendung, Bedürfnisorientierung – in dieser Zeit füllen wir mit dem, was wir leben, das Wort »Mutter« aus und geben ihm die Bedeutung, die das Kind in sich tragen wird. Und gleichsam passieren Fehler, Unzulänglichkeiten, Unaufmerksamkeiten. Gerade die Fehler, die im Bereich der emotionalen Fürsorge anfallen – zu wenig oder zu viel Eingehen auf die kindlichen Bedürfnisse, zu wenig oder zu viel Emotionsbegleitung, zu viel Schimpfen oder zu viel Rückzug etc. –, sind jene, die sich in uns besonders verankern, die wir und unsere Kinder bewusst oder unbewusst erinnern. Wer uns besonders nah ist, wer besonders viel Zeit mit uns verbringt, kann uns auch besonders verletzen. Und das ist auch unsere eigene Angst: Wie viele Fehler mache ich in dieser Zeit, was gebe ich mit und was darf ich nicht versäumen?

Wichtig für unsere Kinder ist, dass sie mit einer sicheren, liebevollen Grundmelodie der Beziehung aufwachsen. In dieser gibt es ab und zu auch mal ein paar schiefe Töne. Und die schiefen Töne, die sich hineinmischen, liegen nicht ausschließlich an uns als Person und sagen nicht zwangsweise etwas darüber aus, ob wir nicht gut genug oder gar schlechte Mütter wären: Viele dieser Misstöne ergeben sich daraus, dass wir überlastet sind mit Aufgaben, zu viel Stress und zu wenig Unterstützung. Es ist, mit etwas Abstand betrachtet, ganz schön unfair, dass oft die Mutter-Kind-Beziehung darunter leiden muss, dass wir als Mütter so aufgeladen sind mit Erwartungen und Aufgaben.

Reflexion: Auswirkungen der Care-Arbeit auf Beziehung

Die oft ungerechte Verteilung von Care-Arbeit und Mental Load in unserer Gesellschaft wirkt sich auf viele Bereiche unseres Lebens und Wohlbefindens aus und wirkt bis hinein in die Bindungsbeziehung zu unseren Kindern. Es ist deswegen von besonderer Bedeutung sowohl für das eigene psychische und physische Wohlergehen als auch für die Beziehungsgestaltung (übrigens sowohl zum Kind als auch in der Partnerschaft), dass wir nicht überlastet werden und unsere eigenen Bedürfnisse immer wieder berücksichtigen können.

Versuche deswegen einmal, einen normalen Tag deines Alltags in deinen Gedanken nachzuzeichnen:

- Welche Aufgaben hast du jeden Tag zu erledigen?
- Gibt es Aufgaben, die in unregelmäßigen Abständen noch dazukommen?
- Nimmst du wahr, dass deine Kraft/Zuwendung/Freundlichkeit über den Tag hinweg schwankt?
- Wirkt sich Erschöpfung auf dein Verhalten in der Familie aus?
- Aus dem Wissen über den Zusammenhang von Stress/Erschöpfung und Bindung heraus: Was möchtest du an eurem Alltag ändern? Formuliere konkrete Ziele.
- Wie kannst du diese Ziele konkret umsetzen? Formuliere einzelne Schritte dahin, Aufgaben abzugeben/umzuverteilen, mehr freie Zeiten/Entspannungszeiten zu entwickeln.

Mutter ist zuständig – der Mythos um die Mutterbindung

In unserer Kultur, in der sich einige wenige Personen um ein Baby kümmern, bilden Kinder eine Bindungshierarchie aus: Diejenige Person, die sich besonders viel um die Bedürfnisse des Kindes kümmert und/oder die Bedürfnisse besonders zuverlässig beantwortet, steht in dieser Hierarchie besonders weit oben. Da mehr Mütter Elternzeit nehmen, insbesondere in den ersten Monaten, sind es vorwiegend die Mütter, die eine besonders enge Verbindung zu ihren

Kindern haben und bei Bedürfnissen eingefordert werden: Sind beide Bezugspersonen zugegen und könnten beispielsweise das Bedürfnis des Kindes nach Begleitung in den Schlaf befriedigen, wird die in dieser Hierarchie weiter vorn stehende Person verlangt. In späteren Jahren bildet sich oft aus, dass das Kind weiß, welches Bedürfnis von welcher Person eher in der gewünschten Form beantwortet werden kann. Hier wird dann vielleicht ausgewählt, mit wem eher über Beziehungsprobleme gesprochen wird, mit wem Abenteuerausflüge unternommen werden und auch wer eher Süßigkeiten vergibt. Durch die oben erklärten immer noch vorherrschenden patriarchalen Strukturen ist das Kind jedoch zu Beginn seines Lebens besonders auf die Mutter festgelegt. Dies begründet die so oft beschriebene Exklusivität der Mutter-Kind-Bindung.

Die Entwicklungspsychologin Prof. Dr. Heidi Keller hebt in ihrem Buch *Mythos Bindungstheorie* jedoch hervor, dass diese Art der Bevorzugung der Mutter als Bindungsperson und die gesamte Theoriebildung der Bindungstheorie von Bowlby/Ainsworth in einem kulturell eingeschränkten westeuropäischen Milieu stattfanden: Die Theorie und auch die Forschung zu der Theorie sind geprägt durch die eigenen Erfahrungen und die eigene Weltsicht der damals Forschenden. In ethnologischen und anthropologischen Untersuchungen zeigen sich durchaus auch andere Bindungen und Zuständigkeiten. Sie hält fest: »Babys und junge Kinder werden in der Lebenswelt nicht westlicher Dörfer in der Regel von Netzwerken betreut, die wenige bis viele Personen umfassen können«[47], und schließt sich dem Gedanken von Prof. Dr. Sarah Blaffer Hrdy an: »Multiple Betreuungsnetzwerke oder ›alloparenting‹ können […] als menschliche Grundbedingung verstanden werden, weil die Menschheit nicht überlebt hätte, wenn allein die Mutter für das Aufwachsen der Nachkommen verantwortlich gewesen wäre.« In solchen Betreuungsnetzwerken finden sich – und auch dies ist ein

Gegensatz zu unseren Betreuungspraktiken – auch oft Kinder, von denen jüngere Kinder versorgt werden, zu denen sie eine enge Beziehung aufbauen. In vielen Kulturen findet sogar der soziale Austausch im Wesentlichen zwischen Kindern statt, Kinder sind dort die Hauptbezugspersonen von Kindern.[48] Das ganz Spezielle, das wir der Mutter-Kind- und insbesondere der Mutter-Tochter-Beziehung hierzulande zuweisen, ist daher ein kulturelles Konstrukt. Das bedeutet nicht, dass es keine Besonderheit und Exklusivität geben kann. Es bedeutet aber, dass es sie nicht zwangsweise geben muss. Sie ist vielmehr ein Resultat unserer Entwicklung, und Mutter-Tochter-Beziehungen können auch ganz anders gelebt werden. Und zwar – und auch das sehen wir durch solche Studien – ohne dass es der Entwicklung des Kindes abträglich sein muss.

Neben der klassischen Bindungstheorie wird auch die pränatale Mutter-Kind-Bindung viel diskutiert. Vertreter*innen der Meinung, dass die Mutter-Kind-Bindung unersetzbar wäre, argumentieren oft, dass schon in der vorgeburtlichen Zeit eine Beziehung aufgebaut wird und die Mutter deswegen auch nach der Geburt die Hauptbezugsperson sein müsse. Sehen wir uns dies genauer an: Natürlich macht der Embryo in der vorgeburtlichen Zeit bereits Erfahrungen, die sich auf die Entwicklung auswirken. Verhaltensweisen und Zustände der Schwangeren wie Stress oder Rauchen können sich auf die sogenannte Habituationsfähigkeit auswirken[49], das ist der Schutzmechanismus des Nervensystems, Reize sinnvoll verarbeiten zu können und vor Überforderung zu schützen. Eine schlecht ausgebildete Habituationsfähigkeit zeigt sich darin, dass das Baby sich schlechter regulieren und die Umwelt weniger gut beeinflussen kann, um die Erfüllung seiner Bedürfnisse zu signalisieren. Dies wiederum kann sich dann auf den Aufbau der Bindung auswirken. Und auch genetische Faktoren können die Bindung beeinflussen: Das Hormon Dopamin beeinflusst unter anderem den emotionalen Wert von Interaktionen. Bei einer bestimmten Genvariation konnte nachgewiesen werden, dass die Wahrscheinlichkeit für eine desorganisierte Bindungsbeziehung steigt, da sie die Interaktion beeinflusst.[50] Auch äußere Faktoren nehmen Einfluss: Erfahren Schwangere körperliche Gewalt, wirkt sich das auf das Stressverarbeitungssystem des Kindes aus. Frühe Traumata von Müttern zeigen in Studien einen Zusammenhang mit Schwangerschafts- und Geburtskomplikationen.[51] Diese können sich dann zusätzlich auf den Bindungsaufbau auswirken. Es gibt also durchaus schon vorgeburtliche Einflüsse auf die Bindung beziehungsweise Einflüsse auf die Wahrscheinlichkeit, in eine bestimmte Art der Bindungsbeziehung zu tendieren.

Aber diese Einflüsse sind erst einmal nicht spezifisch auf die Mutter ausgerichtet, sondern beziehen sich auf die Entwicklung des Kindes – es geht nicht speziell um die Bindung. Was ist es also, was die Gebärende als Betreuungsperson unersetzbar machen sollte? Die verschiedenen Sinne des Kindes reifen im Laufe der Schwangerschaft heran, und der Fötus nimmt zunehmend nicht nur die unmittelbar umgebende intrauterine Welt wahr, sondern auch die Umgebung der Schwangeren. Neben den Hormonen der Schwangeren und (epi-)genetischen Veranlagungen wirkt sich damit auch die Umgebung konkret auf das Wachsen und die Welt des Ungeborenen aus und bereitet den Fötus auf das Leben danach vor. Die pränatale Psychologie diskutiert zudem die Auswirkungen von Eingriffen während der Schwangerschaft wie Fruchtwasserentnahmen, Geburtskomplikationen und überlebten Abtreibungsversuchen auf die spätere psychische Entwicklung. Und auch wenn es durchaus wichtig ist, dass die Bedeutung guter Rahmenbedingungen für die Schwangerschaft und gute Geburtsumstände ohne Gewalt in den Blick unseres Bewusstseins und der Öffentlichkeit gelangen, besteht hierbei oft die Gefahr der Verabsolutierung des pränatalen Erlebens – und vor allem der Fehlinterpretation in Kombination mit der Bindungstheorie: Weil der Fötus im Uterus bestimmte Erfahrungen gemacht hat, die Stimme und den Geruch der Gebärenden nach der Geburt erkennt, bedeutet dies nicht zwangsläufig, dass nur eine Versorgung durch diese bekannte Person zu einer guten Bindung führen wird. Wenn wir uns daran erinnern, dass Bindung in erster Linie ein Schutzsystem für das Kind ist, das die Versorgung sicherstellen soll, und darüber dann eine Beziehung aufgebaut wird, dann wird klar, was auch Studien zur Adoption nachweisen: Sichere Bindung für das Kind kann auch dann stattfinden, wenn nicht die Mutter (allein oder überhaupt) das Baby umsorgt. Schon Studien aus dem Jahr 1970 zeigten zudem, dass selbst bei Adoptionen älterer, in der Ursprungsfamilie misshandelter Kinder es zu einem hohen Prozentsatz gelingen kann, dass diese eine gute Bindung und gesunde weitere Entwicklung zeigen. Dies insbesondere dann, wenn die Pflege- und Adoptiveltern die Wünsche und Bedürfnisse des Kindes wahrnehmen, die traumatischen Erfahrungen in der neuen Beziehung mobilisiert und korrigiert werden und das Kind sich in dieser neuen Familie geschützt fühlen kann.[52] Es ist also etwas dran an dem Satz »Es ist nie zu spät für eine schöne Kindheit«.

Wir sind nicht allein verantwortlich

Die Aufarbeitung der eigenen Kindheit ist oft ein wichtiger Baustein dafür, friedvoll und bedürfnisorientiert mit den eigenen Kindern umgehen zu können. Und auch dafür, aus dem Schatten der patriarchalen Erziehung herauszutreten und die Begleitung unserer Kinder neu zu denken.

Gleichzeitig kann es auch sein, dass wir ungerecht sind, wenn wir allein das Verhalten der eigenen Mutter in den Blick nehmen.

Wir müssen die Mutter-Kind-Beziehung ebenso wie die Bindungsentwicklung aus zwei Perspektiven betrachten: Die emotionale Welt des Kindes kann sich von der später erwachsenen Person unterscheiden. Als erwachsene Person unterliegen wir Einflüssen auf unser Verhalten, die ein Kind nicht ermessen kann: Wir erleben, dass unsere Mutter sich auf eine bestimmte Weise verhält, aber als Kind können wir die Gründe ihres Verhaltens noch nicht nachvollziehen. Wir erleben, wir spüren und werden geprägt von diesem Verhalten. Das Erleben ist sehr persönlich, auch in der Erinnerung. Wir erwarten – wie von uns erwartet wird –, dass unsere Mutter doch DIE MUTTER ist, die alles tut, damit es uns gut geht. Die alles ermöglicht, alles zurückstellt.

»Ich habe manchmal die Schuld von meinen Geschwistern auf mich genommen und ihre Schläge eingesteckt. Sie hat mich ab und zu ohne Abendbrot ins Bett geschickt. Das war für mich das Schlimmste. Denn meine Mutter hat ihre Liebe stark übers Essen definiert. Also habe ich immer aufgegessen und immer über mein Sättigungsgefühl hinaus. Um ihr eine Freude zu machen, mich geliebt zu fühlen, wertgeschätzt. Als meine Omi im Sterben lag, hat mir meine Mutter erzählt, dass meine Omi ihr und ihrem Bruder mal ein paar Tage nichts zu essen gegeben hat, weil sie nicht wollte, dass sie dick werden. Was für eine Ironie! […] Ich habe seitdem viel gelesen, habe alles infrage gestellt. Ich habe mir Hilfe geholt usw. […] Es war ziemlich hart für mich, und ich habe festgestellt, dass ich mit 40 überhaupt nicht weiß, wer ich bin. Dieser Perspektivwechsel macht es mir mittlerweile möglich, alles besser zu verstehen. Dass meine Mutter zum Beispiel einen absolut krassen Mental Load hatte. Dass ich das, ohne zu hinterfragen, komplett übernommen habe.« NATALIE

Auch wenn es bei mangelnder Zuwendung, Liebe und Verlässlichkeit und/oder emotional missbräuchlichem Verhalten immer auch persönliche Anteile und Schuld gibt, ist es dennoch wichtig, dass wir den Rahmen betrachten, der die Mütterlichkeit begrenzt. Ja, wir sind frei und individuell und haben die Wahl. In der Theorie. In der Praxis ist diese Freiheit ein kompliziertes Zusammenspiel aus Vergangenheit, Gegenwart, Gesellschaft, Neurobiologie, Epigenetik, Werten, Rollenerwartungen – und dies heute genauso wie schon in vergangenen Generationen. Während wir heute auf die Anzahl der Mütter in Elternzeit blicken, wandert unser Blick vielleicht auch zurück in die eigene Kindheit. Je nach Herkunft waren hier Mütter ebenfalls bestimmten Rahmenbedingungen ausgesetzt, die sich auf die Bindung auswirkten.

Blicken wir beispielsweise auf Mutterschaft und Kindheit in der DDR, sehen wir, wie auch dort Mütter eine große Erwartungslast trugen, trotz der oft positiv hervorgehobenen Betreuungsmöglichkeiten von Kindern: Um die ökonomische Abhängigkeit der Frauen von den Männern zu beseitigen, wurde eine vollständige Einbindung der Frauen und Mütter in die Erwerbsfähigkeit angestrebt. Gleichzeitig sollte die »proletarische Frau ihren Pflichten als Mutter und Gattin« nicht entfremdet werden, sondern »im Gegenteil, sie muß darauf wirken, daß sie diese Aufgabe besser erfüllt als bisher«[53] – ein hoher Anspruch von Erwerbstätigkeit und Mutterschaft, dem durch die flächendeckend ausgebaute institutionelle Betreuung Rechnung getragen wurde. 1989 wurden 80 Prozent der Kinder im Krippenalter und 95 Prozent der Kinder im Kindergartenalter institutionell betreut mit Öffnungszeiten von 6 bis 18 Uhr. Größere Kinder konnten in den Hort und in den Ferienzeiten in Ferienlager. 1976 wurde ein bezahltes Babyjahr ausschließlich für Mütter eingeführt. Männer wurden nicht dazu aufgefordert, sich an der Kindererziehung oder Hausarbeit zu beteiligen.[54] Auch hier sehen wir, dass das Mutterbild mit Erwartungen aufgeladen war. Gleichzeitig war die institutionelle Betreuung auf eine sozialistische Bildung und Formung des Kindes ausgerichtet, und auch die Pädagogik entsprach im institutionellen Rahmen nicht unseren heutigen Vorstellungen von einer bedürfnisorientierten Begleitung der Kinder. Auch hier standen Mütter unter Druck, gleichzeitig waren sie oft stärker abwesend und Kinder weniger im familiären Umfeld betreut, was ebenfalls ein Kritikpunkt der heute erwachsenen Kinder sein kann. Wir sehen es an vielen Stellen immer wieder: Mutterschaft ist nicht ohne Erwartungen und Druck durch ebenjene Erwartungen zu denken.

Gerade die Corona-Pandemie hat gezeigt, wie sehr psychische und physische Gewalt von Eltern gegenüber Kindern mit Überlastung zusammenhängen: Das Statistische Bundesamt meldet für das Jahr 2020 eine Zunahme der Gewalt um 9 Prozent, jedes dritte Kind der gemeldeten 60 600 Fälle[55] war unter fünf Jahre alt. Insbesondere die psychische Gewalt hat zugenommen. Wir sind weniger frei, als wir es manchmal denken. Deswegen kämpfen wir dafür, mehr Freiheit für individuelle Wege, echte Berücksichtigung, Gleichberechtigung und neue Rollenbilder zu erlangen.

Wir erwarten von der Mutter die echte Liebe, die Bindung, die Zuwendung und bedingungslose Anerkennung dessen, wer und wie wir sind. All diese Erwartungen eines Kindes sind per se berechtigt. Genau das brauchen Menschen für ein psychisch gesundes Aufwachsen. Dass diese Erwartungen aber an einen Menschen gebunden werden, ohne zu betonen, wie essenziell die Rahmenbedingungen dafür sind, genau diese Art der Zuwendung geben zu können, ist falsch. Mutterschaft findet immer im Zusammenspiel mit Einkommen, Wohnverhältnissen, Zugang zu Bildung, Möglichkeiten der Erwerbstätigkeit und vielleicht der Begrenzung von Selbstverwirklichung und Unabhängigkeit, mit gesellschaftlichen Zuständigkeitserwartungen, sozialem Druck und vielem anderen statt. All das hat auch Einfluss darauf genommen, was für Mütter unsere Mütter waren und welche Mütter wir heute sein können.

Moderne Mutterschaft muss sich von dem Mythos befreien, dass Mütter persönlich für das gesamte Leben des Kindes verantwortlich sind. Wir sind *auch* verantwortlich. Wir nehmen auch Einfluss. Aber eben nicht allein. Und selbst dann, wenn wir die meiste Zeit mit unseren Kindern verbringen, gibt es die eigentlich unsichtbare Zuständigkeit der anderen: des anderen Elternteils, der Gesellschaft, des Patriarchats, das reguliert, in welchem Rahmen wir uns überhaupt bewegen können. Natürlich haben wir Handlungsspielräume, aber sehr unterschiedliche, je nach Privilegien. Auch unsere Kinder sollten lernen, dass wir bedeutsam, aber nicht immer hauptverantwortlich zuständig sind. Mutterschaft und Mutter-Kind-Bindung brauchen ein modernes Update, das die Umgebungsfaktoren und Ressourcen viel mehr in den Blick nimmt.

Das ewige Zeitproblem

Durch die Last früherer Erziehung tragen viele Erwachsene heute durchaus Narben der eigenen Kindheit und haben Verletzungen, die sich auf ihren Umgang mit den eigenen Kindern auswirken können. Sind wir deswegen ungeeignet, unsere Kinder zu begleiten? Natürlich nicht, aber wir brauchen vielleicht den Raum, ihnen nachzuspüren und sie zu heilen – und auch dies ist wieder eine Frage der persönlichen Möglichkeiten und Privilegien, die nicht für alle gleichermaßen zur Verfügung stehen: Wir müssen erkennen, dass unsere eigene Erfahrung uns heute im Begleiten der eigenen Kinder Steine in den Weg legen kann. Wir müssen wissen, dass es dafür Hilfen gibt und wo und wie diese zu finden sind. Und wir müssen die zeitlichen und persönlichen Ressourcen haben, um diese Hilfen zu nutzen. Nicht in jeder Familie kommen alle diese Dinge zusammen.

Aus der Beratungspraxis

Michaela hat verschiedene Probleme im Alltag mit ihrer Tochter Hannah (4 Jahre alt). In die Beratung kommt sie, weil sie mit den Wutanfällen ihrer Tochter nicht mehr zurechtkommt. Sie wünscht sich Ideen für den Umgang mit der Wut und ganz konkrete Anleitungen, wie sie Hannah beruhigen oder – noch besser – Hannah dazu verhelfen kann, nicht mehr so wütend zu werden. Im Gespräch zeigt sich, dass Hannah besonders deswegen wütend wird, weil Michaela Konflikten aus dem Weg geht und sich nicht abgrenzt: Sie richtet sich beständig nach Hannahs Wünschen. Hannah hat keine Sicherheit gebende Bezugsperson, sondern erlebt sich selbst oft als Bestimmerin, kann diese Rolle aber als Kind nicht ausfüllen. Michaela sollte der Ursache nachgehen, woher ihre Konfliktscheu kommt, um daran zu arbeiten, und Hannah eine liebevolle, aber bestimmte Autorität gegenüberstellen. Eine solche Ursachenforschung ist insbesondere durch therapeutische Begleitung möglich. Hierfür hat Michaela aber, wie sie angibt, keine Zeit: Sie wünscht sich eine schnelle und zeitnahe Hilfe, um Hannahs Verhalten zu ändern. Sie erkennt nicht, dass nicht Hannah die Stellschraube zu einer Veränderung ist, sondern sie selbst, und glaubt, in ihrem Alltag keine Zeit für eine Therapie zu haben.

Sobald ein Kind geboren ist, haben wir meist nur noch wenig Raum, um unseren eigenen Verletzungen nachzugehen, sie aufzuarbeiten und somit nicht auf die eine oder andere Art weiterzugeben. Auch hierfür ist es wichtig, die Aufgabenverteilung und Zuständigkeiten genauer in den Blick zu nehmen: Bislang konnten Studien im Allgemeinen keine direkten Zusammenhänge zwischen Umfang und Qualität mütterlicher sozialer Unterstützungssysteme und der Mutter-Kind-Bindung feststellen, außer in Hochrisikogruppen: Hier steht das Fehlen einer Unterstützung mit einer größeren Zahl unsicherer Bindungsbeziehungen in Zusammenhang. Zusätzlich konnte aber auch gezeigt werden, dass enge Bindungsbeziehungen mit dem seelischen Zustand der Mutter verbunden sind.[56] Es scheint also durchaus wichtig zu sein, wie es uns geht.

Das verbreitete Mutterbild suggeriert uns, dass wir, wenn wir Kinder bekommen haben, nicht mehr Frau, sondern »nur« noch Mutter sind – und bleiben. Dabei ist es eigentlich vielmehr eine Koexistenz verschiedener Rollen, die zusammenkommen und deren Gewichtung sich mit der Zeit verschiebt. Stellen wir uns vor, wir haben eine bestimmte Kapazität an »Ich« und diese ist angefüllt mit Freundin, Geliebte, Mutter, Sportlerin/Künstlerin, Arbeitnehmerin … – welche Rollen wir auch immer haben mögen. Und diese verschieben sich und sind mal mehr und mal weniger präsent. So ist es auch mit der Mutterschaft. Wenn wir Mutter werden, kommt diese neue Rolle zu den anderen hinzu, aber wir müssen nicht konstant im gleichen Ausmaß die Art Mutter sein, die wir vielleicht am Anfang des Lebens des Kindes sind. Auch hierin kann einer der großen Konfliktpunkte liegen: dass wir uns von der Gesellschaft so sehr auf die Rolle als Mutter festgelegt fühlen, dass wir unseren wachsenden Kindern nicht die Freiheit geben, die sie eben auch benötigen – und die wir benötigen. Diese Festschreibung auf die Mutterrolle und die völlige Ausrichtung auf das Wohlergehen des Kindes führen in späteren Jahren, wenn die

Kinder das Haus verlassen, nicht selten zum Empty-Nest-Syndrom: der Einsamkeit und Trauer über das Weggehen der Kinder. Haben wir Mütter Töchter und noch immer die patriarchale Ansicht verinnerlicht, dass gerade Töchter uns näherstehen müssten, führt das auch in späteren Jahren zu Konflikten mit den Kindern, weil die Erwartungshaltung der Mutter an die Tochter erdrückend sein kann. Die Psychotherapeutin Claudia Haarmann, die sich mit Bindungs- und Beziehungsdynamiken und deren Auswirkungen in Familien beschäftigt, erklärt: »Natürlich ist und bleibt die Mutter immer die biologische Mutter, das liegt in der Natur der Dinge. Aber in unserem Kulturkreis bestimmt dieses Denken ein lebenslanges soziales Rollenverständnis und -verhalten. Unsere Rollendefinition von Mütterlichkeit rechtfertigt Erwartungen, die nie ein Ende finden. Sie verhindert, dass wir es mit unseren Ansprüchen und Wünschen irgendwann gut sein lassen. Aus ebendiesen Erwartungen speist sich das Unverzeihliche der Töchter. Unsere Kultur hegt eine Idee von Mutterschaft, die beide, Tochter und Mutter, nie aus ihrer Rolle entlässt. So verhindert sie eine bereichernde Begegnung von Frau zu Frau.«[57]

Zeit ist eine Ressource, die erheblichen Einfluss nimmt auf die Ausgestaltung unserer Beziehung: Wie viel Zeit haben wir, um entspannt mit unseren Kindern umzugehen? Wie viel Zeit haben wir für die verschiedenen Facetten unserer Persönlichkeit – neben dem Muttersein? Und wie viel Zeit haben wir für Selbstfürsorge und Verarbeitung psychischer Verletzungen, die sich manchmal auch erst durch den Zeitmangel ergeben? Wir bekommen oft vermittelt, wir müssten alles gleichzeitig machen – und können. Als hätten wir Mütter einen Zeitumkehrer wie Hermine Granger in *Harry Potter*. Die Wahrheit aber ist: Wir brauchen keinen Zeitumkehrer, der dafür sorgt, dass wir eine Stunde zweimal nutzen können. Wir brauchen vor allem das Zugeständnis, dass es Zeit braucht, um für uns selbst und für unsere Kinder da sein zu können.

Den eigenen Verletzungen auf der Spur

Es gibt vieles, was uns als erwachsene Töchter aus unserer eigenen Vergangenheit oder der Vergangenheit der vorangegangenen Generationen belasten kann. Wir können die Vergangenheit nicht ändern, aber wir können unsere Gedanken und Gefühle in Bezug auf diese Vergangenheit verändern, sodass negative Empfindungen uns und unser Verhalten heute nicht mehr so stark belasten und wir frei sind, andere Wege zu gehen, die nicht von dieser Last erdrückt werden: Davon profitieren wir selbst, aber ganz besonders unsere Kinder.

Es ist nicht leicht, zu hinterfragen, welche Erfahrungen in der Kindheit und Jugend dazu geführt haben, dass wir auf eine bestimmte Weise im Alltag reagieren und damit wiederum bestimmte Muster an unser Kind weitergeben. Wenn wir selbst erlernt haben, aufgrund unseres weiblichen Geschlechts weniger wert zu sein – und Ursachen für diese Gedanken gibt es durch persönliche wie auch kulturelle Einflüsse –, wirkt sich das auf unser Denken aus: Wir »denken uns auch weniger wert«, was sich wiederum darauf auswirkt, wie wir im Alltag agieren und reagieren und welches Vorbild wir mitgeben. Um den Ursachen unseres (unbewussten) Handelns auf die Spur zu kommen, müssen wir uns also einerseits ansehen, welche Erfahrungen uns geprägt haben, dies mit unserem heutigen Handeln in Verbindung bringen und daraus ableiten, was wir heute für uns selbst und unsere Kinder anders machen könnten. Dies ist eine komplexe Herausforderung. Sie ist aber von großer Bedeutung, gerade für uns als Mütter von Töchtern: Denn das Allerwichtigste, was wir unseren Töchtern mitgeben müssen, ist ein gutes Selbstwertgefühl. Das Gefühl, dass sie richtig sind, dass sie liebenswert sind, dass sie gut sind. Wenn wir hier bei uns selbst noch Baustellen haben, lohnt sich ein Blick auf diese Baustellen, um sie in allen weiteren Bereichen mitzudenken: Wenn ich meine Tochter darin stärken will, ein gutes Selbstbild auf ihren Körper zu entwickeln, ist es hilfreich, zu wissen, wie es mir mit meinem Körper geht. Das gilt für alle Bereiche wie Liebesbeziehungen, Schulleistungen/Intelligenz etc. Wir müssen unsere Themen klären, um unsere Töchter gut begleiten zu können.

Wenn wir einen Zugang zu den Gründen unseres Handelns bekommen wollen, müssen wir uns mit der eigenen Biografie beschäftigen, gerade in Zusammenhang mit den transgenerationalen Traumata. Der Zugang hierzu ist jedoch schwer, denn wie wir gesehen haben, haben die vergangenen Generationen oftmals das Schweigen gewählt, um mit Verletzungen umzugehen. Wir können behutsam nachfragen und erforschen, aber vielleicht stoßen wir dabei auf unüberwindbaren Widerstand. Wir können nicht bestimmen, ob und wann sich eine Person ihren eigenen Traumata gegenüber öffnet. Wir können aber die Vergangenheit zumindest in einigen Grundzügen, die wir kennen, nachzeichnen: Wann wurde wer geboren, wer hat den Krieg wo erlebt, wurde vertrieben, musste im Bunker ausharren? Welche Personen haben womit Einfluss auf mich genommen, mit welchen Menschen war ich in der Kindheit viel zusammen?

Wir können dem nachspüren, welche Glaubenssätze uns von anderen mitgegeben wurden, durch Worte, aber auch durch Handlungen, und welches Selbstbild wir aufgrund unserer Erfahrungen verinnerlicht haben. All dies hat uns und unser Bild davon, wie wir heute sind, geprägt.

Reflexion: Die eigenen Prägungen nachzeichnen

Lege eine Tabelle an mit den Personen, die dich in deiner Kindheit beeinflusst haben: Vielleicht waren es Mutter, Vater, Oma, Opa, Tanten, Onkel, Erzieher*innen … Für jede Person, die dir nahestand, lege eine Spalte an. Und dann überlege, inwieweit diese Personen dich in Hinblick auf deinen Selbstwert und deine Selbstwahrnehmung geprägt haben. Was haben sie dir über dich vermittelt? Hast du von ihnen erfahren, dass du gut bist, so wie du bist? Dass du bedingungslos geliebt wirst? Oder war die Liebe an Bedingungen geknüpft wie Erfolg, Schönheit, Einfühlsamkeit, Fürsorge um sie? Hast du vielleicht sogar das Gefühl bekommen, nicht liebenswert zu sein?

Wenn wir in den wesentlichen Aspekten eines gesunden Selbstbildes nicht ausreichend unterstützt wurden, das heißt, nicht erfahren haben, dass wir gut und liebenswert sind, wenn wir bestimmte Anforderungen erfüllen mussten, um als liebenswert wahrgenommen zu werden, oder bestimmte Aspekte unseres Selbst unterdrückt wurden, kann das dazu führen, dass wir auch bei unseren Töchtern Schwierigkeiten haben, dies zu ermöglichen, es überkompensieren oder uns selbst in der Abwertung unserer Tochter erhöhen, um den Mangel auszufüllen. Das, was wir über uns selbst in der Kindheit erfahren haben, klingt in uns nach – sogar im wörtlichen Sinne, wenn wir manchmal Stimmen in uns hören, die uns abwerten. Nein, das sind nicht wir selbst, die kritisch und objektiv mit uns umgehen: Oft sind es die Stimmen der Vergangenheit, die einen bestimmten Blick auf uns geprägt haben, der in uns nachhallt. Immer und immer wieder. Unsere Töchter können mit ihrem Verhal-

PROBLEME früherer Erziehung & ihre Auswirkung

ten, ihren Worten diese Unsicherheiten und den Mangel anklingen lassen – ohne dass sie es so meinen. Aber unsere eigenen Prägungen lassen uns die Welt durch die Brille sehen, die wir durch unsere Kindheit aufgesetzt bekommen haben.

All diese Probleme früherer Erziehung stärken insgesamt und im Einzelnen das Patriarchat, weil sie uns als Frauen und Mütter schwächen. Unsere Aufgabe ist es daher, zurückzugehen zu diesen Erfahrungen, die Glaubenssätze aufzubrechen und zu lernen, uns selbst liebevoll und wertschätzend anzusehen. Das ist nicht immer einfach und kann sogar sehr schmerzhaft sein, wenn wir erkennen, was nahestehende Personen uns angetan haben. Es bricht ein Schmerz auf, den wir als Kinder nicht richtig ausleben und wahrnehmen konnten, weil wir aufgrund des Bindungssystems unsere nahen Bezugspersonen und ihr Urteil nicht angezweifelt haben. Als Kinder haben wir angenommen, dass sie mit dem, was sie uns vermitteln, schon richtigliegen. Wenn wir dem heute nachspüren, brechen vielleicht Wunden auf, die wir nun, als erwachsene Person, mit eigenen heilsamen Worten versorgen müssen oder durch therapeutische Hilfen lindern.

Reflexion: Mantren für dich und deinen Alltag

Ein Mantra kann unser Leben nicht ändern und auch nicht alte Wunden verheilen lassen. Es kann uns aber beständig daran erinnern, dass wir anders über uns und die Welt denken wollen. Dadurch, dass wir uns einen solchen Satz immer wieder selbst sagen oder ihn immer wieder lesen, weil er beispielsweise auf einem Post-it an unserem Spiegel klebt oder auf einer Postkarte geschrieben auf dem Schreibtisch steht, prägt er sich in unser Gehirn ein und wird Teil unseres Denkens. Wir können uns emotional daran nähren, was uns früher versagt war.

Ich akzeptiere mich, wie ich bin.

- Ich bin liebenswürdig mit allen meinen Gefühlen.
- Ich bin wertvoll.
- Ich darf mir selbst mit Mitgefühl begegnen.
- Ich muss nicht allen Menschen gefallen.
- Es ist nie zu spät für eine glückliche Kindheit.
- Es ist okay, mich selbst zu retten.
- Eine Diagnose oder Krankheit definieren mich nicht als Mensch.
- Ich kann die Vergangenheit nicht ändern, aber die Zukunft.
- Ich darf neu anfangen, wenn ich es brauche.
- Ich bin es wert, mir selbst zu vergeben, wenn etwas schieflief.
- Ich bin nicht verantwortlich für das Leben meiner Eltern.
- Ich bin meinen Eltern nichts schuldig, nur weil ich ihr Kind bin.
- Ich liebe, weil ich lieben möchte.
- Ich bin Liebe wert.
- Ich bin Respekt wert.
- Ich habe eine Stimme.
- Ich lebe jetzt.
- Es tut mir gut, Grenzen zu setzen.
- Meine Grenzen sind die Schutzwälle meiner Psyche.
- Alle Gefühle gehören zum Leben dazu.
- Ich muss erst einmal gar nichts.

Verzeihen? Muss ich das?

Wenn wir merken, dass uns in der Kindheit Wunden zugefügt wurden und uns diese vielleicht sogar mit unseren eigenen Kindern behindern, kann das einerseits Schmerz verursachen, aber auch Wut. In unserer Kultur herrscht der Gedanke, dass wir Vater und Mutter ehren sollen, unabhängig von unseren Erfahrungen, einfach aufgrund ihres Status. Aber auch das ist ein kulturelles Konstrukt. Wie wir schon gesehen haben, sind wir nicht in einer Bringschuld gegenüber unseren Eltern, weil sie uns geboren haben. Und auch wenn uns der Blick auf ihre Geschichte nochmals eine andere Perspektive aufzeigt, kann es dennoch sein, dass wir nicht verzeihen können.

Die Einflüsse auf das Verhalten der erwachsenen Person können schwerwiegende Fehler dem Kind gegenüber nicht aufwiegen. Für die Entwicklung des Kindes ist zunächst nur das wichtig, was es erfährt, und nicht, warum sich Eltern mehr oder weniger respekt- und liebevoll verhalten. Erst in späteren Jahren können wir beim Nachspüren der Kindheit den Blick für eine differenzierte Betrachtung öffnen. Und es kann noch einmal besonders schmerzhaft sein, eine gewisse Ambivalenz zuzulassen und nicht mehr in reinen Schuldzuweisungen zu denken. Mit diesem Blick verändert sich die Sicht. Wir können die eigene Mutter im Kontext ihrer Erziehung und ihrer Geschichte sehen. Dennoch sind wir nicht zur Vergebung gezwungen. Manche Erlebnisse lassen sich nicht vergeben, und niemand von uns ist den eigenen Eltern etwas schuldig, nur weil sie uns geboren haben.

Wir können – und sollten – uns auch in späteren Jahren von dem Bild, ein »gutes Kind« sein zu müssen, das den Eltern dankbar ist und trotz Verletzungen für sie sorgt, emanzipieren. »Zwar haben Eltern in aller Regel eine Menge für ihre Kinder getan. Doch Kinder haben bei ihrer Geburt nicht in eine Art Fürsorgevertrag eingewilligt, dessen bezogene Leistungen sie im Erwachsenenleben begleichen müssen«, erklärt die Philosophin Dr. Barbara Bleisch.[58] Und doch kann dieser andere Blick auf unsere Mütter erlösend sein. Nämlich für uns selbst: Weil wir erkennen, dass wir nicht falsch waren. Denn das ist, was sich in vielen Kindern einprägt, wenn sie weniger liebe- und respektvoll behandelt wurden: Ich bin schuld daran. Ich bin es nicht wert. Ich bin falsch. Ich bin verantwortlich. Der andere Blick kann uns ein wenig befreien. Und uns damit auch den Weg erleichtern, für uns selbst und die Begleitung der eigenen Kinder anders in die Zukunft zu blicken. Nein, wir müssen nicht verzeihen, und vergessen können wir oft erst recht nicht, aber wir können uns von der Last befreien.

Reflexion: Ein Brief über dein Erleben

Es ist manchmal schwer, mit den Eltern über die eigenen Verletzungen und Mängel der Kindheit ins Gespräch zu kommen. Vielleicht sind die eigenen Eltern auch schon verstorben, und es besteht nicht mehr die Möglichkeit, darüber zu sprechen. Es kann aber heilsam sein, einmal auszuformulieren und aufzuschreiben, was du selbst als Mangel und Problem wahrgenommen hast – neutral formuliert oder direkt als Brief. So kannst du deine Verletzungen ansehen und benennen und dir dabei auch noch einmal vor Augen führen, dass du als Kind nicht die Verantwortung dafür hattest.

Neue Werte für neue Mütter

Wenn wir auf unsere eigene und die kulturelle Vergangenheit zurückblicken, sehen wir recht deutlich, was wir alles nicht wiederholen wollen. Wenn wir unsere eigene Vergangenheit reflektieren, sehen wir, woran es uns gemangelt hat. Und dennoch ist es gar nicht so einfach, sich auf das zu fokussieren, was wir eigentlich – für uns und unsere Töchter – wollen. Woran soll sich unsere Begleitung ausrichten? Was ist wirklich wichtig für unsere Töchter?

Es ist wichtig, dass wir von uns selbst ein positives Selbstbild aufbauen, das nicht auf die Mängel oder die Schwierigkeiten der eigenen Vergangenheit ausgerichtet ist, sondern unsere Absichten, positiven Eigenschaften und Werte in den Vordergrund stellt und mit dem wir dann bewusst als Vorbild und Weggefährtin unserer Töchter vorangehen können.

Unter ideellen Werten verstehen wir die Ausrichtung unseres Denkens und Handelns nach bestimmten sozialen Maßstäben. Aus einer großen Auswahl unterschiedlicher Werte können Familien, auch unter Einfluss ihrer individuellen Geschichte, die Werte ermitteln, nach denen sie sich in ihrem Alltag ausrichten wollen, zum Beispiel Achtsamkeit, Ehrlichkeit, Loyalität, Zuverlässigkeit und andere. Oft werden bestimmte Werte von einer Generation an die nächste weitergegeben. Ändern sich aber die Lebensumstände, braucht es auch einen Wandel. Aktuell befindet sich unsere Gesellschaft an vielen Stellen im Umbruch, weshalb auch manche Werte ins Wanken geraten. Betrachten wir wichtige Werte unter den Aspekten, wie wir insbesondere unsere Töchter heute stärken können, gelangen die Folgenden insbesondere in unseren Blick:

Akzeptanz

Akzeptanz ermöglicht es uns, unseren Kindern und anderen ohne Be- und Abwertung gegenüberzutreten. Wir nehmen den anderen Menschen so an, wie dieser Mensch ist, stecken die Person nicht aufgrund von Rollenklischees und Stereotypen in eine Schublade. Wir gehen davon aus, dass das Verhalten einer anderen Person von Bedürfnissen motiviert ist, die in allen Menschen vorhanden sind und sein dürfen, sich aber in ihrem Ausdruck unterscheiden, je nachdem wie gut die Bedürfnisse erfüllt sind.

Empathie

Durch Empathie nehmen wir einen Perspektivwechsel vor, um die Weltsicht einer anderen Person nachvollziehen zu können. Gerade in der Begleitung von Kindern ist es wichtig, die Welt aus der Sicht des Kindes zu sehen, um die Absicht hinter dem Verhalten nachzuvollziehen und damit »modern« erziehen zu können, jenseits davon, Strafen einzusetzen, um ein Verhalten zu reglementieren.

Freiheit

Freiheit ist die Abwesenheit von Zwang und Unterwerfung, eine Grundvoraussetzung dafür, Kindern Resilienz und Selbstwertgefühl zu vermitteln. Freiheit ermöglicht uns Flexibilität und Wandelbarkeit. Durch sie sind wir in der Lage, uns auf die Bedürfnisse einer anderen Person immer wieder neu einzustellen.

Gerechtigkeit

Gerechtigkeit ist die Voraussetzung dafür, dass wir als der Mensch, der wir sind, wahrgenommen werden und ein gutes Selbstbild ausbilden können. Durch starre Machtstrukturen wie das Patriarchat und das Kleinfamilienmodell mit seiner oftmals autoritären Erziehung gibt es ein Machtgefälle, in dem die schwächere Person unterdrückt wird, was sich dann auf ihr Selbstbild auswirken kann.

Loyalität

Loyalität gegenüber unseren Kindern und generell unter Menschen ist ein wichtiger Wert, gerade in Bezug auf eine Bewegung zu mehr Gerechtigkeit. Wenn wir loyal handeln, teilen und vertreten wir die Werte einer anderen Person. Auch wenn es einige Differenzen zwischen uns gibt, ist uns das Ziel gemeinsam so wichtig, dass wir die andere Person unterstützen. Gerade in Hinblick darauf, die Gesellschaft in eine feministischere Richtung zu entwickeln, ist Loyalität mit anderen Frauen, Mädchen und Töchtern besonders wichtig. Auch wenn wir noch anders erzogen wurden und einige Punkte anders sehen, sollten wir uns gegenseitig unterstützen, um Feminismus unter uns Müttern und Töchtern und darüber hinaus in der Gesellschaft zu verankern.

Mut

Gerade im Zusammenhang mit anderen Werten wie Loyalität und Akzeptanz ist auch Mut ein Wert, den wir Eltern heute brauchen, um unsere Kinder in einer Gesellschaft, in der es noch viele Rollenklischees und Stereotype gibt, zu unterstützen. Wir brauchen Mut, um uns gegen das Patriarchat zu stellen und Loyalität im Miteinander auszuüben.

Respekt

Mit Respekt verbinden wir Wertschätzung, Fairness, Achtung. Eine respektvolle Haltung unseren Töchtern und anderen gegenüber meint, dass wir ihr Wesen, ihre Bedürfnisse und Ziele wertschätzen. Hierdurch können sie sich als wertvoll und richtig erfahren.

Sicherheit

Sicherheit können wir nur bedingt selbst herstellen, sie ist an vielen Stellen auch von äußeren Faktoren abhängig, aber was uns selbst an einer sicheren Haltung möglich ist, sollten wir unseren Kindern ermöglichen. Das Gefühl der Sicherheit stellen wir her, indem wir für alle Belange, Fragen und Unsicherheiten ein sicherer Hafen sind und das Kind verinnerlicht, dass es mit allen Themen zu uns kommen kann, wenn es das möchte.

Diese Werte können uns durch die einzelnen Bereiche und Themen der Kindheit und Jugend mit Mädchen tragen, die wir im vierten Teil dieses Buches betrachten werden.

»Frauenrecht ist nicht nur
ein abstrakter Begriff; es ist
vor allem eine persönliche
Sache. Es geht dabei nicht nur
um ›uns‹, sondern ebenso um
mich und um dich.«

TONI MORRISON[1]

DREI

Väter, Töchter, Brüder, Söhne

Natürlich wäre es falsch, anzunehmen, dass wir Frauen allein durch eine Veränderung unseres Blicks auf das Frausein und eine andere Begleitung unserer Töchter das Patriarchat abschaffen und die Gesellschaft verändern können. Wir können durch laute und leise Rebellion durchaus etwas bewegen, aber für einen Gesellschaftswandel brauchen wir wesentlich mehr als das. Es reicht nicht, wenn »nur« Frauen Feministinnen sind, sondern Feminismus im Sinne des Strebens nach Gerechtigkeit und Freiheit für alle Menschen muss eben auch von allen – oder sagen wir realistischerweise von möglichst vielen – Menschen getragen werden. Wir können, müssen und sollten nicht allein dafür verantwortlich gemacht werden, die Welt zu verändern. Es geht, wie Toni Morrison es so treffend beschreibt, um uns als Gruppe, aber ganz konkret um jede einzelne Person.[2]

Wir haben bereits gesehen: Das Patriarchat wirkt nicht nur auf Frauen langfristig negativ, sondern auch auf Männer. In den Worten der Frauenrechtlerin Luise Büchner: »Was wir wollen, ist mehr als eine Frauen-, es ist eine Menschheitsfrage.«[3] Denn auch Männer sind bestimmten Rollenerwartungen und Klischees unterworfen, die sich auf ihr Leben negativ auswirken. Während Frauen Feinfühligkeit und Emotionalität zugesprochen werden, erwartet die Gesellschaft von Männern Härte und Durchsetzungsvermögen. Beide Extreme sind ungesund und können sich langfristig auf unterschiedliche Weise auf die psychische und physische Gesundheit auswirken. Wie wir gesehen haben, beginnt die Zuschreibung zu einem bestimmten Geschlecht schon sehr früh und wird sowohl im Spielzeug als auch in den Erwartungshaltungen fortgesetzt. Und genau damit untermauern wir weiterhin die Wirkungsweise des Patriarchats: Nein, nicht alle Kinder müssen gleichermaßen mit Puppen und Autos[4] spielen, und ja, sie dürfen persönliche Vorlieben ausbilden. Aber die disziplinarische Einpassung in alte Rollenklischees, wenn Kinder aus diesen Vorstellungen ausbrechen wollen, ist weder für das einzelne Kind noch für die Gesellschaft gut: Jungen werden beispielsweise durch das Vorenthalten vom Spielen mit Puppen nicht nur von einer Spielerfahrung ausgeschlossen, sondern es wird ihnen auch signalisiert: Das hier ist nicht dein Aufgabenbereich. Jungs kümmern sich nicht um Babys, spiel doch lieber mit etwas anderem, etwas Richtigem (was gleichzeitig eine Abwertung der Care-Arbeit bedeutet). Es ist also – wieder einmal – kompliziert. Um die Situation von Mädchen und Frauen zu ändern, müssen wir nicht »nur« bei den Rahmenbedingungen für Mädchen ansetzen, sondern auch bei den Jungen. Und natürlich sind auch die Väter mit ihrem Vorbildverhalten essenziell: Was wird Mädchen in der ersten (oder den ersten) Paarbeziehung(en), die sie erleben, über das Zusammenleben der Geschlechter vermittelt? Welche Stereotype sehen sie in der Familie, welche Machtverhältnisse erleben sie? Mit welcher Emotionalität geht der Vater wie um und prägt damit das männliche Rollenbild seiner Kinder?

Wir sollten das Patriarchat nicht am einzelnen Mann festmachen (#notallmen[5]), sondern als etabliertes Herrschaftssystem ansehen, das sich dadurch erhält, dass Menschen es durch ihr Handeln stützen: Nicht alle Männer sind Antifeministen und Sexisten, aber alle Frauen und Männer sind vom Patriarchat betroffen. Natürlich gibt es auch moderne, feministische Väter. Und natürlich können wir das Gefühl haben, dass unser eigener Vater, selbst wenn er sexistische Scherze mochte, die eigene Mutter ab und zu abwertete oder das Familienoberhaupt war, für uns dennoch wichtig und liebenswert war. Und viele von uns blicken gern darauf zurück, dass unser großer Bruder uns immer vor anderen beschützt hat. Aber wir sollten davon nicht ableiten, dass genau dies als Rolle von Vätern und Brüdern normal sei, sondern wir können auch diese Zuschreibungen hinterfragen.

Wie die Partnerschaft der Eltern prägt

Wir haben bereits in den vergangenen Kapiteln gesehen, dass bestimmte Aspekte einer Partnerschaft sich langfristig auf die Kinder auswirken und gerade bei Mädchen einen starken Einfluss auf ihr weiteres Leben nehmen.[6] Wie wir im vergangenen Buchteil gesehen haben, nehmen die Bindungserfahrungen aus der Kindheit Einfluss, sind aber nicht in Stein gemeißelt: Wenn wir erkennen, wie wir durch eigene negative Erfahrungen an einem eigentlich intuitiv fürsorglichen Verhalten gehindert werden, können wir unser Verhalten ändern und dem Kind andere Bindungsmuster mitgeben, als wir sie selbst verinnerlicht haben. Ähnliches gilt auch für Partnerschaften: In der Kindheit erlernte Muster von Schuldzuweisung, Rache, Bestrafung oder Rollenumkehr in Konfliktsituationen können weitergetragen oder erkannt, reflektiert und verändert werden.[7] Lebenspartner*innen haben in Bezug auf Bindung ähnliche Bedeutungen wie Eltern: Sie bieten Nähe, Verständnis, Unterstützung, geben

Raum für Selbstwirksamkeit und Selbstwertgefühl, sind an der Erfüllung der Bedürfnisse des anderen interessiert und stützen die andere Person darin. Hierbei ist es besonders wichtig, dass dies gegenseitig erfolgt, also eine Balance beider Seiten entsteht. Durch diese Balance in der Partnerschaft erleben die Kinder ihre Eltern jeweils als wertvoll, erlernen Werte des gerechten Zusammenlebens und bilden ein Rollenbild aus, das dieser Gleichwertigkeit entspricht. Gibt es ein Ungleichgewicht, kann sich dies hingegen auch auf die Selbstwahrnehmung auswirken: Es entsteht das Bild, dass Frauen und Mütter mehr zurückstecken müssen, dass Frauen die Bedürfnisse anderer erfüllen und dabei ihre eigenen eher vernachlässigen, dass Frauen generell stärker für die Belange und die Organisation der Familie zuständig sind. Auch kann es, wie schon bei Lateral Violence betrachtet, dazu kommen, dass sich Töchter durch die bessere Position des Vaters und seine größere Entscheidungsgewalt an der Abwertung der Weiblichkeit beteiligen beziehungsweise diese internalisieren. Die eigene Bedürfniserfüllung der Frau/Mutter ist deswegen mehr als ein Akt der Selbstfürsorge, sie ist auch eine politische Maßnahme der Gleichberechtigung kommender Generationen.

Natürlich gibt es in Beziehungen zwischen Erwachsenen auch Streitigkeiten. Lange wurden Streitigkeiten in der Partnerschaft mit Kindern generell als negativ betrachtet (was auch mit dem patriarchalen Familienmodell zusammenhängt), mittlerweile haben aber Studien gezeigt, dass nur destruktive Paarkonflikte problematisch sind: Destruktive Konflikte wie verbale oder physische Aggressivität, Blockadeverhalten, Rückzug, Meidung und Feindseligkeit der Eltern sowie ungelöste Konflikte vermindern das Gefühl der emotionalen Sicherheit, können zu Anpassungsproblemen und psychischen Schwierigkeiten, schulischen Problemen und Schwierigkeiten im Umgang mit Gleichaltrigen führen.[8] Gelingt es Eltern hingegen, Konflikte konstruktiv auszutragen, finden sich diese Probleme nicht. Gerade wenn das Kind Zeuge des Elternkonflikts ist, ist es hilfreich, wenn es auch dessen Lösung erfährt.

Reflexion: Sind wir als Paar in Balance?

Sehen wir uns einmal genauer an, wie es bei euch in der Partnerschaft, sofern du in einer bist, mit der Ausgewogenheit der Bedürfnisse aussieht. In die Waagschalen kommen eure Beispiele dafür, wie die einzelnen Bedürfnisse erfüllt werden.

- Sind deine Grundbedürfnisse nach Schlaf, Nahrung, Sexualität erfüllt?
- Fühlst du dich abgesichert? Auch finanziell im Falle einer Trennung? In Bezug auf Altersvorsorge?

- Sind deine sozialen Bedürfnisse wie Gruppenzugehörigkeit, Austausch, Nähe, Geborgenheit ausreichend berücksichtigt?
- Wie steht es um deine Individualbedürfnisse (Vertrauen, Wertschätzung, Selbstbestätigung, Erfolg, Unabhängigkeit) und deine Selbstverwirklichung (Potenzialausschöpfung, Erreichen gewünschter Ziele)?

Interview
Nils Pickert: »Lebenskompliz♥innen«

Nils Pickert hat Literatur und Politik studiert und arbeitet als freier Journalist und Autor. 2020 ist sein Buch *Prinzessinnenjungs* erschienen, in dem er sich damit beschäftigt, wie wir unsere Söhne aus der Geschlechterfalle befreien und toxische Maskulinität aus dem Erziehungsdenken verbannen. 2022 legte er dann mit dem Buch *Lebenskompliz♡innen* nach, in dem er beschreibt, wie Partnerschaft gleichberechtigt gelebt werden kann. Im Verein »Pinkstinks« engagiert er sich zudem gegen Sexismus und Homophobie.

Nils, du nennst deine Partnerin »Lebenskomplizin«, und auch dein neues Buch trägt diesen Namen. Das klingt romantisch, aber auch stärkend, verbunden. Worum geht es bei gleichberechtigten Beziehungen?

Auch wenn Lebenskomplizin romantisch klingen mag, ist romantische Liebe das Gegenteil von gleichberechtigter Liebe. Romantische Liebe weist über den Menschen hinaus – in Schicksal, Ewigkeit, Todesüberwindung, Bestimmung. Gleichberechtigte Liebe weist in Menschen hinein. In Menschen, die sich füreinander bestimmen, solange sie wollen und können. Gleichberechtigung bedeutet radikale Akzeptanz der Gleichwertigkeit von Bedürfnissen und Interessen meines Gegenübers – und aus dieser Akzeptanz heraus konsequent zu handeln. Meine Lebenskomplizin hat das gleiche Recht auf Freizeit, berufliche Selbstverwirklichung, Aufmerksamkeit und Wertschätzung wie ich. Das heißt nicht, dass wir gleich sind. Ich koche zum Beispiel viel lieber und häufiger als sie. Trotzdem wiegt mein Anspruch, nicht immer kochen zu müssen, genauso schwer wie ihrer. Und wenn sie die Einschlafbegleitung erfolgreicher macht, heißt das nicht, dass ich da fein raus bin, weil »das eher ihr Ding ist«. Es heißt, dass wir für unsere Liebe einen sehr gut verhandelten Rahmen brauchen.

Gleichberechtigung ist noch nicht in jeder Partnerschaft gegeben. Neben den politischen Einflussfaktoren sind auch persönliche Entscheidungen wichtig. Wie können Partner*innen zum Thema Gleichberechtigung erst einmal ins Gespräch kommen?

Ein guter Anlass hierfür ist der Beziehungsvertrag. Ausnahmslos allen Beziehungen liegt ein Vertrag zugrunde – ob er nun bewusst formuliert wurde oder stilschweigend vereinbart. Darin finden sich die Eckpfeiler der jeweiligen Beziehung: Wie gehen wir miteinander um? Monogam oder nicht? Kinder ja oder nein? Haushaltszuständigkeit. Solche Sachen. Je mehr Partner♡innenschaften versuchen, ihren Beziehungsvertrag aktiv und fair zu gestalten, ihn immer wieder mit der Realität abzugleichen und ihn gegebenenfalls anzupassen, umso höher die Chance auf eine gleichberechtigte Beziehung. Leider lassen wir uns nach wie vor einreden, die Beschäftigung mit einem Beziehungsvertrag wäre lieblos. Dabei ist die Beschäftigung mit dem Beziehungsvertrag ein ausgesprochener Liebesdienst. Romantische Liebe will uns weismachen, dass alles schon irgendwie funktionieren wird, weil wir füreinander bestimmt sind. Gleichberechtigte Liebe fragt, ob und, wenn ja, wie wir uns jeden Tag füreinander bestimmen können.

Gibt es konkrete Schritte, die du für einen Einstieg »in eine gleichberechtigte Partnerschaft empfehlen würdest, ein »How-to-start-equality«?

Eine gleichberechtigte Liebesbeziehung ist immer auch eine Verschwörung gegen ungleichberechtigte Verhältnisse. Deswegen Kompliz♡innenschaft: wir gegen all die übergriffigen Vorgaben, wie wir zu sein haben. Das kann ein guter Ausgangspunkt sein. Darüber hinaus lohnt es sich, Scheitern einzukalkulieren und anzuerkennen, wie viel Arbeit und Mühe das alles macht. Gleichberechtigung ist ein Disziplinierungsversuch, der sehr anstrengend ist. Wir haben nicht an und für sich ein Gefühl der Gleichberechtigung, zu dem wir nur zurückkehren müssten. Stattdessen ist jeder und jede sich zunächst selbst der oder die Nächste. In Gleichberechtigung versuchen wir die Kraft aufzubringen, dem Gegenüber zuzugestehen, sich wie wir selbst auch der oder die Nächste sein zu dürfen. Um anschließend gemeinsam darüber hinauswachsen zu können. Dabei helfen die vier Ws: Wohlwollen, Wahrhaftigkeit, Wandelbarkeit, Wissbegier.

Wohlwollen im Umgang mit dem Herzensmenschen, indem das eigene Verhalten nicht idealisiert wird und sein Verhalten nicht skandalisiert.

Wahrhaftigkeit gegenüber unseren eigenen Bedürfnissen und Wünschen. Zu oft lassen wir Avatare unserer selbst Beziehungen für uns führen, die dann so sind, wie wir glauben, dass wir sein sollten oder erwünscht sind. Ohne Wahrhaftigkeit bleiben wir auf Mutmaßungen angewiesen, erfüllen nicht existente Bedürfnisse und ignorieren reale, weil uns der Blick auf sie versperrt bleibt.

Wandelbarkeit, weil sich Dinge und Menschen ändern oder eben auch nicht. Sich das zum Vorwurf zu machen hat keinen Sinn. Du bist immer so/gar nicht mehr wie früher, ist eine Sackgasse. Jeden Tag neu herauszufinden, wer man selbst und der Herzensmensch ist, das ist der Weg. Und dann schauen, ob Liebe gelingt. Ob man sich weiter ineinander beheimaten will.

Dafür brauche ich Wissbegier. Es muss mich wirklich interessieren, wer mein Herzensmensch ist. Was ihn ausmacht, welche Dinge ihn umtreiben, wo er steht. Nur dann kann ich ihn sehen und herausfinden, ob er und ich immer noch der Plan sind.

Getrennte Eltern

Die Zahl der minderjährigen, von einer Ehescheidung betroffenen Kinder lag im Jahr 2020 bei mehr als 119 000 Kindern.[9] Unabhängig von Eheschließungen gab es im Jahr 2019 rund 2,2 Millionen alleinerziehende Mütter und 410 000 alleinerziehende Väter. Trennungen sind damit für viele Kinder eine Lebensrealität.

Wie wir schon gesehen haben, ist die Art des Austragens von Konflikten für Kinder wichtig und kann ihre emotionale Sicherheit bei destruktivem Konfliktverhalten negativ beeinflussen. Gerade rund um eine Trennung/Scheidung und danach ist dies ein sehr wichtiger Punkt. Der Trennung eines Paares gehen oft Konflikte voraus, aber auch nach der Trennung kann es zu erheblichen Problemen kommen, gerade auch im Streit um das Sorgerecht. Wie wir im ersten Teil des Buches gesehen haben, ist die Verfügung über das Kind im Kontext des Patriarchats seit je ein großes Thema gewesen, dessen Folgen noch immer in unserer Gesellschaft spürbar sind. Entsprechend den oben angeführten Problemen im Falle von destruktiven Konflikten kann sich eine Trennung dann auch langfristig negativ auf Kinder auswirken – mit einem erhöhten Risiko für die Entwicklung eines unsicheren Bindungsstils, geringeren schulischen Leistungen, geringerer sozialer Kompetenz und einem geringeren psychischen Wohlbefinden.[10] Scheidungskinder zeigen nach bisherigen Studien eine höhere Wahrscheinlichkeit für das Auftreten einer psychischen Störung im Erwachsenenalter, wobei aber zu beachten ist, dass einer Scheidung oft schon Konflikte vorausgegangen sind, die sich auf das Kind auswirken. Allein die Scheidung ist daher nicht das traumatische Ereignis für das Kind. »Die Frage ist also nicht in erster Linie, ob man sich scheiden lassen soll, sondern vor allem, wie«, erklären Prof. Dr. Vögele, Dr. Schulz und Violetta Schaan.[11] Gerade die Psychoedukation der Eltern ist hier entscheidend. Kinder sollten verinnerlichen, dass sie an der Trennung nicht schuld sind, ihre Resilienz sollte gestärkt werden, Eltern sollten sich der Bedeutung ihres Handelns bewusst sein und das Wohl des Kindes in den Fokus stellen.

Es ist statistisch nicht nachgewiesen, wie hoch der Anteil der hochstrittigen Scheidungen/Trennungen in Deutschland ist. Diese tragen jedoch eine besondere Gefahr für die weitere Entwicklung des Kindes in sich. Oft wird dann ein »Streit um das Kind« ausgetragen, der neben dem Ringen um das Kind oft auch gegenseitige Verletzungen, Abwertungen und Vorwürfe beinhaltet, die sich direkt negativ auf das Kind auswirken können, aber auch Einfluss auf die zukünftige Entwicklung nehmen. Hier werden innere Bilder und Elternrollen vermittelt, die auch auf die künftige Einstellung zu feministischen Sichtweisen von Bedeutung sind. Schließlich ist der Kampf um ein Kind auch ein Machtthema. Es geht um Geld, Unterhalt, Versorgung; und all das geht mit Armutsangst, Ohnmachtsgefühlen und dem Gefühl des Ausgeliefertseins einher.

In den letzten Jahren zeigt sich dies insbesondere bei dem auch in den Medien immer wieder thematisierten Parental Alienation

Syndrome (PAS), auch Eltern-Kind-Entfremdung (EKE) genannt: Das 1985 vom US-amerikanischen Kinderpsychologen Richard A. Gardner formulierte Konzept, das empirisch nie nachgewiesen werden konnte[12], proklamiert, der betreuende Elternteil würde das Kind durch Abwertung indoktrinieren, damit der getrennt lebende Elternteil abgelehnt wird. Gerade in Verfahren von Vätern gegen Mütter wird dieses von psychologischer Seite nicht anerkannte »Syndrom« dennoch angeführt. In diesem Zusammenhang muss die schon thematisierte Bindungshierarchie, die ein Kind in Zusammenhang mit den frühen Erfahrungen ausbildet, betrachtet werden: Die Bindungssituation des Kindes nimmt nämlich einen Einfluss auf den vom Kind gewünschten Lebensmittelpunkt. Eine Sekundärauswertung von 103 Sachverständigengutachten in Deutschland[13] ging der Frage nach Bindung und geäußertem Kindeswillen in Bezug auf den Lebensmittelpunkt nach und konnte zeigen, dass genau dies zutrifft: Die Bindungserfahrungen des Kindes entsprechen zu einem hohen Grade dem Aufenthaltswunsch. Und nicht nur dies: Es wurde auch deutlich, dass Beeinflussungsversuche nur einen tendenziell signifikanten Einfluss auf den Wunsch des Kindes nehmen.[14] Für eine »Entfremdung« müssen wir vielmehr, wie anfangs angeführt, auf das patriarchale System, die Bindungshierarchie und die in diesem System hervorgebrachte alleinige Mutterzuständigkeit blicken (dazu können im Falle von Trennungen natürlich noch Einflussfaktoren wie physische und psychische Gewalt gegenüber Mutter und/oder Kind kommen). Die Bindungseinschätzung des Kindes sowie das Betreuungsverhalten der Erwachsenen und die Erwachsenenbindungen sind von großer Bedeutsamkeit.[15] Deswegen ist es besonders bei Babys und Kleinkindern, die noch nicht sprechen, wichtig, dass sehr gut geschultes Personal die Begutachtung vornimmt. Müttern bei einer Trennung vorzuwerfen, die Kinder hätten eine starke Bindung (aus pädagogischer und psychologischer Sicht gibt es keine »zu starke Bindung«), nachdem sie über Jahre schwerpunktmäßig die emotionale und sonstige Begleitung übernommen haben, ist unpassend. Dennoch wird dies nicht nur von Vätern in Trennungssituationen, sondern auch beispielsweise durch Jugendämter bei alleinerziehenden Müttern mitunter angeführt.[16]

Wir sehen also: Für Kinder ist es von Vorteil, sichere Bindungsbeziehungen zu beiden Elternteilen zu haben. Dass beide Eltern auch im Falle einer Trennung konstruktiv miteinander umgehen, ist für das gegenseitige Wohl, aber vor allem auch für das Wohl des Kindes absolut von Vorteil. Auch hier sehen wir leider noch immer alte patriarchale Muster, die sich nicht nur auf die Eltern, sondern auch auf die Entwicklung des Kindes negativ auswirken.

Reflexion: Wie lösen wir Konflikte?

Wir sehen also: In einer Trennung ist es für die kindliche Entwicklung, die Entwicklung von Rollen- und Selbstbildern wichtig, dass die Eltern einen guten Trennungsweg gehen und konstruktiv die Streitigkeiten austragen mit einem Blick auf das Kindeswohl und die schon bestehende Bindung des Kindes. Aber natürlich ist die Konfliktverarbeitung auch schon früher wichtig. Deswegen lohnt es sich, einen Blick darauf zu werfen, wie ihr als Paar Konflikte löst: Wie ist euer Vorgehen?

Warum wir auch »New Dads« brauchen

Im Spätsommer 2021 habe ich Eltern auf meinem Instagram-Kanal nicht nur nach ihren Problemen mit Müttern befragt, sondern auch, wie sie ihren Vater erlebt haben: »Meine Beziehung zu meinem Vater ist/war geprägt von«. Es kamen Hunderte Antworten, die sich aber oft sehr ähnelten (daher eine insgesamt kleinere Auswahl als bei den Müttern). Auch wenn es keine repräsentative Umfrage ist, habe ich einige der häufigen Antworten in dieser Tabelle gesammelt. Sie geben einen Überblick über das Spannungsfeld zwischen Eltern heute und ihren Vätern:

- Abwesenheit
- Gewalt
- Desinteresse seinerseits
- Angst
- bedingungslose Liebe
- hohe Ansprüche
- Unnahbarkeit
- emotionale Härte
- emotionale Distanz
- Alkoholismus
- Dominanz
- nicht an Erziehung beteiligt
- Gehorsam
- Spaß
- Autorität

Wie schon gesehen, leiden nicht nur Mütter unter der Last der Vergangenheit, sondern auch Väter wurden im Laufe der Geschichte von der Begleitung der Kinder und von bestimmten Aspekten der Gefühlsvielfalt entkoppelt. Der Aktivist JJ Bola erklärt: »Ich habe Jungs und Männer gesehen, die im Stillen an Angst und Depressionen, Liebeskummer und psychischen Traumata leiden und sich anderen und sich selbst gegenüber höchst aggressiv verhalten, weil ihnen im Laufe ihres Lebens immer wieder gesagt wurde, dass ein Mann stark sein müsse; hart im Nehmen, abgeklärt, logisch denkend, eine Art Soldat in schwierigen Zeiten, der niemals Gefühlen oder Verwundbarkeit erliegt und immer Gleichgültigkeit gegenüber jeglicher Art von Schmerz und Leid zeigt. […] Dasselbe System, das Männer in der Gesellschaft bevorzugt, ist am Ende auch das System, das sie einschränkt, ihr Wachstum hemmt und schließlich zu ihrer Zerstörung führt.«[17] Dies belegen auch Erkenntnisse der »Social Genomics«-Forschung, die aufzeigt, dass ein empathisches Leben jene Genaktivitäten begünstigt, die unserer Gesundheit dienen und gesundheitsschädliche Risikogene deaktiviert, während eine egoistische Lebenshaltung das Risiko für Herz-Kreislauf-, Krebs- und Demenzerkrankungen erhöht.[18] Kriegstraumata, transgenerationale Traumata, Gewalt im Kindesalter, starre Rollenanforderung – all das wirkt auch auf Männer, auch wenn der Schwerpunkt der negativen Auswirkungen ein anderer ist. Er ist aber gleichermaßen ungesund für das Selbst, die allgemeine Gesundheit und wirkt sich im Kontext Erziehung negativ aus.

Gerade im Zusammenhang mit den oben beschriebenen Anforderungen in Bezug auf eine konstruktive Problemlösung sind Empathie und Zugang zu den eigenen Gefühlen für die Reflexion in Konfliktsituationen wichtig, auch im Falle von Trennungen. Aber nicht nur dies: Studien zeigen, dass ein anderes Rollenbild bei Vätern sich auch ganz konkret auf unsere Töchter auswirkt: Wenn sich Väter an der Hausarbeit egalitär beteiligen, zeigen Töchter laut einer Studie der British Columbia University ein größeres Interesse daran, später einer aushäusigen Erwerbstätigkeit nachzugehen, und haben ein weniger stereotypes Frauenbild.[19] Auch andere Studien legen nahe, dass Väter gerade in Bezug auf die berufliche Laufbahn der Töchter einen wichtigen Einfluss nehmen und bei ihren Töchtern insbesondere Ehrgeiz, Selbstständigkeit und Vertrauen in die eigene Kompetenz fördern können.[20] Aber auch das gemeinsame Spiel, gerade wenn es körperliche Herausforderungen und Toben mit sich bringt (die Tochter also vom Vater jenseits traditioneller

Mädchenspiele einbezogen wird), unterstützt Töchter in ihrer Entwicklung. Kurz zusammengefasst: Wir brauchen für die Begleitung von »Rebel Girls«, der neuen Generation von Mädchen und Frauen, auch »New Dads«[21], die ebenso Rollenklischees aufweichen, jenseits von Stereotypen Kinder begleiten und sich selbst aus diesen befreien, Emotionen zulassen, ihre Töchter darin bestärken, zu tun, was sie wollen, und zu sein, wer sie sind.

Aber nicht nur innerhalb der Familie ist es wichtig, Stellung zu beziehen und Rollen neu zu denken: Auch im Freundes- und Bekanntenkreis und bei der Arbeit sollten wir immer wieder auf die Schieflage in der Gesellschaft aufmerksam machen. Wir alle kennen die »lustigen« Männershirts, auf denen Texte stehen wie »Ich habe eine hübsche Tochter. Ich habe auch eine Waffe, eine Schaufel und ein Alibi«. Vordergründig erscheint es so, als sei dies eine liebevolle Art des Schutzes. Eigentlich wird die Tochter dabei aber als Besitz klassifiziert, der vom Vater verwaltet wird – und wir sind wieder mitten im Patriarchat gelandet.

Um Mädchen und Frauen zu schützen, bedarf es aktuell durchaus auch rechtlicher Regelungen und Schutz, aber vor allem braucht es einen gesellschaftlichen Wandel im Denken und Handeln, der Schutz weniger notwendig macht, weil es selbstverständlich ist, dass Mädchen und Frauen nicht ungerecht behandelt, abgewertet, missbraucht und misshandelt werden. Väter sollten da, wo sie Sexismus und Ungerechtigkeit sehen, eingreifen. Nicht nur dann, wenn es die eigene Tochter betrifft. Es muss ein Klima geschaffen werden, in dem jedes Mädchen und jede Frau respektiert wird. Nur so findet wirklich Schutz statt. Wenn sexistische Witze erzählt werden, über die Kollegin mit dem kurzen Rock getuschelt wird oder sogar in der Öffentlichkeit Catcalling oder andere Übergriffigkeit bemerkt werden, gilt es einzuschreiten und aufzuklären. Übergriffe jeglicher Art dürfen nicht geduldet und schon gar nicht vertuscht werden.

Ja, vielleicht ist man dann im Freundeskreis zunächst die »Spaßbremse«, aber damit sollte das Selbstwertgefühl zum Schutze anderer Menschen umgehen können. Unsere Gesellschaft ändert sich da, wo wir sie verändern. Und sie muss geändert werden. Der schottische Entertainer Daniel Sloss erklärte dementsprechend: »Es leben Monster unter uns, und sie sehen genauso aus wie wir. […] Macht

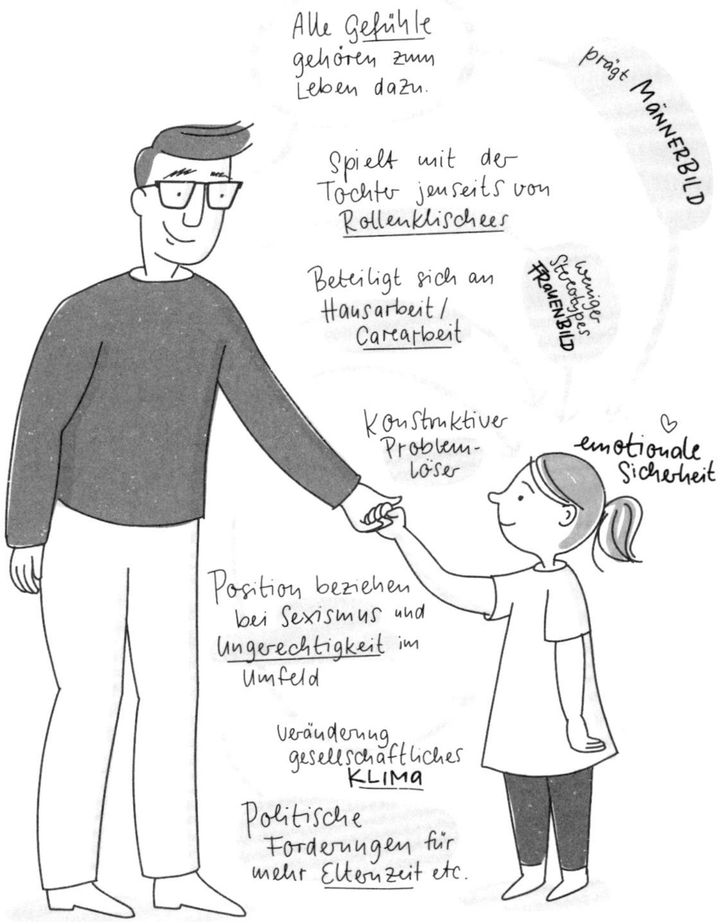

nicht den gleichen Fehler wie ich, indem ich mich über Jahre hinweg zurücklehnte und dachte: ›Ich bin nicht Teil dieses Problems. Also werde ich wohl Teil der Lösung sein.‹ Denn so funktioniert diese Scheiße nicht. […] Statt einen verfickten Heldenkomplex zu entwickeln im Sinne von ›Irgendwann werde ich einen Vergewaltiger verprügeln‹, solltest du verflucht noch mal einen verhindern. Denn ich weiß, dass das getan werden kann. Denn ich weiß, dass ich verdammt noch mal daran gescheitert bin. Wenn ich 100-prozentig ehrlich mit mir selber bin, und mich frage, ob es Anzeichen im Verhalten meines Freundes gegenüber Frauen gab, die ich über Jahre hinweg ignoriert habe, dann ist die Antwort: Ja. Und dann vergewaltigte er meine Freundin und die Schuld daran werde ich bis an mein Lebensende mit mir herumtragen.«[22]

Die gute Nachricht ist: Wir sind schon an vielen Stellen auf dem Weg der Veränderung. Schon seit Jahren wird Vaterschaft neu gesehen und die Bedeutung der Vater-Kind-Beziehung stärker betont: Väter verbringen – gerade in Deutschland – mehr Zeit mit ihren Kindern, als das frühere Generationen taten. In dieser Zeit spielen sie mit ihnen, bringen sie in die Kita und holen sie von der Betreuung ab. Die Direktorin des Forschungsinstituts Swiss Education und frühere Professorin für Erziehungswissenschaften an der Universität Fribourg Prof. Dr. Margit Stamm erklärt sogar: »Das heutige Familienleben sieht radikal anders aus, weshalb man durchaus von einer stillen Revolution sprechen kann. 70 Prozent der Väter empfinden ihre Rolle in der Familie im Vergleich zu ihren Vätern markant anders und bewerten diese Veränderung als persönlichen Gewinn.«[23] Sie merkt aber gleichsam an, dass die Zunahme an Zeit für Kinder auch negativ sein kann, wenn sie die oben schon beschriebene Freiheit des Kindes beschneidet: Es ist wunderbar, wenn sowohl Mütter als auch Väter qualitative Zeit mit dem Kind verbringen. Wenn das Kind daneben aber keine Zeit mehr für Eigenständigkeit hat, kann dies sich auch negativ auswirken. Wir wissen: Kinder brauchen Nähe und Freiheit gleichermaßen.

Gerade in Hinblick darauf, wie wichtig die Vorbildwirkung auch ihrer Väter für Mädchen ist, zeigt sich jedoch, dass trotz des größeren Engagements in Sachen Hausarbeit noch reichlich Luft nach oben ist: Im Väterreport 2018 wurde festgestellt, dass jeder zweite Vater sagt, dass er nur einen kleinen Teil der Hausarbeit erledigt, jeder zehnte Vater nach eigenen Angaben (fast) nichts im Haushalt tut und nur 38 Prozent der Väter mindestens die Hälfte der anfallenden Hausarbeiten erledigen.[24] Wir sprechen daher heute nicht nur von dem allseits bekannten Gender-Pay-Gap, sondern auch von einem Gender-Care-Gap: der Ungleichverteilung der Care-Arbeit. Und egal, ob der Vater Söhne oder Töchter hat: Vorbild darin zu sein, auch Care-Arbeit zu leisten, wirkt sich auf alle Geschlechter positiv aus. Interessanterweise beteiligen sich laut Studie des Sozioökonomischen Panels jene Väter mehr bei der Hausarbeit, die auch Elternzeit genommen haben.[25] Damit zeigt sich, dass neben dem persönlichen Engagement eben auch politische Maßnahmen wichtig sind: generell für eine gerechtere Verteilung zwischen den Erwachsenen, darüber hinaus aber dann auch auf die nächste Generation wirkend. Dies bestätigt auch Dr. Claudia Zerle-Elsäßer, Leiterin der Fachgruppe »Lebenslagen und Lebensführung von Familien« am Deutschen Jugendinstitut: Wie stark sich Väter engagieren, hängt vom Umfang ihrer Erwerbstätigkeit ab. Elternzeit wird von Vätern weniger in Anspruch genommen als von Müttern, auch wegen fehlenden Lohnausgleichs. Auch Teilzeitarbeit kommt bei Vätern seltener vor als bei Müttern, auch hier sind finanzielle Aspekte ausschlaggebend. Sie erklärt daher: »Policy matters! Von der Ausgestaltung der Politik hängt ab, was Menschen machen.«[26]

Die Frage nach mehr Gerechtigkeit für heute und morgen ist deswegen durchaus auch eine politische Frage, die wir unter anderem mit unseren Wahlentscheidungen beeinflussen. Das Engagement der »New Dads« ist dabei von besonderer Bedeutung, wie die Journalistin und Feministin Teresa Bücker gut auf den Punkt bringt: »Wenn jedoch Männer heute anders leben möchten, und das ganz besonders als Vater, brauchen sie diesen öffentlichen Diskurs über die Vielfalt von Geschlechterrollen und vor allem Solidarität untereinander. Mehr Väter in Elternzeit zu bringen kann daher nicht die Aufgabe von Feminist*innen sein. Denn obwohl ein stärkeres Engagement von Männern in den Familien auch Frauen mehr Freiheit verschafft, muss die Emanzipation der Männer von starren Männlichkeitsbildern von ihnen selbst ausgehen. Feministische Bewegungen können allenfalls Vorbild und Ermutigung sein, sich auf einen ähnlichen Weg zu machen – gepaart mit der Erkenntnis, dass die Gleichberechtigung der Geschlechter, die viele Männer prinzipiell unterstützen, schneller gelingen wird, wenn sie ihrerseits beginnen, über Geschlechterutopien nachzudenken. Es wird jedenfalls nicht reichen, auf Equal-Pay und mehr Frauen in Vorständen zu warten, damit Hausmann zu sein eine normale und respektierte Entscheidung sein kann.«[27]

Sich als feministische Mutter in der Familie positionieren

»Liebe erkennt man nicht an schönen Worten, sondern an beherzten Taten«, schreibt die Psychologin Patricia Cammarata zu Beginn ihres Bestsellers *Raus aus der Mental Load Falle*. Wenn du bis hierhin gelesen hast, denkst du vielleicht jetzt: Oh ja, wir müssen *sowohl* mehr an den Rahmenbedingungen in unserer Gesellschaft *als auch* in unserer Familie ändern, um unsere Tochter zu stärken und ihr den Weg für ein gleichberechtigtes Leben zu ebnen. Und im nächsten Moment wirst du vielleicht denken: Aber anders als in der Gesellschaft, in der ich mich verhalte und wo es um meine Taten und Worte geht (und in der es manchmal schon schwer genug ist, gegen den Strom zu schwimmen), ist es in der Familie noch viel schwerer, mit den Reaktionen meiner nahen Bezugspersonen umzugehen. Das stimmt. Es ist schwer, sich gegen Glaubenssätze, Rollenanforderungen und Das-immer-da-Gewesene zu stellen. Und es ist umso schwerer, je näher uns Menschen stehen, weil Beziehungen eben auch immer auf Beständigkeit und damit Sicherheit beruhen.

Wir müssen die Kämpfe, die wir austragen, gut auswählen, denn wir alle haben nur begrenzte Kraftreserven – und einige haben weniger als andere. Nicht jede von uns kann in gleicher Weise beherzt vorgehen, manche können erst einmal nur etwas an ihren eigenen Gedanken verändern. In manchen Beziehungen liegen die Ansichten, wenn man selbst sich verändert und mit der Zeit anders auf Gleichberechtigung und Gerechtigkeit blickt, auf einmal sehr weit auseinander, und es ist schwer, sich anzunähern. Nicht in jeder Familie gibt es finanzielle Möglichkeiten für eine gerechtere Aufteilung. Und dennoch lohnt sich ein Blick auf das, was uns verbindet, und auf das, was uns in unseren nahen Beziehungen trennt.

Die Journalistin Şeyda Kurt schreibt in ihrem Bestseller *Radikale Zärtlichkeit*: »Wir ertragen traditionelle Rollenaufteilung für die romantische Liebe. Wir nehmen für sie in Kauf, uns nach einem Tag der Lohnarbeit in die Haus- und Fürsorgearbeit zu stürzen und am Ende erschöpft ins Bett zu fallen. Wir lassen uns von Streitereien und der symbolischen Arbeit an romantischen Praxen schlauchen, anstatt unsere Zeit für unsere Belange zu investieren, uns zu politisieren, zu engagieren, zu organisieren. Wir ertragen toxische oder gewaltvolle Partner*innen für die romantische Liebe. Wir entschuldigen sie. Wir leiden für die romantische Liebe. Die Liebe rechtfertigt alles, denn sie ist heilig. Ich nenne diese Überzeugung toxische Romantik.«[28]

Wenn wir uns mit der Frage nach Freiheit und Gerechtigkeit beschäftigen, kommt auch die Frage in den Blick: Was ist eigentlich Liebe und wie leben wir sie? Das ist keine leichte Frage. Wie der Psychoanalytiker Erich Fromm schon in seinem 1956 erschienenen Buch *Die Kunst des Liebens* beschreibt, geht es nicht darum, »den anderen zu beherrschen und für sich besitzen zu wollen, sondern jemanden so zu sehen, wie er ist, und seine einzigartige Individualität wahrzunehmen. Man muss ein echtes Interesse daran haben, dass der andere wachsen und sich entfalten kann«. Und weiter schreibt Fromm: »Die so erfahrene Liebe ist eine ständige Herausforderung; sie ist kein Ruheplatz, sondern bedeutet, sich zu bewegen, zu wachsen, zusammenzuarbeiten.«[29] Und das können wir sowohl auf unsere Erwachsenenbeziehungen beziehen als auch auf die Liebe zu unseren heranwachsenden Kindern: Zu lieben bedeutet, das individuelle Wohl eines anderen Menschen im Blick zu haben und mit diesem Menschen mitzuwachsen. Wir alle sind beständig in Veränderung, in Hinblick auf unsere moralische, psychische Entwicklung, aber auch durch unsere Umwelteinflüsse. Liebe sollte Veränderung mittragen, sich mit ihr bewegen, uns bewegen. Wir sind in einem beständigen Wechselspiel mit den uns umgebenden Menschen. Wenn wir in einer Partnerschaft sind, in der wir uns nicht als Menschen gesehen, nicht gestützt und befördert fühlen in unserem individuellen Sein, ist es keine Liebe. Es mag zweckmäßig sein, vielleicht sexuell erfüllend oder in einigen Teilen emotional bereichernd, aber es ist keine selbstlose Liebe.

Liebe ist auch Arbeit. Diese Arbeit besteht darin, die andere Person in ihrem wirklichen Wesen anzunehmen und auf ihrem Weg zu unterstützen. Als Eltern und als Paar sollten wir deswegen ein Team sein, das das Sein und die Entwicklung des anderen Menschen im

Blick hat. Nicht nur Kinder brauchen bedingungslose Liebe, sondern auch Erwachsene.

Wenn du spürst, dass diese Beachtung deines Selbst zu wenig vorkommt und du nicht als du, sondern »nur« als eine deiner Facetten, zum Beispiel als Mutter, wahrgenommen und behandelt wirst, dann ist es wichtig, miteinander ins Gespräch zu kommen. Wo Feminismus bei dir persönlich anfängt, welche Themen du einbringst, was du von deinem Partner an Verhaltensweisen zur Stärkung deiner Tochter erwartest, ist höchst individuell. Jeder Schritt ist ein Schritt weiter voran. Aber der allerwichtigste Schritt von allen und dein Recht ist es, erst einmal ganz und gar als Mensch gesehen zu werden mit deinen individuellen Bedürfnissen, die wichtig sind. Das in der Partnerschaft und auch den anderen Familienmitgliedern gegenüber klarzustellen ist der erste feministische Meilenstein. Du bist wichtig. Du bist mehr als ein Rollenbild.

Wenn du so weit bist, dich selbst zu sehen und zu positionieren, und den anderen erklärt hast, dass nur dieses Gesehenwerden die Basis einer gesunden Beziehung sein kann, könnt ihr auch im Alltag Änderungen vornehmen. Hierfür ist es wichtig, dass wir zunächst eine Bestandsaufnahme der aktuellen Situation machen: In welchen Bereichen sind Lasten und Freiheiten wie verteilt? Wie verhält es sich mit der Care-Arbeit, mit dem Einkommen, der Absicherung und der Erwerbstätigkeit, mit Hobbys und Entspannungszeiten, mit Familien- und Paarzeiten. Über den Weg zur Vereinbarkeit und Gerechtigkeit schreibt der Journalist und Autor Birk Grüling daher so passend: »Wir müssen nicht weniger als eine Kulturrevolution anzetteln – mit Rollenbildern brechen, Erwartungen über Bord werfen, Verzicht lernen und Pragmatismus leben.«[30]

Reflexion: Die Care-Liste anfertigen

Wir sehen also: Es geht immer wieder um Empathie und Fürsorge, um »Care«: Das ist wichtig für uns selbst als Mütter, für Väter, die Partnerschaft, aber eben auch für unsere Töchter. Wenn du in einer Beziehung bist, ist es gut, eure Verteilung von Fürsorge gemeinsam zu reflektieren:

Wo bringt ihr euch ein? Welche Fürsorgebereiche sind ausgewogen, und wo gibt es Veränderungsbedarf?

Blickt hier auf die unterschiedlichen Ebenen der Fürsorge, und haltet fest, was wer tut: Hausarbeit, Pflege von Verwandten, Alltag mit Kind, körpernahe Care-Tätigkeiten, Emotionsbegleitung des Kindes, emotionale Fürsorge für andere nahestehende Personen (»über Probleme reden«/Schulter zum Anlehnen sein), Fürsorge für das Paar (wer übernimmt die Planung von Paarzeiten, Urlauben etc.). Fürsorge steht in Verbindung mit Empathie, mit dem Aufweichen von Rollenbildern. Sich darum zu kümmern, Fürsorge in der Partnerschaft gerechter aufzuteilen, wirkt sich auf unsere Kinder, ihre Rollenbilder und ihre Entwicklung aus.

Geschwisterrivalität und Nischenbesetzung

Geschwisterbeziehungen wurden in der Bindungsforschung lange wenig berücksichtigt, dabei ist die Beziehung zwischen Geschwistern sehr besonders, da es oft die längste Beziehung im Verlauf des Lebens ist. Anders als bei der Eltern-Kind-Beziehung ist sie weniger vertikal und mehr horizontal geprägt: Geschwisterkinder begegnen sich eher auf einer Ebene als Kinder und Erwachsene. Auch sie nehmen Einfluss auf die Bindungsentwicklung im späteren Leben, auf die psychische Widerstandsfähigkeit, auf Rollenbilder. Gleichzeitig stehen sie innerhalb der Familie unter bestimmten Einflüssen: Erkrankungen eines Kindes können sich auf die Entwicklung des anderen Kindes auswirken, ungleiche Behandlung von Geschwistern wirkt auf das Selbstbild, und Gewalt und/oder sexuelle Gewalt von Erwachsenen gegenüber Kindern, aber auch zwischen Geschwistern, wirken sich auf die weitere Entwicklung aus. Familie ist ein dynamisches System, in dem Eltern auf ihre Kinder, Kinder auf ihre Eltern und Kinder untereinander Einfluss nehmen.

Blicken wir zunächst auf den Einfluss der Eltern und dort auf einen Punkt, der Eltern von mehreren Kindern besonders hart trifft, weil er oft verschwiegen wird: Ungleichbehandlung. Wenn Eltern gefragt werden, ob sie ihre Kinder alle gleich stark lieben, wird diese Frage meist bejaht. Natürlich! Tatsächlich zeigen Studien aber, dass das nicht ganz so stimmt – es gibt sogar einen ganzen Forschungszweig, der sich mit »Favoritism« beschäftigt: Eltern machen durchaus Unterschiede. Ein Kind in der Familie zu bevorzugen ist sogar eher die Regel als die Ausnahme«, hält Prof. Dr. Jürg Frick nach Auswertungen von Studien fest.[31] Und das ist nicht schlimm. Die Frage ist, wie wir mit dieser gefühlsmäßigen Unterscheidung umgehen und ob wir im Alltag bemüht sind, sie auszugleichen, damit keine Rivalität unter den Geschwistern entsteht.

Wie wir ganz am Anfang gesehen haben, gibt es oft Wünsche in Bezug auf das Geschlecht des Kindes. Und allein dieses zugewiesene Geschlecht kann dann einen Einfluss auf die Behandlung des Kindes nehmen: in Bezug auf Rollenerwartungen, Charaktereigenschaften, aber eben auch in Bezug auf Bevor- oder Benachteiligung im Alltag aufgrund des Geschlechts.

»Früher habe ich immer die Erfahrung machen müssen, dass mein Bruder eine andere Behandlung von meinem Vater erhielt. Machte er Witze oder stichelte er gegen unseren Vater, war das lustig. Machte ich die gleichen Witze, habe ich mir einen Anschiss eingefangen.

Bei der Silberhochzeit meiner Eltern wurden von einer Standesbeamtin die Meilensteine in Ehe und Familie aufgezählt. Mein Bruder wurde hoch gelobt. Einser-Abi, tolles Studium, deutscher Meister und Vizeeuropameister seiner Sportart. Alles, was zu mir gesagt wurde, war, dass ich gerade den Führerschein mache. Als schwarzes Schaf mit durchschnittlichen Schulleistungen war da anscheinend nicht viel zu loben. Die Infos hatte mein Vater bereitgestellt.« ANIKA

Dabei ist es so, dass Kinder im Laufe der Zeit versuchen, sich von ihren Geschwistern abzuheben: Sie besetzen eigene Nischen, um ihre Individualität zu unterstreichen und anerkennen zu lassen. Der Psychologe Prof. Dr. Jürg Frick erklärt, dass in »einer Familie auf Dauer nur eine bestimmte Rolle oder Nische besetzt werden kann«. Was das Kind von den Eltern als Reaktion auf sein eigenes Wesen wahrnimmt, ist dabei von besonderer Bedeutung. Wenn wir also beispielsweise einen erstgeborenen Sohn haben, der schlau und rebellisch ist, ist dies für die zweitgeborene Tochter nicht mehr möglich, wenn es keine bewusste Reflexion der Eltern dazu gibt. Auch kann die große Schwester von Anfang an als empathisch, unterstützend und klug angesehen werden, während der kleine Bruder das wilde Kind sein kann und will, das von der großen Schwester mit beaufsichtigt wird. Natürlich spielt in die Besetzung der Nischen auch das individuelle Temperament des Kindes hinein. Auch eigene Kindheitserfahrungen aus Geschwisterkonstellationen können von den Eltern auf die eigenen Kinder übertragen werden und eine Bevorzugung oder Benachteiligung hervorrufen – gerade hier ist ein Blick auf die Wirkungsweisen des Patriarchats wichtig, um Dynamiken in Familien auch heute zu verstehen.

Besonders wichtig in Zusammenhang mit Bevorzugung ist der Aspekt der Gewalt unter Kindern zu beachten: Bevorzugte Kinder werden weniger sanktioniert, nicht bevorzugte Kinder eher verdächtigt oder beschuldigt. Auch bei dem noch wenig erforschten Bereich des sexuellen Missbrauchs unter Geschwistern zeigt sich, dass solche Machtstrukturen durch Bevorzugung eines missbrauchenden Kindes zur Verdeckung der Tat (unbewusst) beitragen können.[32]

Wir sehen also: Eltern sind nicht so objektiv und unparteiisch, wie wir es manchmal annehmen. Aber wir können uns unserer Vorlieben bewusst werden, sie uns eingestehen und dann damit reflektiert umgehen, sodass wir eben nicht Stereotype zwischen unseren Kindern befördern müssen, sondern Raum dafür lassen, dass die Kinder ihre eigenen Nischen finden und besetzen können – unabhängig von Zuschreibungen.

Söhne erziehen

Bevorzugung und Benachteiligung wirken sich auf Geschwister aus, die erfahrene Beziehungsdynamik zwischen Geschwistern kann sogar auf das ganze Leben Einfluss nehmen. Geschwisterdynamiken können die Teamarbeit im beruflichen Kontext beeinflussen und dort Teamprozesse befördern oder blockieren. Als Jungen gelesene Kinder werden in späteren Jahren eventuell Männer, die selbst in der Gesellschaft stehen und sich Mädchen und Frauen gegenüber verhalten. Was sie in jungen Jahren lernen, ist wichtig für die folgende Generation. Wir müssen also nicht nur Mädchen anders begleiten, stärken und den Weg für Gleichberechtigung ebnen, sondern auch unsere Söhne anders erziehen. Zugegeben: Es wird dauern, bis eine neue Generation Männer herangewachsen ist. Deswegen müssen wir mehrgleisig fahren: unsere Töchter stärken, den Gewaltschutz und die Strafverfolgung von Gewalttaten erhöhen und die Bilder von »Männlichkeit« verändern.

Wir haben bereits gesehen: Eine Bevorzugung oder Andersbehandlung allein aufgrund des zugewiesenen Geschlechts ist nicht sinnvoll. Das zugewiesene Geschlecht ist kein Merkmal, das über Temperament, Hobbys und Persönlichkeit bestimmen sollte. So, wie wir hier in diesem Buch betrachten, womit wir unsere Töchter stärken können, beschreiben beispielsweise Nils Pickert und JJ Bola, wie wichtig es ist, toxische Maskulinität aus der Erziehung von Jungen zu entfernen und ihnen einen Zugang zu ihrer Gefühlswelt zu ermöglichen. Gerade die Stärkung der Empathie ist ein wichtiger Aspekt, der sich auf mehrere andere Entwicklungsbereiche auswirkt. In Hinblick auf die schon betrachteten Zahlen zu Gewalt an Mädchen/Frauen durch Männer ist es von besonderer Bedeutung, dass sich die Erziehung von Jungen auch auf die (spätere) Gewaltprävention bezieht. Dabei geht es um Werte und ein gewaltfreies Klima, das wir vermitteln müssen. Das funktioniert nicht durch bestimmte Sätze, schon gar nicht durch Bedrohung oder Bestrafung, sondern vor allem durch den steten Tropfen des Vorbildcharakters, den sie erleben. Die wenigsten später gewaltvollen Männer haben als Kinder beigebracht bekommen, dass Frauen Gewalt angetan werden sollte. Sie haben es vielmehr unterschwellig, durch viele Feinheiten und Erlebnisse verinnerlicht, vielleicht kombiniert mit anderen negativen Erziehungsmethoden und gegebenenfalls auch genetischen Dispositionen zu aggressivem Verhalten.[33] Gerade in Bezug auf genetische Dispositionen zu Aggressivität ist es wichtig, Erziehung so zu gestalten, dass Gewalt nicht als

Lösung akzeptiert wird und Kinder Alternativen vorgelebt bekommen. Eine an Stereotypen ausgerichtete Erziehung im Sinne eines »Jungs sind eben so« kann in solchen Fällen genau falsch sein – mit langfristigen Folgen.

Es würde den Rahmen dieses Buches sprengen, all die Aspekte der modernen Jungenerziehung auch hier aufzuführen – und es gibt schon passende Bücher dazu, wie die oben aufgeführten. An dieser Stelle soll jedoch im Rahmen der Geschwisterkonstellationen Mädchen–Junge darauf hingewiesen werden, wie wir darauf achten können, dass sich keine Ungleichbehandlungen in den Alltag einschleichen. Deswegen gibt es an dieser Stelle einige Fragen zur Reflexion des Alltags für Familien mit Töchtern und Söhnen:

Reflexion: Gerechte Behandlung von Geschwistern

Unterschiedliche Kinder müssen nicht komplett gleich behandelt werden, damit wir sie gerecht behandeln. Schließlich haben sie oft unterschiedliche Temperamente und Bedürfnisse. Dass wir Unterschiede machen in der Begleitung, ist also normal. Aber wir sollten einen Blick darauf werfen, ob sich Unterschiede aufgrund der Geschlechtszuordnung einschleichen, die eigentlich nicht sein müssten.

- Werden Töchter und Söhne in gleicher Weise mit Haushaltsaufgaben betraut?
- Beobachte einen Tag über, ob du mit beiden Kindern gleich viel sprichst.
- Wird mit allen Kindern in gleicher Weise über Gefühle gesprochen, und sind alle Gefühle für alle Kinder erlaubt?

- Gibt es Aufgaben/Tätigkeiten, die einem Kind speziell zugewiesen werden? Wenn ja, hat dies mit dem zugeordneten Geschlecht im weitesten Sinne zu tun?
- Werden die Kinder speziell ermutigt, aus gesellschaftlich rollenkonformen Tätigkeiten auszubrechen, beispielsweise Töchter ermutigt, bestimmte Abenteuer zu begehen, Jungen dazu ermutigt, sich beim Kochen auszuprobieren?
- Bekommen Töchter und Söhne die gleiche Menge an Taschengeld?
- Sind die Kinder gleichermaßen in der Altersvorsorge/Rücklagenbildung berücksichtigt?
- Gibt es Unterschiede in der Menge, Anzahl oder Ausrichtung an Geschenken zu Feiertagen (mehr haushaltsnahe Spieldinge für Mädchen, mehr intellektuelle Spielzeuge für Jungen)?
- Sind bestimmte Spielgegenstände für Mädchen oder Jungen unerwünscht?
- Durften Kinder unterschiedlichen Geschlechts im gleichen Alter zum ersten Mal ausgehen?
- Wie wurden die Kinder aufgeklärt und über Verhütung informiert? Gab es Unterschiede in Bezug auf die Bedeutung der Verhinderung einer Schwangerschaft oder der Bandbreite an Verhütungsmitteln?

»Wie also Mutter sein, wie Frau sein, wie sich emanzipieren in einer von Männern geprägten Welt? Wie Begriffe und Konzepte wie ›Frau‹ oder ›Mutter‹ selbstbestimmt verwenden, wenn diese Konzepte gemäß einer androzentrischen Logik geprägt und im Dienst von ebensolchen Machtstrukturen ausgefüllt wurden?«

FRANZISKA SCHUTZBACH[1]

VIER

Wie wir Mädchen heute stärken

Da stehen wir nun also. Auf dem Rücken tragen wir einen Rucksack an Geschichte, auf den Schultern liegt die Last der Gegenwart, und vor uns wollen wir unsere Tochter unbeschwert von all dem wachsen lassen. Das ist alles andere als leicht. Aber den wesentlichen Schritt haben wir schon getan: Wir wissen, was uns belastet. Und aus diesem Wissen können wir nun schöpfen. Wir holen die alten Bilder aus dem Rucksack nicht mehr als Orientierung hervor und nehmen eine klare, aufrechte Haltung ein, damit uns die Last auf den Schultern nicht zu sehr drückt. Mit einem neuen Selbstbewusstsein können wir dastehen und unsere Tochter unterstützen, ihr Selbstbewusstsein mitgeben, sie gegen Mobbing und falsche Selbstbilder stärken, ihr Vertrauen in sich und ihren Körper geben. Wir können ihr einen schamlosen Umgang mit sich ermöglichen und echte Beziehungs- und Diskurskompetenz. Ja, all das kannst du: Du kannst deine Tochter an dem Punkt, an dem du gerade stehst, an die Hand nehmen, dir selbst sagen: »Ich mach das anders! Ich mach das neu! Ich mach das so, wie mein Kind es wirklich braucht!«, und dann könnt ihr gemeinsam losgehen. Seien wir ehrlich: Wir sind noch Lernende. Und ja: Sie wird dennoch, trotz aller Liebe, trotz aller Stärke, mit den Widrigkeiten des Lebens konfrontiert werden in einer Gesellschaft, die noch immer von patriarchalen Strukturen geprägt ist. Ihr wird im Kindergarten vielleicht noch erklärt werden, dass Mädchen eben Rosa tragen. Vielleicht blättert sie auch durch Mädchenmagazine und vergleicht sich mit Models. Auf der Straße wird ihr irgendwann sicher anzüglich hinterhergerufen, und vielleicht wird sie in irgendeiner Partnerschaft nicht gut behandelt, verlässt diese Person und hat trotzdem Liebeskummer. Aber: Wir können unseren Töchtern eine Widerstandsfähigkeit mitgeben, durch die sie leichter mit solchen Erfahrungen und Krisen umgehen können. Wir können sie stärken und ganz tief in ihnen das Gefühl verankern, dass sie so, wie sie sind, gut sind. Dass sie selbstbestimmt ihre Rechte einfordern dürfen – allen Widrigkeiten zum Trotz. Wir können ihnen eine Art Patriarchatsresilienz mitgeben, durch die sie mit auftretenden Ungerechtigkeiten besser umgehen können. Das bedeutet nicht, dass sie ihnen nicht begegnen werden, dass sie sie nicht verletzen werden oder könnten. Aber wir können die Wahrscheinlichkeit erhöhen, dass sie durch diese weniger in Mitleidenschaft gezogen werden. Es ist sinnvoll, sie zu stärken, statt die Augen zu verschließen oder alles weiter so hinzunehmen, wie es ist.

Wege zu dieser Patriarchatsresilienz findest du in diesem Buchteil. Vielleicht stärken sie nicht nur deine Tochter, sondern auch dich in diesen turbulenten Zeiten. Ja, wir befinden uns in Krisenzeiten. Aber dies sollte umso mehr Ansporn dafür sein, diese Zeit als Chance für Veränderung zu sehen. Wir bauen die Patriarchatsresilienz auf folgende Säulen:

- Selbstbewusstsein stärken
- Selbstständigkeit stärken
- Selbstwahrnehmung, Körperakzeptanz und Selbstfürsorge stärken
- Beziehungskompetenz stärken

- Bildung und Entwicklung stärken
- Problemlösungsfähigkeiten und Widerspruchsfähigkeit stärken, Stressbewältigung lernen

Diese Säulen findest du in den nächsten Kapiteln auf verschiedenen Ebenen beschrieben. Wir bauen sie an jedem Tag in kleinen Stücken über unser eigenes Verhalten und unseren Umgang mit unseren Töchtern (und Söhnen) auf.

Die Entwicklung deiner Tochter entspannt begleiten

Bevor wir uns den einzelnen Bereichen der Patriarchatsresilienz in verschiedenen Themenfeldern widmen, blicken wir zunächst auf die allgemeine Entwicklung unserer Töchter. Oft ergeben sich Probleme im Umgang mit Kindern daraus, dass wir eine falsche Erwartungshaltung in Bezug auf ihre Fähigkeiten und Entwicklungsstände haben. Zudem können uns unsere eigenen Erfahrungen und die gesellschaftlichen Umstände, beispielsweise im Hinblick auf erlerntes und gesellschaftlich betontes Schamempfinden, daran hindern, gerade in Bezug auf die körperliche Entwicklung, unsere Kinder altersgerecht und angemessen zu begleiten. Was wir vielleicht durch unsere kulturelle Brille als »falsch« oder »unangemessen« empfinden, liegt oft an einem Unwissen über die Entwicklung von Kindern.

Wichtig ist auch hier, dass jedes Kind individuell betrachtet werden sollte. Wir haben bereits im ersten Teil dieses Buches gesehen, dass Geschlecht ein Spektrum ist und es viele verschiedene Möglichkeiten gibt, dieses zu entwickeln und zu leben. Die Aspekte der allgemeinen Entwicklung, die in Bezug auf die Identität und das

Geschlecht wichtig sind, die wir hier betrachten, sind daher eine grobe Einordnung der allgemeinen Entwicklung, die im Einzelfall variieren kann.[2] Sehen wir uns daher an, wie sich unsere Töchter über die Zeit entwickeln, bevor wir darauf blicken, wie wir sie in der individuellen Entwicklung unterstützen können.

Entwicklung im ersten Lebensjahr

Schon im ersten Lebensjahr erforscht ein Kind mit Neugierde den eigenen Körper. Dabei werden manchmal auch die Intimorgane zufällig berührt, und das Baby macht sinnliche Erfahrungen damit, genauso wie mit vielen anderen Selbstberührungen und Erkundungen. Schon bei Babys kann es zu einer Erektion oder zum Austritt von Vaginalflüssigkeit kommen.

Bereits hier legen wir einen wichtigen Grundstein für das (körperliche) Selbstbild: Besonders im ersten Lebensjahr (aber auch noch später) erfährt das Baby durch die Resonanzen mit seinen Bezugspersonen einerseits, dass es ein eigenständiger Mensch ist, und andererseits, wer es ist. Der Begriff Resonanz meint hier, dass sich die »Aktivitätszustände eines Menschen (sein ›Klingen‹) […] auf einen anderen übertragen«[3] können. Dieses Mitklingen verändert uns. Als Erwachsene kennen wir dies zum Beispiel, wenn die gute Laune eines anderen Menschen ansteckend ist, wir mit traurig werden oder auch unsere Gestik und Mimik an das Gegenüber anpassen. Wir nehmen eine Stimmung auf, zeigen, *dass* wir wahrgenommen haben, und geben mit unserer persönlichen Note zurück, *wie* wir das Gegenüber wahrnehmen. Mit dem Baby gehen wir als Bezugspersonen ebenso in Resonanz. Das Baby speichert die Informationen, die in den Resonanzen enthalten sind, und diese bestimmen das Selbstbild, das sich in den ersten Lebensjahren im Gehirn verfestigt.[4] Die Art unserer Resonanz prägt also das Kind, und gerade hier gibt es häufig geschlechtsspezifische Unterschiede, wie wir beispielsweise bereits in Bezug auf die Reaktion auf das Weinen von Babys gesehen haben. Aber auch unser Umgang beispielsweise mit den kindlichen Ausscheidungen vermittelt bereits dem Baby etwas über den Umgang mit seinen Intimorganen: Ist »da unten« alles immer nur »ih«, oder werden Körperteile von Anfang an benannt und respektvoll behandelt? Auch durch andere äußere Faktoren beeinflussen wir schon früh, wie sich das Kind sieht und erlebt: Wird es in besonders niedliche, mädchenhafte Kleidung gesteckt? Schon für die Kleinsten gibt es enge Stretchjeans in den herkömmlichen Kinderbekleidungsabteilungen, die die Aktivitäten eher behindern und damit indirekt schon auf das kindliche Verhalten Einfluss nehmen.

Kleinkindzeit

In der Kleinkindzeit werden sich Kinder ihres eigenen Körpers bewusster und beginnen, körperliche Unterschiede wahrzunehmen. Sie interessieren sich daher auch für die Körper anderer Menschen: nicht nur anderer Kinder, sondern auch der Eltern, Geschwister, anderer Familienmitglieder oder Menschen, die sie auf der Straße sehen. Sie stellen Fragen über die Körper anderer, machen Feststellungen – auch in der Öffentlichkeit. Je nach eigenem Schamempfinden ist das manchmal gar nicht so leicht zu begleiten. Wenn das Kind zum Beispiel plötzlich in der Bahn fragt: »Hat die Frau da ein Baby im Bauch?« – und damit eine dickere ältere Dame meint. Durch unsere Reaktion lernen die Kinder bereits, was kulturell beziehungsweise in der Familie schambehaftet ist und was nicht. Für einen guten Umgang mit sich selbst und anderen ist es deswegen schon hier wichtig, dass wir unsere Kinder nicht nur mit den richtigen Worten vertraut machen, sondern auch unser eigenes Schamempfinden reflektiert haben. Nach und nach entwickeln auch Kinder in Auseinandersetzung mit der Umwelt ein Gefühl für die eigene Privatsphäre und für die Schamgefühle anderer. Dies umso mehr, wenn Kinder in dieser Zeit auch damit beginnen, ihre Intimorgane anderen zeigen zu wollen und sich selbst in unterschiedlicher Weise stimulieren.

Aus der Beratungspraxis

Carola ist wegen des Verhaltens ihrer Tochter Minna (3,5 Jahre) verunsichert: Nachdem die Kinder im Kindergarten »Doktorspiele« gespielt haben, hat Minna dieses Spiel in den weiteren Freundeskreis eingebracht und sich bei einem Treffen mit einer Freundin ausgezogen und sie aufgefordert, das auch zu tun, damit sie sich gegenseitig ansehen können. Die Mutter dieser Freundin war davon nicht begeistert, und Carola hat nun Angst, dass ihre Tochter aufgrund ihrer »Freizügigkeit« ausgeschlossen wird. Ihr selbst ist es auch unangenehm, dass Minna mit ihren Intimorganen so offen umgeht, und sie fragt sich, ob die älteren Kinder im Kindergarten zu übergriffig waren, ob mit Minna generell etwas nicht stimmt und wie sie sich dazu verhalten soll. Es hilft Carola, zunächst zu erfahren, dass Minnas Entwicklung ganz normal ist und wie sie dennoch mit ihr ins Gespräch über Grenzen von sich und anderen kommen kann.

Das Interesse für den eigenen Körper und dessen Erkunden sind vollkommen normal. Auch, dass das Erkunden mit anderen Kindern zusammen geschieht. Wichtig ist, dass Kinder dafür einen geschützten Raum zur Verfügung haben und selbst vor Übergriffigkeit – durch Erwachsene, aber auch andere Kinder – geschützt sind.

Das kann im Kindergarten ein ruhigerer Bereich sein, auf den Kinder verwiesen werden, wenn sie diese Spiele machen wollen, oder auch zu Hause das Kinderzimmer statt des Wohnzimmers. Auch im öffentlichen Raum wie in Bahnen und Bussen können wir den Kindern erklären, dass wir wissen, dass sie ihren Körper gern berühren, dass dies aber nicht der richtige Ort dafür ist. Auch die Paar- und Sexualtherapeutin Ina-Maria Philipps rät dazu, den Kindern Orte zur Verfügung zu stellen, an denen das Schamgefühl anderer nicht verletzt wird, wenn sie sich und/oder andere Kinder gemeinsam erkunden möchten. Die freundliche Aufforderung, sich vor und nach solchen Erkundungen die Hände zu waschen, hält sie ebenfalls für angemessen.[5]

Körpererkundungsspiele zwischen Kindern sind normal, allerdings ist es schon hier wichtig, Kinder darin zu stärken, dass diese Art des Spiels nur in gegenseitigem Einverständnis und ausschließlich so lange stattfindet, wie alle Kinder sich damit wohlfühlen. Kein Kind darf zu Handlungen oder Berührungen aufgefordert werden, die es nicht als angenehm empfindet. Sollte es dabei zu Grenzverletzungen kommen, müssen die Bezugspersonen mit den Kindern darüber sprechen: mit dem Kind, das einen Übergriff erlebt hat, stärkend, schützend und auffangend. Und mit dem übergriffigen Kind aufklärend, indem über Selbstbestimmung und die Wahrnehmung von Signalen gesprochen wird.[6] Auch im Familienkreis ist es wichtig, die körperliche Selbstbestimmung zu thematisieren und spätestens jetzt Familienangehörigen zu vermitteln, dass Kinder selbst bestimmen, ob und wann sie Berührungen, Streicheleinheiten und Küsse wünschen.

Interview
Melanie Büttner: »Consent«

Dr. Melanie Büttner ist Therapeutin, Ärztin und Wissenschaftlerin. Zusammen mit dem Journalisten Sven Stockrahm geht sie im ZEIT-Online-Podcast »Ist das normal?« allen Fragen rund um das Thema Sex auf den Grund – aus einer feministischen, gesellschaftskritischen und diversen Perspektive. Dabei werden auch immer wieder Themen rund um Kinder und Jugendliche behandelt

Melanie, was bedeutet »Consent« im Zusammenhang mit Sexualität, und warum ist er so wichtig?

Consent bedeutet, miteinander einvernehmliche Entscheidungen darüber zu treffen, was beim Sex geschehen soll. Zu fragen: Ist es okay, wenn ich das jetzt mache? Fühlst du dich gut damit? Und zwar nicht nur einmal ganz am Anfang, wenn es darum geht, sich darüber zu verständigen, ob beide jetzt Sex wollen oder nicht – sondern bei jedem einzelnen Schritt, der weiter in die Intimsphäre des Gegenübers vordringt. Gerade für Menschen, die noch nicht viel darüber wissen, womit die andere Person sich wohlfühlt und womit nicht, ist das wichtig. Wenn man sich erst kurz kennt, zum Beispiel. Oder wenn man noch nicht viel darüber gesprochen hat, wem was beim Sex guttut. Man könnte zum Beispiel fragen: »Darf ich dich dort berühren?«, oder: »Ich würde dich so gerne küssen. Und du?« Oder bevor ich den Penis einführe, mich kurz rückversichern: »Okay für dich?« Außerdem kann man sich auch mal ausführlicher darüber unterhalten, wem was gefällt und was nicht. Was man vielleicht anders machen möchte als bisher, weil es heute nicht mehr stimmig ist. So kann man auch die gemeinsame Sexualität weiterentwickeln und lebendig halten. Das passiert noch zu wenig, weil viele Menschen im Kopf haben, dass Sex nur dann gut ist, wenn er keine Worte braucht. Aber das Gegenteil ist der Fall. Der Sex wird besser, wenn beide sich in ihrem Wohlfühlbereich bewegen. Außerdem ist dann das Risiko nicht so hoch, dass jemand dabei etwas erlebt, womit es ihr oder ihm nicht gut geht.

Die Bedeutung von »Consent« zu verinnerlichen ist nicht erst wichtig, wenn Jugendliche auf die ersten sexuellen Beziehungen mit anderen Personen zusteuern, sondern sollte Inhalt während der gesamten Kindheit sein, damit die Bedeutung wirklich verinnerlicht und selbstbestimmt gelebt wird. Wie können Eltern dies von Anfang an einbringen?

Indem sie schon bei den ganz Kleinen auf Zeichen achten, mit denen diese signalisieren, dass es ihnen mit etwas, was wir tun, nicht gut geht. Das Weinen, der traurige oder geängstigte Gesichtsausdruck, der Wutanfall, das Wegschieben der Hand etwa bei einer unpassenden Berührung. Später das »Nein«, der Rückzug in sich selbst, das Weglaufen, die teilnahmslose Anpassung in allen möglichen Alltagssituationen. Es kann sein, dass das Kind sich deshalb so verhält, weil es etwas im Kontakt mit mir als unangenehm oder verletzend empfindet und sich schützen möchte. Dann darauf zu reagieren, sich einzufühlen, behutsam nachzufragen und dem Kind so zu ermöglichen, sein Empfinden in Worte zu fassen, das finde ich wichtig. Vielleicht vertraut es mir dann an, womit es ihm nicht gut geht, und ich kann nächstes Mal anders an es herantreten. So lernt das Kind nicht nur, dass es gesehen und gehört wird, sondern auch, dass es selbstwirksam ist. Und das ist die Voraussetzung dafür, dass ich es später als jugendlicher oder erwachsener Mensch auch wage, für mich einzutreten. Außerdem zahlt es sich aus, wenn Eltern ihren Kindern ein hohes Maß an Mitbestimmung zugestehen und auch kleine Entscheidungen im Alltag miteinander verhandeln, um einen Weg zu finden, der für alle passt. Das erscheint manchmal mühsam, ist aber so wichtig, nicht nur für die allgemeine psychische, sondern auch für die psychosexuelle Entwicklung. Wie soll ein Mensch, dem schon als Kind immer abverlangt wurde, sich anderen anzupassen und unterzuordnen, später in der Sexualität auf einmal klar spüren, was nicht gut für ihn ist, und sich selbstbestimmt für die eigenen Bedürfnisse und Grenzen einsetzen?

In Anbetracht der Anzahl an Frauen, die im Laufe ihres Lebens Erfahrungen mit (sexueller) Gewalt machen, kann das Thema »Consent« für einige Mütter besonders sensibel sein. Was rätst du als Therapeutin Müttern, die selbst schon von Gewalt betroffen waren?
Kinder am besten schon im Kindergarten- und Grundschulalter über ihren Körper, ihre Grenzen und Sexualität aufzuklären ist sehr wichtig, auch weil es dabei hilft, sie vor sexuellen Übergriffen zu schützen. Wenn Mütter in der Vergangenheit aber selbst Übergriffe erlebt haben, kann es sein, dass es sie später triggert, wenn sie sich dem Thema Körper und Sexualität zuwenden. Dann kann es schwierig sein, der Tochter die eigene Vulva und Vagina oder dem Sohn den Penis näherzubringen oder zu beschreiben, was beim Sex und bei der Empfängnis passiert. Wer das bei sich erlebt, kann sich Hilfe in einer Traumatherapie holen und Wege erarbeiten, mit solchen Triggersituationen umzugehen. Oder eine andere Person bitten, das Kind beim Thema Aufklärung zu begleiten. Jemanden, zu dem das Kind einen guten Draht hat und die oder der das verantwortungsvoll macht. Älteren Kindern kann man auch ein Buch an die Hand geben, das sie selbst lesen können. Wer unsicher ist oder mit Schamgefühlen zu kämpfen hat, könnte sich erst mal selbst mit einem Aufklärungsbuch an das Thema herantasten. Das hilft dabei, eine Sprache für sich zu finden, Wissen zu sammeln, ein gelöstes Verhältnis zum Thema Sexualität zu entwickeln und alles das dann an das Kind weiterzugeben.

Babys werden nicht mit der Fähigkeit zur Geschlechtsunterscheidung geboren: Sie eignen sich die Kategorien der Unterscheidung im Laufe der Jahre durch das, was sie erleben, an: welche Spielmaterialien in Verbindung mit einer Geschlechtszuschreibung zur Verfügung stehen, welche Kleidung, welche Farben bevorzugt werden. Auch lernen sie in dieser Zeit, welche Emotionen für welches Geschlecht mehr oder weniger erlaubt sind. Gerade in der Kleinkindzeit, in der Kinder ihr natürliches Bedürfnis nach Autonomie weiter ausbauen, gleichzeitig aber ihre Gehirnentwicklung noch nicht der eines erwachsenen Menschen entspricht und Emotionen noch wenig reguliert zutage treten, kann auch hier eine unterschiedliche Behandlung von Mädchen gegenüber bestimmten Gefühlen einen Einfluss auf die weitere Entwicklung nehmen: Werden ihnen Ärger oder Traurigkeit abgesprochen oder nicht ausreichend begleitet und unterstützt, kann das bis ins Erwachsenenalter hinein wirken. Die Gefühlsforscherin Dr. Carlotta Welding erklärt dazu: »Wenn man als kleines Kind gelernt hat, man dürfe negative Gefühle ausdrücken, wie man dies tut, und vor allem, dass die Umwelt darauf reagiert, kann man als Erwachsener auch besser mit negativen Gefühlen umgehen und sie zum Ausdruck bringen, indem man etwa […] erhobenen Hauptes zum Partner geht und ihm den Stapel schmutziger Teller vor die Füße stellt, ohne mit der Wimper zu zucken.«[7]

Vorschulalter

Auch im Vorschulalter haben Kinder weiterhin ein großes Interesse an ihrem eigenen Körper und an dem der anderen, auch die Themen Schwangerschaft, Geburt und Sexualität geraten mehr in den Fokus und werden bewusst nachgefragt. Kinder haben untereinander enge Freundschaften und genießen oft auch körperliche Nähe miteinander. Auch Masturbation ist ein Thema im Vorschulalter – viele Mädchen reiben sich an Gegenständen, im Bett an Kuscheltieren oder anderem –, gleichzeitig entwickeln Kinder ihr Schamempfinden weiter. Hier ist es wichtig, dieses absolut normale Verhalten nicht zu beschämen, sondern weiterhin über Möglichkeiten und Grenzen respektvoll aufzuklären, sodass Mädchen sowohl ein gutes Bild von ihrem Körper ausbilden als auch Schamgrenzen erlernen. Wie bei den Körpererkundungsspielen mit anderen Kindern sollten wir auch hier erklären, dass es völlig in Ordnung ist, den eigenen Körper zu erkunden, ihn als angenehm zu empfinden, dass aber ein passender Ort dafür gewählt werden sollte, um sich und andere zu schützen. Glücklicherweise haben wir die Zeiten überwunden, in denen Masturbation als schlechtes Benehmen oder gar krankheitsauslösend betrachtet und mit harten Strafen verfolgt wurde.

Im Vorschulalter werden die Rollen der erlernten Geschlechterkategorien dann erprobt und nicht selten auch etwas überspitzt. Das bringt Mütter, die es anders machen wollen, dann manchmal auch an ihre Grenzen.

»Die Klamotten haben sich mittlerweile von neutral in rosa Glitzertüll verwandelt, aber das entscheiden nicht wir Eltern, sondern unsere Töchter. Sie sollen frei sein. Frei sein, zu entscheiden, wie sie sich wohlfühlen. Und wenn bei unserer mittlerweile Fünfjährigen morgens das Klamottendrama ausbricht und sie mir traurig erzählt: ›Nein Mama, damit bin ich nicht hübsch genug‹, muss ich schon irgendwie meinen Ärger runterschlucken. Schon jetzt spürt sie in gewissem Maß den Druck der Gesellschaft, und ich möchte ihr andere Glaubenssätze mit auf den Weg geben.« NINA

Gerade jetzt sind Mädchen oft besonders »mädchenhaft« und überbetonen nicht selten das, was sie von der Kategorie, der sie sich zuordnen oder der sie zugeordnet wurden, bisher erfahren haben: Mädchen stehen eben auf Rosa mit Einhörnern und Glitzer. Der Einfluss der Gesellschaft, was als »mädchenhaft« gilt, ist hier sehr stark. Wenn Kinder aus diesen strengen Regeln ausbrechen, werden sie von anderen gleichaltrigen Kindern dafür kritisiert. Das kann sich negativ auf ihr Selbstbild und das Zugehörigkeitsgefühl auswirken. Die Professorin für Soziale Arbeit Dr. Petra Focks erklärt zu den Risiken von Geschlechternormierungen: »Bei anderen Kindern zeigt sich teilweise bereits im Kindergarten ein selbsteinschränkendes Verhalten: Mädchen* leben ihre Bedürfnisse nach Aktivität oder raumgreifendem Verhalten nicht aus, weil ›Mädchen eben nicht so sind‹. Ihre Aggression und auch Konfliktbewältigungsversuche richten sich bei einigen Kindern zunehmend ›nach innen‹, teilweise sogar gegen den eigenen Körper. Sie lernen mehr, sich anzupassen, als sich selbst zu behaupten.«[8] Auch im Spiel zeigt sich meistens eine recht strenge Trennung der Geschlechter bis zur Pubertät hin, und innerhalb der beiden Gruppen entwickeln sich unterschiedliche Spielstile, wobei bei den Mädchen der Schwerpunkt auf sprachlichem Austausch und Vertrautheit und Anerkennung von Erzieher*innen/Lehrer*innen liegt, während Jungen den Fokus unter anderem auf Bewegung und Wettstreit legen und damit die anfänglich nur kleinen Unterschiede immer stärker kultivieren.[9] Gerade deswegen ist es wichtig, dass mit Mädchen sowohl in den Familien als auch in Institutionen sensibel und reflektiert im Blick auf Rollenbilder umgegangen wird, dass »typisches« und »untypisches« Verhalten hinterfragt und mit der Inszenierung des eigenen Geschlechts überlegt umgegangen wird.

Grundschulalter

Im Grundschulalter zeigen Kinder bereits ein stärkeres Schamgefühl und wollen immer weniger von anderen nackt gesehen, gewaschen oder an- und ausgezogen werden. Es ist wichtig, ihnen diese

Freiheit und Selbstbestimmung zu ermöglichen, da auch sie ein Teil der Entwicklung ist. Auch hier sind wir wieder beim Thema Grenzen, und wir sollten es unserem Kind ermöglichen, seine körperlichen Grenzen festzulegen. Auch das Thema Sexualität wird Erwachsenen gegenüber nicht mehr so offen nachgefragt, wie es noch in der Vorschulzeit stattfand, untereinander, also zwischen den Kindern, ist es aber weiter ein Thema.

Während früher die Geschlechterkategorien noch sehr starr waren und besonders auf bestimmte äußere Merkmale fokussierten, werden die Kinder nun flexibler und haben ein weiteres Verständnis der Kategorien »Mädchen« und »Junge«: Mädchen sind auch dann Mädchen, wenn sie im Schlabberlook mit Jeans herumlaufen und nicht mehr rosa Prinzessinnenkleidchen tragen. Auch wenn wir Mütter das wissen, ist es dennoch manchmal noch notwendig, unsere Kinder darin zu stützen, wenn sie beispielsweise von der älteren Generation negative Kommentare bekommen, zum Beispiel: »So läuft doch kein Mädchen herum!« Doch gerade in Bezug auf das Angebot von Kleidung erreichen wir hier langsam ein brisantes Alter: Die Hosen werden skinny, die Shirts enger, bauchfrei mit oder ohne fragwürdige Schriftzüge. Während in der Jungenabteilung gemütliche Hosen hängen, in denen geklettert und getobt werden kann und in denen es ausreichend große Taschen gibt, um Dinge mit sich herumzutragen, sehen Mädchenhosen oft anders aus. Auch hier ist es sinnvoll, mit unseren Töchtern ins Gespräch darüber zu kommen, welche Kleidung wirklich sinnvoll ist, was sie beim Tragen eher einschränkt und warum – Kleidung bestimmt mit, wie wir uns fühlen, aber auch verhalten. Der Einfluss der Peergruppe wird stärker – gerade auch in Kleidungsfragen, weshalb es wichtig ist, ihnen ein gutes Selbstbewusstsein mitzugeben.

Zum Ende der Grundschulzeit beginnt bei vielen Kindern die Pubertät – und zwar erst einmal im Gehirn. Viele Eltern merken schon bei ihren neun- und zehnjährigen Töchtern, dass sie sich langsam verändern. Im Gehirn schüttet der Hypothalamus vermehrt Botenstoffe aus, die die Hirnanhangdrüse dazu animieren, die Hormone LH und FSH freizusetzen, welche wiederum Einfluss auf die Eierstöcke nehmen, die Östrogen und Progesteron bilden. Diese wirken dann sowohl auf die körperliche Entwicklung als auch auf den Zyklus: Das Östrogen ist zuständig für das Wachstum von Gebärmutter und Brust, regt die monatliche Eizellreifung an und sorgt für die Öffnung des Gebärmutterhalses, durch den später Spermien in die Gebärmutter gelangen können.[10] Mit etwa zehneinhalb Jahren beginnt bei vielen Mädchen langsam das Brustwachstum. Daneben nimmt Östrogen aber auch Einfluss auf den Körper und steuert die Einlagerung von Fettzellen an den Hüften, dem Bauch, den Brüsten, bindet Wasser, schützt das Gewebe und nimmt Einfluss auf den Glukosestoffwechsel. Das Hormon Progesteron sorgt für den Aufbau der Gebärmutterschleimhaut, wirkt aber auch beruhigend und entspannend. In der zweiten Zyklushälfte sorgt es so dafür, dass die Person im Falle einer eingetretenen Schwangerschaft etwas ruhiger und langsamer ist. Wann genau die Menstruation einsetzt, ist unterschiedlich: Der erste Eisprung findet erst statt, wenn der Zyklus etwas regelmäßiger geworden ist.

Der erwähnte hohe Östrogenspiegel ist es auch, der die Pubertät heute früher beginnen lässt als früher: Durch unsere heutigen Rahmenbedingungen und veränderte Ernährungsgewohnheiten setzt die Pubertät früher ein, auch Stress und epigenetische Veränderungen nehmen Einfluss.[11] Wenn wir uns also fragen: »Kann meine zehnjährige Tochter schon in der Pubertät sein, auch wenn ich erst mit 13 angefangen habe?«, ist die Antwort: Ja, das ist möglich. Auch hier ist es wichtig, unser Kind wieder individuell zu betrachten und nicht mit sich selbst oder anderen zu vergleichen. Gerade Töchter, die früh mit der Pubertät beginnen und die körperlichen und psychischen Veränderungen erleben, brauchen einfühlsame Zuwendung und Begleitung. Der Körper verändert sich, und das ist nicht immer einfach: Auf einmal sprießen Pickel, Körperhaare wachsen, und der Körpergeruch verändert sich. Und wenn wir ehrlich zu uns selbst als Mutter sind, denken wir vielleicht auch manchmal: Mein armes Kind, wie siehst du gerade aus! Hier weiterhin zu stärken, zu bekräftigen und auch die Enttäuschung und manchmal die Wut auf die Veränderung – gerade im Vergleich zur Schönheitsnorm – anzunehmen ist nicht immer leicht.

Pubertät

Viele Eltern haben den Eindruck, dass sie ihrer Tochter nun wortwörtlich beim Wachsen zusehen können. Ihr Körper und ihr Verhalten verändern sich, da sowohl das Gehirn sich umstrukturiert und neu organisiert als auch die Hormone Einfluss auf die körperliche Entwicklung nehmen. Die Wirkung des Östrogens und die Einlagerung von Fettzellen sind in dieser Zeit für Mädchen manchmal mit Problemen behaftet: Ihr Körper rundet sich, während vielleicht andere noch in die »Skinny Jeans« passen. Je nach vorherrschenden Schönheitsnormen und sozialem Druck kann diese normale Entwicklung sich auf das Selbstbewusstsein und das eigene Körperbild auswirken und den Druck zur Anpassung an die frühere Körperform erhöhen. Hier ist eine sensible Begleitung notwendig.

Im Jugendalter findet wieder eine stärkere Fokussierung auf die jeweilige Geschlechtskategorie statt, was Mädchen meist über Äußerlichkeiten tun, beeinflusst durch Bilder und Vorstellungen ihrer jeweiligen Bezugsgruppe. Sie gleichen ihre eigene Erscheinung mit der ihrer Vorbilder ab und versuchen sich gegebenenfalls an die vorherrschenden Bilder anzupassen. Aber nicht jedes Hadern mit dem eigenen Körper ist gleich eine Essstörung. Wenn du allerdings merkst, dass deine Tochter ihr Essverhalten stark verändert und die

Nahrungsmenge und/oder die Nahrungsbestandteile besonders in den Blick nimmt und/oder versucht, durch exzessiven Sport ihren Körper zu verändern, sich ihre Essgewohnheiten unregelmäßig entwickeln, sie abnimmt und/oder ihr Gewicht vermehrt kontrolliert, solltest du wachsam bleiben und bei Anhalten der Symptomatik eine Fachperson hinzuziehen.

Die körperlichen Veränderungen sind manchmal auch schmerzhaft: Sowohl das Brustwachstum als auch das sonstige körperliche Wachstum können sich streckenweise unangenehm bis schmerzvoll anfühlen – das sollte ernst genommen werden. Gerade das Wachstum der Brüste wird sehr unterschiedlich erlebt und von den Kindern beobachtet: Einige freuen sich darüber, für andere ist es noch ungewohnt. Vielleicht wachsen die Brüste unterschiedlich, was völlig normal ist, aber dennoch beim Kind zu Verunsicherungen führen kann, gerade auch im Vergleich mit anderen. Oft zeigen sich die Mädchen nicht mehr nackt vor uns – was völlig okay ist –, weshalb wir es vielleicht zunächst gar nicht mitbekommen. Deswegen ist es umso wichtiger, immer wieder Bereitschaft und Möglichkeiten für vertrauliche Gespräche anzubieten: Mutter-Tochter-Tage oder -Abende können eine gute Zeit sein, um über solche Themen zu sprechen. Auch in Bezug auf die nun langsam ins Blickfeld kommende Bekleidung ist eine gute Begleitung wichtig: Das Mädchen sollte bestimmen, wann und ob es ein Bustier benötigt und bestenfalls in einem Fachgeschäft die erste Beratung dazu bekommen: 80 Prozent der Frauen tragen die falsche BH-Größe,[12] was langfristig sogar zu gesundheitlichen Beschwerden wie Rücken- und Kopfschmerzen, Verspannungen und Auswirkungen auf das Bindegewebe führen kann. Deswegen ist es gut, von Anfang an eine sichere Basis zu legen und unseren Töchtern zu zeigen, wie wichtig die passende Auswahl eines Bekleidungsstücks ist, das viele Menschen täglich tragen.

Die Interessen verändern sich langsam, das kindliche Spielen lässt nach, und es kommen neue Themen, Interessen und Hobbys dazu. Auch das moralische Urteilen verändert sich unter dem Einfluss der Gehirnentwicklung und der Ausbildung des für das rationale Handeln zuständigen präfrontalen Kortex: Unsere Kinder machen sich neue Gedanken über Gerechtigkeit und Konsequenzen ihres Handelns. Sie stellen vorgegebene Regeln infrage und fordern echte Gerechtigkeit ein.[13] Das sexuelle Interesse steigt nun ebenfalls an, unsere Kinder haben vielleicht sexuelle Fantasien und beginnen, sich sexuell zu erproben. Die Bundeszentrale für gesundheitliche Aufklärung gibt in ihrer wiederkehrenden Studie im Jahr 2020 an, dass »junge Frauen deutscher Herkunft [...] im Alter von 17 Jahren im Durchschnitt zu knapp 70 Prozent das ›erste Mal‹ erlebt« haben.[14] Dabei sind – im Gegensatz zur häufigen gesellschaftlichen Meinung – Jugendliche heute später sexuell aktiv als noch vor zehn Jahren.

Sowohl für unsere Töchter als auch für uns Mütter ist das manchmal nicht so einfach: der Abschied von der Kindheit und der stetige Übergang ins Erwachsenenalter. Auf einmal spüren wir, dass der Kreis (siehe Abbildung S. 111) wirklich viel größer wird. Es hilft, zu wissen, dass dieser Kreis aber dennoch besteht und wir als Erwachsene weiterhin der Nähe- und Zuwendungspunkt sind, zu dem unsere Kinder zurückkehren und wo wir sie mit offenen Armen empfangen.

Auch die emotionsverarbeitenden Areale im Gehirn verändern sich unter dem Einfluss von Hormonen in der Pubertät noch einmal. Das kann diese Zeit zu einer Herausforderung für Eltern machen, wenn Stimmungsschwankungen ausgehalten und/oder begleitet werden wollen. Dabei sollte nicht jede Stimmungsschwankung, nicht jeder Rückzug gleich mit einer beginnenden Depression assoziiert werden, aber es ist gut, das seelische Wohlbefinden im Blick zu haben: Ändert sich das Verhalten gravierend, verliert das Kind das Interesse an geliebten Tätigkeiten und/oder vernachlässigt es die früheren Sozialkontakte immer mehr oder spricht es in besonderer Weise über das Thema Tod und Sterben, sollte der Blick geschärft und gegebenenfalls professionelle Hilfe hinzugezogen werden.

Nicht nur Stimmungsschwankungen sind manchmal anstrengend zu begleiten, auch riskantes Verhalten kommt in der Pubertät häufiger vor. Auch das ist entwicklungsbedingt, denn die emotionalen Hirnregionen werden besonders stimuliert, während der regulierende frontale Kortex noch nicht ausgereift ist.[15] Piercings, Tattoos, abenteuerlustige Unternehmungen werden auf einmal ein Thema und von den Jugendlichen oft ganz und gar nicht als problematisch betrachtet. Viele Eltern haben zudem ein Problem damit, dass ihre Kinder nicht mehr zu bestimmten Zeiten ins Bett gehen: abends ewig auf, morgens müde. Was zunächst wie trotziges Teenagerverhalten wirkt, hat aber tatsächlich auch mit den Hormonen zu tun: Die Professorin für Entwicklungspsychologie Dr. Eveline Crone erklärt: »In der Pubertät schüttet der Körper das Schlafhormon Melatonin immer später aus, wodurch sich der Bio- und damit der Schlaf-wach-Rhythmus der Jugendlichen verändert.«[16] Unser Schulsystem ist daran leider überhaupt nicht angepasst, was dann zu Konflikten mit den Eltern und auch der Schule führen kann, die aber eigentlich in der normalen Entwicklung begründet liegen.

Schon in Bezug auf das oben erwähnte Östrogen und Progesteron haben wir gesehen, dass Hormone sich auch stark auf das Verhalten auswirken können. Unser Zyklus beeinflusst unser Denken und Handeln – und das unserer Töchter. Ein Zyklusbewusstsein kann daher hilfreich sein, damit unsere Töchter von Anfang an lernen, mit den hormonellen Einflüssen umzugehen, und sich diesen Neuerungen nicht hilflos ausgeliefert fühlen. Es ist ein Teil der Selbstfürsorge, zu verstehen, wie es dem Körper und der Psyche wann geht und was wir tun können, um uns im Wohlbefinden zu unterstützen. Wir sind nicht jeden Tag in der gleichen Stimmung, unsere Stimmung kann durchaus vom Zyklus beeinflusst werden. Wir können unseren Töchtern zeigen, wie sie ganz bewusst mit diesem Wissen umgehen können. So können sie beispielsweise in der energievollen Eisprungphase einen Ausflug mit körperlichen Anstrengungen planen, während für die Zeit der Menstruation eher ruhige Aktivitäten wohltuend sind, auch wenn Sport durchaus auch gegen Menstruationsbeschwerden helfen kann. Während die *Vogue* beispielsweise erklärt, wie und warum das Sporttraining dem Zyklus angepasst werden sollte,[17] haben die meisten Sportlehrer*innen davon noch nie etwas gehört und bieten Unterricht für alle an – wobei Kinder und Jugendliche mit einem Zyklus dabei benachteiligt werden können. Die Menstruationsaktivistin Franka Frei erklärt entsprechend: »PMS wird viel zu oft als ›Leiden‹ verstanden. Dabei kann es – mal etwas anders betrachtet – auch als ziemlich intelligentes körpereigenes Kommunikationstool genutzt werden. […] PMS ist nicht zwingend schlecht. Im Gegenteil. Der Körper sagt Bescheid, wann die Tage kommen und was er jetzt braucht.«[18]

Das Wissen um die körperlichen Veränderungen und den Zyklus ist sowohl für uns Eltern als auch für unsere Töchter wichtig: Durch dieses Wissen können körperliche Symptome und auch psychische Entwicklungen besser verstanden werden. Wie wir in Teil 1 dieses Buches sehen konnten, ist die Medizin in Bezug auf Mädchen und Frauen ziemlich im Rückstand. Viele von uns haben wahrscheinlich selbst noch gehört, dass »Menstruation keine Krankheit ist« oder gesagt bekommen: »Stell dich nicht so an, alle Frauen erleben das!« Heute wissen wir, dass viele Frauen unter Endometriose leiden, eine Erkrankung, bei der Gebärmutterschleimhaut außerhalb der Gebärmutterhöhle auftritt und vorwiegend im Bauchraum zu finden ist, wo sie »fleckige Herde« oder knotige Strukturen bildet.

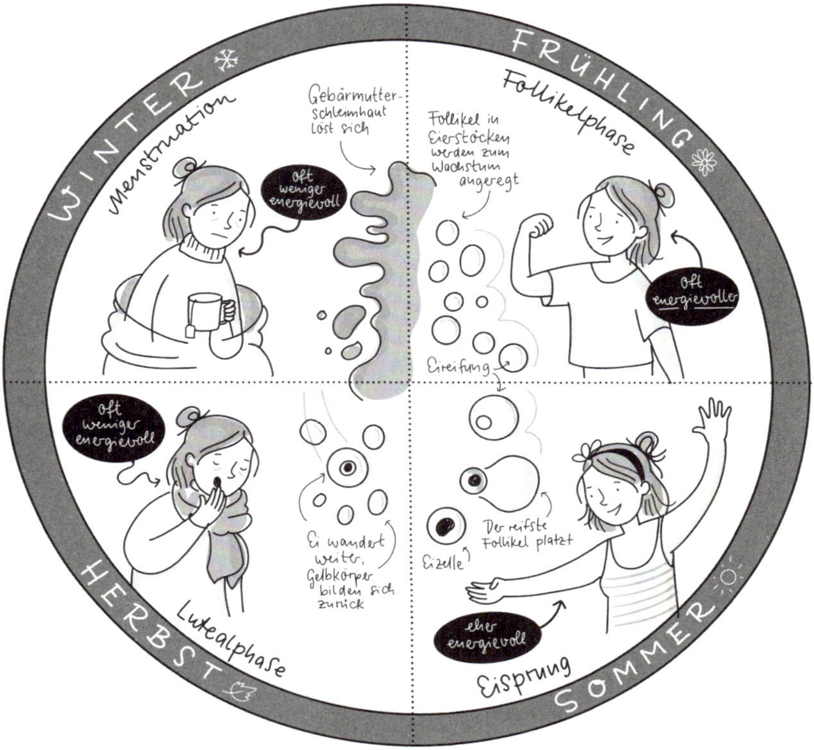

Sie kann symptomlos verlaufen, aber es kann dabei auch zu starken Schmerzen bei der Menstruation, Unterbauchschmerzen, Problemen mit dem Stuhlgang und/oder der Blasenentleerung kommen, zu Schmerzen beim Geschlechtsverkehr und zu unerfülltem Kinderwunsch.[19] Diese Symptome können schon ab der ersten Menstruation auftreten. Die Angaben zu dieser Erkrankung schwanken: Während die Endometriose Vereinigung Deutschland e. V. angibt, dass 8 bis 15 Prozent der Personen mit Gebärmutter in Deutschland zwischen Pubertät und Wechseljahren an Endometriose erkranken,[20] gibt das Endometriosezentrum der Universitätsklinik Franken an, dass 4 bis 30 Prozent betroffen sind.[21] Festhalten können wir an dieser Stelle auf jeden Fall schon einmal: Wenn unser Kind im Zusammenhang mit der Menstruation Schmerzen hat, sind diese immer ernst zu nehmen, auch wenn wir früher andere Erfahrungen gemacht haben oder gleichaltrige Mädchen damit anders umgehen. Bei Schmerzen ist es immer wichtig, sich frühzeitig in ärztliche Behandlung zu begeben. Unabhängig davon rät die Fachärztin für Gynäkologie und Geburtshilfe Dr. Judith Bildau dazu: »Bitte wartet mit dem ersten Frauenarztbesuch nicht, bis eure Mädchen dringend Bedarf haben […]. Ich empfehle, bereits nach dem Einsetzen der ersten Menstruation ein ›Vorstellungsgespräch‹ bei einer Ärztin ihrer Wahl zu vereinbaren, weil dann der Weg dorthin einfacher und kürzer für sie ist, wenn sie tatsächlich einmal gynäkologische Probleme haben.«[22]

Resilienz, Selbstwertgefühl und Widerspruchsrecht vermitteln

Auf den ersten Blick erscheint es ein wenig widersprüchlich: Unsere Töchter sollen psychische Widerstandfähigkeit erlangen, um mit Krisen (wie dem Wirken des Patriarchats) umgehen zu können, was eher ein wenig passiv klingt; und gleichzeitig sollen sie Widerspruch erlernen, um dem Patriarchat zu begegnen? Tatsächlich brauchen unsere Töchter (und wir selbst) beides: Resilienz, um nicht verletzt zu werden, und gleichzeitig Stärke, um sich durchsetzen zu können. Bei beiden Aspekten gibt es bestimmte Einflussfaktoren, die nicht in unserem Wirkungsbereich liegen, wie beispielsweise die Temperamentseigenschaften unserer Tochter oder auch intellektuelle Fähigkeiten. Wir werden aus einem eher zurückhaltenden Kind keine laute, wilde Kämpferin machen können – und müssen es auch nicht. Jedes Kind kann im Rahmen des eigenen Wesens für sich und andere einstehen. Manche sind dabei lauter und scheuen die Öffentlichkeit nicht, andere sind ruhiger und introvertierter. Für sich und die eigenen Belange eintreten zu können ist jedoch keine Frage des Temperaments – dieses bestimmt nur die Art, es zu tun –, sondern es kommt darauf an, gelernt zu haben, dass ich für mich eintreten darf, dass es richtig und wichtig ist und wie ich andere auf meine Anliegen aufmerksam mache. Introvertiertheit und Extrovertiertheit haben durchaus eine Verbindung zum Selbstwertgefühl: Extrovertierte Personen haben eine fröhlichere und optimistischere Grundstimmung, weshalb sie sich mehr soziale Unterstützung bei Problemen holen, was sich wiederum positiv auf das Selbstwertgefühl auswirkt. Introvertierte Personen sind hingegen etwas anfälliger für Selbstwertprobleme.[23] Deswegen ist es so wichtig, wie wir mit unseren Kindern umgehen, damit sie ihre jeweilige Art als Stärke ansehen und Kraft aus dem eigenen Wesen schöpfen, statt durch Vergleiche eher auf Schwächen zu sehen.

Neben der genetischen Veranlagung in Bezug auf Intro- oder Extroversion sind nämlich die Kindheitserfahrungen besonders entscheidend. Gerade Kinder und Jugendliche haben aber in unserer Gesellschaft einen schweren Stand, anerkannt zu werden (Adultismus), und insbesondere Mädchen wird ein energisches Auftreten oft noch abgesprochen. Natürlich gibt es sie: die weiblichen Rollenvorbilder wie Luisa Neubauer, Greta Thunberg, Amandla Stenberg und andere. Aber sie haben oft mit dem Widerspruch der Gesellschaft zu kämpfen, mit Hasskommentaren, Abwertung bis hin zu Drohungen – und zwar wesentlich mehr als junge Männer. Als die britisch-iranische Künstlerin Sarah Maple das Bild »The opposite to a feminist is an asshole« (»Das Gegenteil einer feministischen Person ist ein Arschloch«) veröffentliche, bekam sie ein Foto eines solchen Körperteils zugeschickt.[24] Eines unter vielen Beispielen, wie mit selbstbewussten Mädchen und Frauen in der Öffentlichkeit umgegangen wird (und das Ausmaß der Gewalt reicht bis zu Vergewaltigungs- und Morddrohungen, Stalking und tätlichen Übergriffen). Sollen wir unseren Töchtern deswegen beibringen, zu schweigen? Nein, auf keinen Fall!

Uns Eltern kommt deswegen zur Stärkung unserer Kinder in einer solchen Gesellschaft eine besondere Rolle zu: Wir legen ihnen durch unser Verhalten eine Art Schutzmantel um, der sie stärkt. Und wenn wir unsere Töchter gemeinsam stärken und Erziehung dahingehend verändern, werden es immer mehr Mädchen und Frauen sein, die auf ihre Art und Weise selbstbewusst und energisch auftreten. Die Psychologin Stefanie Stahl erklärt dazu: »Ein Kind zum Beispiel, das in der Schule gehänselt wird, wird in einem guten Elternhaus ganz anders aufgefangen und beraten als ein Kind, das weniger verständnisvolle Eltern hat. Das Hänseln, also der negative Einfluss, der nicht durch die Eltern, sondern durch Mitschüler verursacht wurde, kann durch verständnisvolle Eltern erheblich gemildert werden. […] Auch der Zuspruch von Gleichaltrigen, Lehrern oder anderen Bezugspersonen kann viel Gutes bewirken.«[25]

Sowohl für die Ausbildung der Resilienz als auch des Selbstwerts und der Widerspruchskultur ist ein demokratischer Erziehungsstil sinnvoll. Dieser Erziehungsstil »nimmt durch Regeln und Standards Einfluss auf das kindliche Verhalten. Wird von diesen abgewichen, reagieren Eltern berechenbar und konsequent. Sie sind den Kindern emotional zugewandt und fördern gleichzeitig auch die Selbstständigkeit des Kindes. Vorschläge und Bedürfnisse des Kindes werden angehört, und gegebenenfalls wird zugunsten dieser die eigene Meinung revidiert.«[26] Mit dem, was wir in Teil 2 dieses Buches über Bindung gelesen haben, liegen wir also schon ziemlich richtig. Immer wieder kommen wir darauf zurück, dass es darum geht, Empathie zu zeigen, eine gesunde Kommunikationskultur zu haben und Kinder in ihrem persönlichen Wesen wertzuschätzen. Dass wir ihnen klarmachen, wie wichtig ein gesundes Netzwerk ist, und dass gerade wir Frauen Verbündete sind und uns nicht gegeneinander ausspielen lassen sollten.

Unsere Töchter sollten von Anfang an die Bedeutung des Miteinanders, des Sozialen, der Vernetzung erfahren, um nicht in die schon beschriebene Gefahr der patriarchalen Lateral Violence zu geraten und sich nicht beständig in Konkurrenz zu anderen Mädchen, Frauen und anderen wahrzunehmen. Wir können diese Vernetzung schon im Kleinen beginnen, indem wir kooperatives Spiel und kooperative Spiele fördern, statt Kinderspiele, die auf Leistung und Wettstreit fokussieren, zu bevorzugen. Unterstützende Netzwerke dienen sowohl dem Selbstwertgefühl als auch dem Aufbau von Resilienz und stärken den Rücken, um auch mal Widerspruch einzulegen: Es ist so viel einfacher, eine Meinung zu äußern, wenn man weiß, dass hinter einem Menschen stehen, die einen deswegen schätzen. Auch das ist Selbstfürsorge: ein Netz von Menschen um sich zu haben, mit denen man sich wohlfühlt und auf die man vertrauen kann. Mädchen- und Frauennetzwerke sind dafür da, sich gegenseitig zu motivieren, sich zu unterstützen durch die Vielfalt und Unterschiedlichkeit, die alle einbringen. Öffentliche Mädchennetzwerke gibt es bereits in einigen größeren Städten, darüber hinaus spricht nichts dagegen, gerade an Schulen solche Netzwerke zur Vernetzung und zum Austausch zu gründen.

Aus der Forschung zum getrennten Unterricht von Mädchen und Jungen wissen wir bereits, dass es sich in einigen Themenfeldern positiv auswirkt, wenn Mädchen und Jungen getrennt unterrichtet werden. Auch wenn das Ziel langfristig ist, binäre Strukturen und Rollenklischees zu beseitigen, kann es auf dem Weg dorthin – dem Beseitigen des Patriarchats – sinnvoll sein, zunächst Mädchen, ihre Vernetzung und den Aufbau des Selbstbewusstseins durch eigene Netzwerke zu stärken und so Lateral Violence entgegenzuwirken.

Im Zusammenhang mit der Stärkung des Selbstbewusstseins ist es auch wichtig, auf die Sprache an sich und das an vielen Stellen so bemäkelte Gendern zu blicken: Wenn wir unseren Töchtern beibringen wollen, dass sie eine Stimme haben, die gehört werden muss, dass sie beteiligt sind an dieser Welt, dass sie in ihr selbst wirksam sein können und sollen, müssen sie in der Sprache berücksichtigt werden. Im deutschen Sprachgebrauch gibt es bisher nur wenige aktiv genutzte Wörter im »generischen Neutrum«, also sächliche Personenbezeichnungen, die unabhängig vom Geschlecht verwendet werden können. Im generischen Maskulinum, das im Deutschen vorherrscht, gehen Frauen allerdings unter, und nicht nur das: Es proklamiert auch, dass Männer immer gemeint sind, während Frauen erst herausfinden müssen, ob sie angesprochen sind.[27] Beim generischen Maskulinum geht es also auch um eine Machtfrage. Auch hier sehen wir wieder, welche Parteien und Netzwerke sich aktiv gegen die Repräsentanz von Mädchen und Frauen beziehungsweise gegen Gerechtigkeit stellen, nämlich solche, die generell eine eher patriarchale Ausrichtung haben. Der »Kampf um geschlechtergerechte Sprache« ist kein Kampf um sprachliche Schönheit, sondern um den Erhalt des Patriarchats – und wir Frauen müssen ihn kämpfen: für uns und unsere Töchter. Allen anderen Meinungen und Protesten zum Trotz.

»Ich gebe zu: ich fand das Gendern am Anfang ganz schön anstrengend. Es hörte sich erst einmal komisch an, die kleine Pause, das Sternchen, mitzusprechen. Und auch das Suchen nach Wörtern im generischen Neutrum war erst einmal anstrengend: Studierende, Mitarbeitende. Aber mit der Zeit habe ich mich daran gewöhnt und auch

gesehen, dass meine Kinder es mehr und mehr in ihren Sprachgebrauch übernehmen – allein durch mein Vorbild und weil wir darüber gesprochen haben. Jetzt weisen sie selbst auch andere darauf hin, sogar in der Schule. Und irgendwie fühlt es sich deswegen jetzt richtig gut an und gar nicht mehr so anstrengend. Es ist einfach normal geworden.« SUSANNE

Neben dem Fokus auf Kooperation ist es auch wichtig, Konflikte im Kindesalter zu begleiten, damit eine gesunde Streit- und Diskussionskultur entstehen kann. Unterschiedliche Meinungen sind nicht schlecht, auch nicht innerhalb einer Gruppe oder Familie. Sie bergen vielmehr die Chance, sich mit Themen differenziert auseinandersetzen zu können. Unabhängig vom Thema lernen Kinder durch Diskussionen, wie sie ihre Meinungen vorbringen können und welche Art von Kommunikation wirklich zielführend ist. In der Familie gerät dabei natürlich die Diskussionskultur der Eltern in den Blick, aber auch die Diskussionen zwischen Eltern und Kindern und die Begleitung von Streitigkeiten zwischen Geschwistern beziehungsweise dem eigenen Kind und anderen Kindern.

Im familiären Alltag gibt es unterschiedliche Arten von Diskussionen: Themen und Streitigkeiten, die sich plötzlich und recht unvorhersehbar entwickeln, und Grundsatzdiskussionen – gerade bei älteren Kindern. Erstgenannte Auseinandersetzungen sind oft eher emotionsgeleitet, und selbst wenn wir eigentlich ruhig und entspannt sind, geraten Erwachsene dabei manchmal in ein emotional schwieriges Fahrwasser und lassen sich mitreißen. Umso wichtiger ist es, auch die gezielten Debatten und Diskussionen zu zelebrieren: Während in der amerikanischen Kultur Debattierklubs fest verankert sind, ist es uns noch etwas fremd, fest geplante Diskussionen auszutragen. Doch genau damit können wir unsere Töchter stärken und ihnen gute Hilfsmittel an die Hand geben, im öffentlichen Diskurs nicht unterzugehen.

In ihrem Buch *Anleitung zum Widerspruch* erklärt die Journalistin Franzi von Kempis, wie wichtig es ist, zu Beginn einer Diskussion eine konstruktive Haltung einzunehmen und vom Prinzip des interpretativen Wohlwollens auszugehen: Wir versuchen, mit der wohlwollendsten Erwartungshaltung an die Person, mit der wir diskutieren, heranzugehen. Dieses Grundprinzip können wir bereits ganz am Anfang der Begleitung unserer Töchter umsetzen. Wir können in eine Streitsituation nicht mit einer eigenen Bewertung einsteigen, sondern erst einmal anhören, was die Kinder vortragen, und dann die gegenseitigen Absichten wohlwollend der jeweils anderen Person erklären – ein Grundsatz der gewaltfreien Kommunikation. Dieses Vorgehen können wir durch unser eigenes Handeln in den Kindern verankern, sodass es auch sie in ihren Konflikten leitet.

In Familienkonferenzen können wir gemeinsam Grundsatzdiskussionen führen: darüber, was von wem im Haushalt gemacht werden muss (wobei wir darauf achten sollten, dass alle Aufgaben zwischen den Geschlechtern gerecht verteilt sind), ebenso wie über die Taschengeldhöhe oder die Uhrzeit, zu der die Kinder abends nach Hause kommen sollen und was welche Person gerade braucht, um sich gut zu fühlen – und wie das zu vereinbaren ist. Vielleicht geraten wir dabei manchmal in einen inneren Konflikt, wenn unsere Kinder wirklich gute Argumente gegen unsere Ansichten vorbringen und wir eigentlich nicht von unserem Standpunkt abweichen wollen (schließlich haben wir verinnerlicht, dass Eltern immer recht haben): Wir fühlen uns unwohl mit dieser Widersprüchlichkeit in uns. Aber es ist okay und spricht nicht gegen unsere elterlichen Fähigkeiten, wenn wir uns von wirklich überzeugenden Argumenten zu einer Änderung der Meinung verleiten lassen. Dies besonders in

Diskussionen mit Jugendlichen, wenn es um Themen geht, die wir vielleicht tatsächlich (noch) nicht ganz überblicken können, weil wir uns noch nicht damit beschäftigt haben.

Aus dem Leben mit Kindern

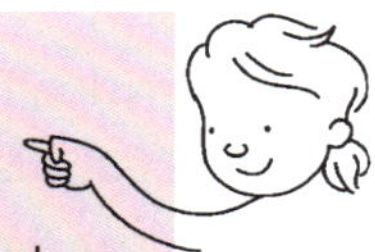

In der fünften Klasse von Sina haben die meisten Kinder schon ein Smartphone. Als sie zum zehnten Geburtstag das gebrauchte Smartphone ihres älteren Bruders geschenkt bekommt, freut sich Sina sehr. Natürlich möchte sie sofort in die WhatsApp-Gruppe ihrer Freundinnen eintreten. Sinas Eltern finden aber, dass in ihrem Alter WhatsApp noch nicht richtig ist. Ihr Bruder hat erst mit 14 ein Smartphone bekommen und auch nicht gleich WhatsApp (nutzt es aber mittlerweile). Sina ist wütend und fühlt sich aus ihrer Freundinnengruppe ausgeschlossen. Sinas Eltern verstehen die Gründe für den Ärger, wollen aber von ihren Bedenken bezüglich WhatsApp auch nicht abweichen. Schließlich finden sie eine Lösung: Sie sprechen mit den Eltern der Freundinnen und installieren den Messengerdienst Signal für alle als Alternative, wo die Mädchen eine neue Gruppe anlegen.

Die Welt unserer Kinder hat sich in den vergangenen Jahren sehr verändert und sie mit einigen Themen konfrontiert, mit denen wir vielleicht noch nicht in Verbindung gekommen sind – weil es sie schlichtweg zu unserer Zeit nicht gab und wir nun, in unserem Alter, nicht mehr die Zielgruppe sind. Die Abwehr gegenüber Neuerungen ist einerseits normal, weil wir gern an Erfahrungen und Altbewährtem festhalten, andererseits geschieht diese Abwehr manchmal auch aus Unkenntnis heraus: Wir wissen nicht viel über ein Thema und wissen daher auch nicht, was wir alles nicht wissen. So bilden wir uns ein Urteil, das auf geringen Informationen beruht. Wenn wir daher in einen Diskurs mit unseren Kindern einsteigen, sollten wir uns über die Themen, die ihnen wichtig sind, wirklich informieren, anstatt auf unserer Meinung aufgrund von Halbwissen und elterlicher Macht zu beharren: Informieren wir uns über Spiele wie Fortnite, unterschiedliche Messengerdienste, Gefahren von Piercings und/oder Tattoos, verschiedene Verhütungsmethoden und neue Menstruationsprodukte, bevor wir aufgrund von Halbwissen etwas ablehnen und damit die Diskussionskultur in unserer Beziehung zum Kind beschädigen. Es ist wichtig, unseren Kindern das Gefühl zu geben, dass sie wirklich gehört werden und wir sie auch im Streit wertschätzen. Dies stärkt nicht nur ihre Diskussionsfähigkeit, sondern ist auch eine soziale Ressource im Ausbau ihrer psychischen Widerstandsfähigkeit: Fragen wir also wirklich interessiert nach in den Gesprächen, fragen wir nach, ob wir sie richtig verstanden haben, und seien wir nicht Richter, sondern ein ehrliches Gegenüber.

Mit zunehmendem Alter und dem Wandel des moralischen Urteilens werden die für Ungerechtigkeit sensibilisierten Mädchen nicht nur innerhalb der Familie, sondern auch außerhalb für ihre Gedanken und Rechte eintreten. Auch hier können wir sie weiterhin unterstützen, indem wir ihnen ihre Empörung und das Ausleben dieser Empörung zugestehen: Es ist ein besonderes Recht, demonstrieren zu können und auf die Straße zu gehen, wenn wir eine Ungerechtigkeit wahrnehmen. Unsere Töchter sollten in diesem demokratischen Recht gestärkt werden und lernen, auch hier in Verbindung mit anderen gehen zu können. Der amerikanische Rechtsanwalt und Transaktivist Dean Spade bringt es mit den Worten auf den Punkt: »Lasst uns sanft zu uns selbst und zueinander sein und heftig, wenn wir gegen Unterdrückung kämpfen.«[28] Jedes Jahr findet weltweit und auch in Deutschland beispielsweise der Women's March statt, der für die Verteidigung von Frauenrechten und Intersektionalität steht. Daneben gibt es zahlreiche andere Vereinigungen und Protestaktionen. Gehen wir also gemeinsam mit unseren Töchtern für Gerechtigkeit und Frauenrechte auf die Straße und zeigen wir ihnen, dass genau dies auch ihr Recht ist.

In Diskussionen kommen wir irgendwann an ein Ende: weil wir eine Lösung, einen Konsens gefunden haben, weil eine Person nachgegeben hat, oder wir erreichen einen Punkt, an dem wir nicht mehr weiterkommen, weil wir uns von rationalen Argumenten und Konfliktlösungsstrategien entfernt haben. Dies ist der Punkt, an dem wir auch unsere eigene Grenze aufzeigen können. Und auch dies sollten wir unseren Töchtern vermitteln – nicht nur in Bezug auf ihren Körper, sondern auch in Bezug auf ihre Psyche: Es gibt Grenzen, die niemand überschreiten darf. Du musst dich nicht verletzen, niedermachen, beleidigen lassen. Niemand darf deine persönliche Integrität verletzen. Auch hier sind wir einerseits Vorbild darin, wie wir selbst als Erwachsene unsere Töchter behandeln, gleichsam ist es wichtig, ihre Selbstbestimmung zum Eigenschutz bewusst auszubauen und sie darin zu bekräftigen, dass auch für sie gilt: »Die Würde des Menschen ist unantastbar.«

Reflexion: Diskussionskultur früher und heute

Was uns wesentlich daran hindert, unsere Töchter heute zu stärken und ihnen eine wirklich gesunde Diskussionskultur mitzugeben, ist die Erfahrung, dass wir gerade als Frauen selbst dies oft nicht erfahren konnten – und vielleicht bis heute unter anderem im beruflichen Kontext darunter leiden. Deswegen tauchen wir an dieser Stelle in eine Rückschau und in eine Vorschau ein: Wie habe ich selbst Diskussionskultur und Widerstandfähigkeit erlebt, und was will ich ganz persönlich meiner Tochter mitgeben? Schreibe nach dem Lesen dieses Kapitels auf, was du wirklich als Wunsch für die Begleitung deines Kindes gewonnen hast, und schreibe dir ein Mantra auf, das euch begleiten soll, beispielsweise: »Meine Tochter darf stark und widerborstig sein!« Erinnere dich im Alltag immer wieder regelmäßig an dieses Mantra, damit es als Handlungsbild in dein Denken übergeht.

Wenn du schon eine ältere Tochter hast, sprich mit ihr einmal über die Diskussionskultur in eurer Familie, aber auch darüber hinaus: Vielleicht macht sie heute schon ganz andere Erfahrungen als du damals? Vielleicht gibt es Themen oder Kontexte, in denen sie sich in Diskussionen unwohl fühlt, und ihr könnt gemeinsam überlegen, wie sie gestärkt werden kann.

Körper, Sex und Zärtlichkeit – ein neues Selbstbewusstsein für eine neue Generation

Gerade in Bezug auf das Selbstwertgefühl und die körperliche Selbstwahrnehmung ist es wichtig, dass unser Augenmerk auf die Einflüsse gerichtet ist, denen Mädchen und Frauen ausgesetzt sind. Die Wahrscheinlichkeit für eine Depression steigt, wenn wir eine negative Einstellung zu uns selbst haben. Das Selbstwertgefühl von Mädchen leidet aufgrund der Schönheitsideale beispielsweise während der Pubertät mehr als das von Jungen, erklärt die Neurobiologin Prof. Dr. Lise Eliot[29] und führt aus: »Sosehr uns daran gelegen ist, die ganze Vielfalt des Gefühlsspektrums bei unseren Söhnen zu fördern, so wichtig ist es, dass wir unseren Töchtern größere emotionale Widerstandsfähigkeit vermitteln, vor allem wenn sie in das raue Fahrwasser der Pubertät kommen.«[30] Ein positives Selbstwertgefühl wird mehr durch Eigenschaften wie Stärke, Mut und Unabhängigkeit getragen, also jenen, die eher mit Männlichkeit in unserer Gesellschaft verknüpft sind, während die von Mädchen erwartete Warmherzigkeit und der Gehorsam nicht gerade dem Selbstwertgefühl zuträglich sind. Verbunden mit dem Erwartungsdruck der Normschönheit führt das zu einem noch größeren Druck. Die PR-Expertin und Body-Image-Aktivistin Melodie Michelberger schreibt in Bezug auf ihre eigene Entwicklung in der Jugend: »Nicht nur zu mir war ich streng, ich bewertete auch die Körper anderer knallhart. Ständig verglich ich mich mit anderen Mädchen; wenn ich in einen Raum kam, checkte ich zuerst, wie viele mehr wogen als ich. Als ob ich in einem unausgesprochenen Wettkampf stünde, bei dem ich die Richterin und Teilnehmerin war, von dem die anderen nichts wussten und in dem keine je gewann.«[31] Damit bringt sie gut auf den Punkt, wie sehr sich der Schönheitsdruck nicht nur auf die eigene Psyche, sondern auch auf das Soziale auswirkt und wie der Schönheitsdruck die Verschwesterung mit anderen stört.

In Anbetracht dessen, dass wir allgegenwärtig von Bildern umgeben sind, die der Schönheitsnorm entsprechen, stellt sich für viele Mütter die nicht ganz leichte Frage: Was kann ich dagegen tun, dass das auf mein Kind in dieser Weise wirkt? In einer Aktion zum Weltmädchentag 2021 fordern Aktivistinnen über ein Video von Pinkstinks dementsprechend die Mode- und Beautyindustrie auf: »Liebe Modeindustrie, wenn ihr wirklich was für Frauen, Mädchen und non-binary people machen wollt, dann zeigt uns echte Menschen in verschiedenen Körpergrößen, wie sie selbstbewusst und – warum auch bitte schön nicht – selbstverliebt in die Kamera schauen.

Hört auf, uns retten zu wollen, indem ihr die Mobbingvergangenheit von diversen Models ausschlachtet, bis auch wirklich alle einmal geheult haben. Zum Beispiel bei GNTM. Der Grund, warum Menschen wegen ihres Aussehens gemobbt werden, sind eure überzogenen Beauty-Standards. Also schafft doch einfach neue und lasst sie f*cking unkommentiert.«[32] Es reicht also momentan nicht, nur darauf zu hoffen, dass sich langsam etwas ändert, denn es ist leider noch ein langer Weg, dass die medial vermittelten Botschaften sich wirklich ändern.

Dennoch gibt es einiges, was wir durchaus schon tun können, um den medialen Einflüssen die Stirn zu bieten. Zunächst fängt auch hier die Reise bei uns selbst an und bei der Frage, wie wir eigentlich mit unserem Körper umgehen und ihn bewerten und wie wir dies bei anderen tun: Wie sprechen wir vor unseren Kindern über den eigenen Körper und den anderer? Mache ich mich morgens »erst mal schön«, indem ich mich schminke? Erkläre ich beiläufig, dass ich gerade »ein paar Pfund zu viel auf den Hüften habe«? Und wie rede ich über andere Frauen in meiner Umgebung, vielleicht auch im Zusammensein mit Freundinnen? Schütteln wir den Kopf darüber, dass die Nachbarin aber »ganz schön zugelegt« hat, oder bewerten wir, dass eine Freundin »nie wieder ihre alte Figur zurückbekommen« hat nach den Schwangerschaften? Rümpfen wir die Nase über Körperbehaarung bei anderen?

Es ist ein Irrglaube, dass unsere Körper in ihrem Aussehen irgendwann unverändert bleiben sollten: Wir wandeln uns. Leben bedeutet auch körperlichen Wandel, und gerade als Gebärende unterliegen wir dem in besonderer Weise. Die Entwicklung nach der Schwangerschaft sollte nicht ausschließlich darauf fokussiert sein, zu seinem »alten Körper« zurückkommen zu müssen, sondern in einem gesunden Körper zu leben, der mit den Monaten der Schwangerschaft und vielleicht Stillzeit einem natürlichen Alterungsprozess und zudem besonderen Beanspruchungen unterworfen ist. Doch der Druck ist groß, unseren Körper quasi in einem Idealbild einzufrieren, und das betrifft alle Körperteile: Der kosmetische Eingriff mit der stärksten Wachstumsrate ist laut *Frauenatlas* die Schamlippenkorrektur.[33] Hier spielt, wie wir gleich noch sehen werden, wahrscheinlich auch die Pornoindustrie mit ihren Körperbildern hinein. Und selbst neben den operativen Eingriffen tun wir viel, um uns anzupassen, was auch schon in der Kindheit beginnt: Längst haben Kosmetika für Mädchen die Drogerieregale erobert, und es gibt nicht nur Haarpackungen mit Erdbeerduft und niedlichen Häubchen für die Einwirkzeit, sondern auch Gesichtsmasken in Form von Tiergesichtern und kleine Schminktäschchen für Kinder. In den Spielzeugabteilungen finden wir »Das große Schönheitslabor« für Mädchen ab acht Jahren oder ein Experimentierset »Gesichtsmasken selbst machen«. Woran wir bei den gekonnt niedlich in Szene gesetzten Produkten nicht denken, sind nicht nur das Schönheitsideal, das wir damit befördern, und der Umstand, dass Selbstfürsorge oft fälschlicherweise mit Beautyritualen für Frauen übersetzt wird, sondern auch der Umstand, dass Kosmetikprodukte, die wir über Jahrzehnte auf die Haut aufbringen, tatsächlich oft nicht gesund sind: »Kosmetikprodukte enthalten häufig giftige Stoffe, darunter Blei und andere Schwermetalle, Parabene, Phthalate, Karzinogene, Neurotoxine, endokrine Disruptoren und Formaldehyde. In den USA applizieren Frauen durch die Verwendung von Kosmetika, Parfüm, Körperpflege- und Monatshygieneartikel Tag für Tag durchschnittlich 168 Chemikalien auf Gesicht und Körper«, hält *Der Frauenatlas* ebenfalls fest. Schwarze Frauen nutzen zusätzlich aufgrund des gesellschaftlich gesetzten weißen Schönheitsideals hautaufhellende Mittel, die oft Quecksilber und Steroide enthalten.[34] Da achten wir Eltern darauf, dass unsere Kinder nicht zu viel vor dem Fernseher oder Computer sitzen, vielfältigen Hobbys nachgehen und sich gesund ernähren, aber bei der Schönheitspflege ist die Gesundheit weniger wichtig. Gerade wenn unsere Töchter größer werden, ist aber auch dies ein wichtiges Thema: Was ist eigentlich in der Kosmetik enthalten, die du dir in der Drogerie um die Ecke mit deinen Freundinnen kaufst und täglich ins Gesicht schmierst?

Natürlich ist es schwer, als mittelalte Mutter aus diesem Hamsterrad auszusteigen. Wir sind mit dem Ideal aufgewachsen und tragen es in uns. Und nein: Wir müssen nicht, um feministische Mütter zu sein, auf einmal alles hinwerfen und unsere Körper lieben, wie sie sind, entgegen allen inneren Bildern davon, wie sie sein sollten. Wir müssen uns nicht die Körperbehaarung an allen Stellen wachsen lassen und aufhören, figurbetonte Kleidung zu tragen. Aber wir sollten uns der Wirkungsweise bewusst werden, die unser Handeln leitet, und in kleinen Schritten damit beginnen, den Druck etwas herauszunehmen. Wir können vermitteln, dass Selbstliebe oder zumindest -akzeptanz der Bewertung durch andere vorrangig ist. Wir können – gerade mit älteren Kindern – kritisch über unser eigenes Selbstbild sprechen und auch darüber, wo es herkommt. Wir können es lassen, ständig über unsere Diäten zu reden oder anderen dafür zu gratulieren, dass sie besser aussehen, abgenommen haben, viel frischer wirken. Ist das wirklich ein Gesprächsinhalt, den wir unter Frauen immer wieder auf den Tisch bringen müssen? Gibt es keine anderen Smalltalk-Themen? Und auch bei unseren Töchtern und ihren Freundinnen können wir andere Themen finden, um ins Gespräch zu kommen. Wir können thematisieren, wie Kosmetik hergestellt wird, was darin enthalten ist und welche gesunden Alternativen es gibt, wenn unsere Töchter sich unbedingt schminken wollen.

Wo wir jeweils ansetzen, ist auch hier individuell, und niemand anders als wir selbst kann beurteilen, mit welchen Vorstellungen wir so zu kämpfen haben. Womit wir aber anfangen können, ist, das traditionelle Schönheitsideal nicht von Kindesbeinen an zu befeuern mit »sexy« Kleidung für kleine Mädchen, mit Schönheitsexperimentiersets und Schminkpuppen. Wir können Kinderbücher auswählen, in denen diverse Körper abgebildet sind, können diverses Spielzeug kaufen und auch bei Kindermedien darauf achten, welche Werte und Ideale vermittelt werden. Wir können gemeinsam Orte wie eine Frauensauna, einen Hamam oder öffentliche Schwimmbäder aufsuchen, in denen unsere Töchter die Vielfalt an Frauenkörpern so erleben, wie sie eben ist: in verschiedenen Hautfarben, alt, jung, straff, schlaff, dick, dünn, faltig, glatt, dellig und alles dazwischen. Das tut uns selbst gut, weil unser Bild von Normschönheit jenseits von Medien und Instagram verändert wird, und es tut vor allem unseren Kindern gut, wenn sie mit echter Vielfalt aufwachsen.

Oder wie wäre es mal mit einem kritischen Fernsehabend zusammen mit einer älteren Tochter? Mit einer Strichliste, wie oft im Film Frauen nackt oder wenig bekleidet gezeigt werden und wie oft Männer – und wie diese Frauen dabei aussehen: nämlich oft normschön, weiß und ohne sichtbare Behinderung[35]. Und wenn wir schon gemeinsam Filme betrachten, können wir auch gleich den Bechdel-Test durchführen, den die amerikanische Cartoon-Zeichnerin Alison Bechdel entwickelt hat: Mit drei einfachen Fragen kann überprüft werden, wie sehr weibliche Stereotype in einem Film abgebildet werden:

- Gibt es mindestens zwei Frauenrollen?
- Sprechen sie miteinander?
- Unterhalten sie sich über etwas anderes als einen Mann?

Auch wenn der Test keine Aussage über den Inhalt des Films und echte feministische Aspekte zulässt, ist er eine Anregung, die Abbildung von Frauen im Film zu hinterfragen. Die Psychologin Patricia Cammarata und der Medienkulturwissenschaftler Caspar Clemens Mierau gehen in ihrem Podcast »Mit Kindern leben« sogar noch etwas weiter und sprechen darüber, dass in Kinderfilmen der Vater oft nur dann die Carearbeit übernimmt, wenn die Mutter tot, erkrankt oder aus anderen Gründen abwesend ist.[36]

Aber zurück zum Beautythema: Beschäftigen wir uns auch einmal mit der Frage, wie wir das Wort »dick« oder »fett« verwenden: Ist es als Schimpfwort oder Abwertung gemeint oder eine wertfreie Beschreibung? Wenn wir unseren Kindern erklären, sie dürften eine dicke Person nicht als »dick« bezeichnen, vielleicht auch »nur« nicht laut in der Öffentlichkeit, vermitteln wir damit, dass diese Körperform etwas Negatives sei. Wer dick ist, darf auch als dick bezeichnet werden – es kommt aber auf unser Framing an. Die Aktivistin Melodie Michelberger schreibt dazu: »Als ich anfing, mich selbstbewusst mit dem Wort ›dick‹ zu beschreiben, wollte ich genau das üben. Ich wollte dieses kleine Wort, das ich bisher als Schimpfwort auf dem Schulhof und als besorgte Warnung aus dem Mund der Ärzt*innen kannte, neu bewerten. Ich will es wegen der und entgegen all den Beleidigungen und Verletzungen, die es ausgelöst hat, verwenden. Fake it till you make it. Ich will mich an das Wort gewöhnen und es erst einmal neutral und irgendwann vielleicht positiv meinen. Dieses Wort zu benutzen, das vorher so viel Scham hervorrief, ist für mich sehr empowernd. Es ist ehrlich. Und ehrlich befreiend.«[37]

Erhebe Widerspruch, wenn du dich angegriffen fühlst. Man gewöhnt sich daran, im Freundes- oder Familienkreis »kleinen Scherzen« über das Aussehen ausgesetzt zu sein – oder selbst über andere zu lachen. Aber auch das wirkt auf unsere Kinder ein. Du darfst für dich einstehen und erklären, dass du nicht möchtest, dass jemand »dich neckt« mit Scherzen über dein Aussehen. Wer dich liebt, sollte nicht über dich lachen. Liebe zeigt sich nicht durch Erniedrigung und Abwertung anderer.

»Ich war ein dickes Kind. Nicht hässlich, wenn ich mir heute Kinderbilder ansehe, aber eben dick. Mit zunehmendem Alter haben meine Eltern das auch thematisiert, wobei auch meine Mutter dick war und von meinem Vater oft abgewertet wurde für ihr Aussehen oder er hervorhob, wie schön schlankere Frauen wären. In meiner Familie wurde ich ›Pummelchen‹ genannt, irgendwie liebevoll, aber irgendwann war es mir auch unangenehm. Ich war etwa zehn Jahre, als ich die erste Diät machte – zusammen mit meiner Mutter – mit so einem Pulver aus der Apotheke, das in den Neunzigern modern war. Ich habe später in der Jugend dann auch wirklich abgenommen und war, wenn ich mir Fotos aus meinen Zwanzigern ansehe, schlank, auch wenn ich mich nie so gefühlt habe. Als ich aber eine eigene Tochter bekam, holte mich das Thema wieder ein. Sie war zeitweise auch etwas dick, und ich wehrte vehement ab, dass sie Spitznamen bekam wie ich oder irgendwer in ihrem Beisein kritisch über ihr Aussehen sprach. Dennoch hatte ich einen sorgenvollen Blick auf ihre kleinen Rundungen. Als auf Instagram mal jemand kommentierte, mein Kind ›sei aber pummelig‹, hat mich das sehr verunsichert.« LILY

Wir können unsere Töchter nicht abschirmen davon, dass sie mit Geschichten und Bildern konfrontiert werden, die eben dieses toxische Schönheitsideal unterstützen, aber wir können, solange unser Einfluss als Eltern noch den der Peergruppe überwiegt, eine gesunde Basis in ihrer Psyche dafür schaffen, sich und andere Frauen in ihrem Aussehen nicht beständig infrage zu stellen. Ja, es ist Arbeit, nach Alternativen zu suchen, und ja, es ist manchmal unangenehm, anderen Eltern erklären zu müssen, warum Prinzessin Lillifee nicht das beste Geburtstagsgeschenk ist, aber ja: Der Kampf gegen das Patriarchat und für eine gesündere Zukunft unserer Töchter ist auf diesen Ebenen auch noch zu führen.

Schon im vorangegangenen Abschnitt ging es um Integrität und Grenzen. Gerade wenn wir uns die Zahlen zu Gewalt an Mädchen und Frauen ansehen, bekommt dieses Thema noch einmal eine besondere Relevanz. Gewalt gegenüber Mädchen und Frauen hängt nicht mit ihrem Aussehen zusammen: Mädchen und Frauen jeden Alters, jeder Körperform und jeglicher Art von Bekleidung sind (sexueller) Gewalt ausgesetzt. Das Schönheitsideal wirkt aber auf die Wahrnehmung ein: Zu oft wird Mädchen oder Frauen, die nicht dem gesellschaftlichen Schönheitsideal entsprechen, nicht geglaubt, wenn sie Übergriffe benennen oder gar anzeigen wollen – oder eine Gewalttat wird damit »entschuldigt«, dass sie eben zu aufreizend angezogen waren: eine Umkehr von Opfer und Täter.

Gerade in den vergangenen Jahren hat sich mehr und mehr gezeigt, welche patriarchalen Machtsysteme sexuelle Gewalt befördern, sichtbar an der #metoo-Bewegung und den aufgedeckten Fällen sexueller Gewalt um Personen wie den Filmproduzenten Harvey Weinstein, den Sänger R. Kelly und den Schauspieler Bill Cosby. Diese hatten zwar schon jede Menge Vorläufer (auch hierzulande), aber noch nie war es zu einer einheitlichen und starken systemischen Anklage durch Frauen gekommen, wobei Deutschland noch am Anfang dieser Aufarbeitung steht, wie die Autorin und Feministin Margarete Stokowski schreibt: »Täter fühlen sich immer noch zu sicher, und Opfer haben oft noch zu viel Angst zu sprechen.«[38]

Um sexuelle Gewalt gegen Mädchen und Frauen zu verhindern und solche Übergriffe strukturell zu beenden, müssen wir vor allem eines tun: Verhindern, dass Menschen Täter werden. Dazu haben wir bereits in Teil 3 dieses Buches gesehen, dass toxische Maskulinität und die Erziehung von Jungen in einem patriarchalen System, das Frauen und Mädchen unterwirft, ein Problem sind. Der Schwerpunkt der Gewaltprävention liegt daher zu Recht auf den Personen, die Gewalt ausüben. Dennoch ist es wichtig, auch Mädchen von Anfang an zu stärken, ihre eigenen Grenzen klar aufzeigen zu können und zu dürfen.

Es fängt damit an, dass Kinder nicht überredet werden sollten, Küsschen und Umarmungen zu geben, und geht damit weiter, sie aufzuklären, dass sie im Kindergarten und in Freundschaftsbeziehungen ganz klar »Nein« sagen sollten, wenn ihnen etwas unangenehm ist. Gerade dem Kindergarten und anderen institutionellen Einrichtungen kommt hier eine wichtige Bedeutung zu, da es bei der Wahrung persönlicher Grenzen nicht nur darum geht, körperliche Übergriffe in Bezug auf intime Handlungen abzuweisen, sondern auch in anderen Bedürfnisbereichen auf die eigene Wahrnehmung achten und sie benennen zu können, zum Beispiel beim Essen: Wer satt ist, muss nicht weiteressen. Wer von einer bestimmten Person nicht auf die Toilette begleitet werden möchte, sollte eine alternative Möglichkeit angeboten bekommen. Wer nicht mehr Mittagsruhe halten möchte, sollte auch hier eine Alternative haben. Um Kinder zu stärken, müssen sie sich sicher sein können, dass sie eine körperliche und psychische Integrität haben, die berücksichtigt wird. Dies gilt in institutionellen Kontexten ebenso wie zu Hause.

In Bezug auf die Selbstbestimmung des Kindes benötigen wir auch hier wieder ein anderes Framing: Das »Nein« eines Kindes ist ein Entwicklungsschritt, der nicht mehr aus der Perspektive des Trotzes betrachtet werden sollte, sondern als bedeutender Meilenstein seiner Entwicklung. Das kindliche »Nein« ist ein Baustein auf dem Weg der Selbstbestimmung. Mit einem Nein grenzen wir uns ab, grenzen Gefühle, Wahrnehmungen und Wünsche ab. Erst durch das Nein haben wir auch einen freien Zugang dazu, Ja zu sagen, und auch dieses ist in Bezug auf die Selbstbestimmung wichtig: Wir müssen wissen, was wir wirklich wollen, was gut für uns ist. Dieses Ja zu uns selbst wird im Laufe der Zeit und gerade in Bezug auf die sexuelle Entwicklung im Jugendalter besonders wichtig. »Ja, das mag ich!«, »Ja, das möchte ich (mit dir) ausprobieren« oder eben »Nein, das gefällt mir nicht«. Wenn wir schon als Kinder erfahren haben, dass wir die Kompetenz besitzen, unsere Bedürfnisse wahrzunehmen, auszudrücken und sie benennen zu können, können wir diese Sicherheit mitnehmen in unsere späteren Beziehungen. Und so, wie wir dies unseren kleinen Kindern zugestehen, sollten wir es auch unseren Teenagerkindern entgegenbringen.

Sexuelle Aufklärung ist wesentlich mehr als die Aufklärung über den Geschlechtsakt, Verhütung und Hygiene. Sie beginnt schon im Vorschulalter und entwickelt sich thematisch weiter mit der Entwicklung des Kindes. Leider ist die Sexualpädagogik, gerade in Schulen, noch sehr auf die drei oben genannten Aspekte fokussiert. Das an der Europa-Universität Flensburg initiierte Projekt »Teach Love« zur Weiterbildung von Lehrer*innen hält fest: »20 % der Lehrer*innen sagen, dass sie im Studium etwas zum Sexualkundeunterrricht gelernt haben, nur 8 % haben sich mit dem Thema sexuelle Gewalt beschäftigt, viele fühlen sich mit dem Thema alleingelassen. Während im öffentlichen und politischen Diskurs Diversität, Kulturalität, Sicherheit und psychische sowie physische Gesundheit in Bezug auf den Umgang mit der Sexualität immer mehr Aufmerksamkeit bekommen, ist das Thema in der Lehrer*innenbildung und den Lehrplänen weder konkretisiert noch etabliert. Schulmaterial ist oftmals nicht mehr zeitgemäß.«[39] Hier bedarf es dringend einer umfassenden Reform des Unterrichts und der Materialien, damit Jugendliche diese für die Sexualität wesentlichen Themen umfassend behandeln können – jenseits der Familie und unter fachkundiger Anleitung. In der Aufklärung steckt die Macht, aktiv sein zu können im Umgang mit Themen und auch mit sich selbst.

So ist zum Beispiel die Aufklärung über die Klitoris als Teil der Intimorgane noch nicht überall angekommen: Lange wurde sie in Schulbüchern falsch oder gar nicht abgebildet,[40] wodurch sich Sex im Aufklärungsunterricht auf die Penetration der Vagina durch einen Penis fokussiert. Das Vorhandensein der inneren, fast 10 Zentimeter langen Schwellkörper, die zur Klitoris gehören und sich bei Erregung mit Blut füllen, anschwellen und sich an Vagina und Vulva schmiegen,[41] wurde lange weder dargestellt noch thematisiert. Vielleicht ein Grund für die »Orgasmuslücke« bei Frauen und den Umstand, dass laut Umfrage 59 Prozent der Männer beim Sex immer zum Orgasmus kommen, aber nur 21 Prozent der Frauen.[42] Jugendliche werden durch einen richtigen Unterricht also nicht »sexualisiert«, sondern aufgeklärt und darin bestärkt, auf sich und ihre Bedürfnisse zu achten.

»Bestimmte Themen sind mir gerade aufgrund des Geschlechts sehr wichtig. Das Kennen und die korrekte Bezeichnung des eigenen Körpers zum Beispiel – mir selbst wurde das nie beigebracht (vielleicht auch, weil ich bei meinen Großeltern aufgewachsen bin, also einer ebenso ganz anders aufgewachsenen Generation). Ich merke selbst, dass die intimen Körperpartien bei mir irgendein Tabu auslösen, als dürfte ich sie nicht so benennen, und ich mich dabei unsicher und auf merkwürdige Art verschämt fühle.« FRANZISKA

Wichtig ist deswegen auch, wie wir in den Familien damit umgehen und dass wir möglichst ein Klima schaffen, in dem von Anfang an offen über Sexualität gesprochen werden *kann*. Das ist in Anbetracht der Situation von Frauen und der oft erlebten Gewalterfahrungen und sexuellen Übergriffe nicht so einfach. Je nach Art der erlebten Gewalt könnten Themen oder auslösende Reize die Erinnerungen wieder hochkommen lassen. Viele Mütter haben den Impuls, ihre Töchter vor den eigenen Erfahrungen schützen zu wollen, und gehen eher defensiv mit dem Thema um: Schutz bedeutet für sie, zu versuchen, die Jugendlichen möglichst lang vom Thema Sex abzuschirmen. Gleichzeitig ist es aber gerade heute wichtig, Mädchen mit einer offenen Haltung zu begegnen, die der veränderten Welt entspricht. Es kann heilsam sein, auch in späteren Jahren therapeutische Unterstützung zur Verarbeitung eines Traumas zu erhalten, wenn wir als Mutter merken, dass unsere negativen Erfahrungen uns in der Begleitung des eigenen Kindes hemmen.

Gerade in Bezug auf die Sexualität sehen wir, wie unsere Töchter mit ganz anderen Welten konfrontiert werden: Während wir noch – selbst ohne eigene Traumata – leicht schambehaftet auf die eigene Vergangenheit blicken, in der wir vielleicht nicht einmal die eigenen Eltern nackt gesehen haben, geschweige denn mit ihnen über Sexualität reden konnten, wachsen unsere Jugendlichen heute in die Onlinedatingwelt hinein. Natürlich ist es wichtig, in diesem Zusammenhang über den Zugang zu Medien und mediale Sicherheit für Kinder und Jugendliche zu sprechen, aber nicht minder wichtig ist es, sich mit den Themen an sich zu beschäftigen, die heute ein Thema für Jugendliche sind. Wir müssen dazulernen und als Eltern in diese Welt eintauchen, um sie zu verstehen, die Probleme zu erkennen und an der Wurzel fassen zu können: Wenn wir die Augen davor verschließen oder ausblenden, mit welchen Sichtweisen auf Sexualität Kinder und Jugendliche aufwachsen, helfen wir ihnen nicht. Auch hier gilt: In unserer eigenen Aufklärung liegt die Macht, bewusst mit den Themen umgehen zu können.

Erst wenn wir uns wirklich mit den Inhalten beschäftigen, die Jugendliche heute konsumieren, können wir ein Verständnis dafür bekommen, wie diese Inhalte auf sie wirken. Für diese Beschäftigung reicht es nicht, etwas darüber zu lesen, man muss sie sich wirklich ansehen. Auch dieses Buch kann nur einen ersten Impuls dazu geben, sich wirklich damit auseinanderzusetzen und nach dem Lesen dieses Kapitels in die Welt der Jugendlichen abzutauchen: Sieh dir Snapchat, WhatsApp, Instagram und Tiktok an, über die Jugendliche miteinander in Kontakt kommen. Selbst über die BRAVO[43], vor allem aber durch gegenseitigen Austausch, erfahren Jugendliche, dass einige Dating-Apps ab 16 Jahren, genutzt werden können: Schau dir an, wie sie funktionieren. Recherchiere, welche Serien und Filme bei Jugendlichen gerade angesagt sind: Filme wie *365 Tage* oder *Fifty Shades of Grey* werden auch von Jugendlichen gesehen. Und ja: Schau dir auch einmal an, welche Filme auf youporn.com frei anzusehen sind.[44] Dort werden sowohl von professionellen Anbietern wie auch Amateuren Videos eingestellt. Wenn du einen Überblick hast über das, was Jugendliche heute nutzen, versuche, diese Welt einmal nicht mit deinen erwachsenen Augen zu sehen, sondern dich in die Gefühls- und Entwicklungswelt eines Jugendlichen und insbesondere eines jungen Mädchens zu versetzen. Bewerte nicht, sondern bemühe dich, vorurteilsfrei zu verstehen, wie diese Eindrücke wirken können und welche Bilder von Weiblichkeit und der Rolle von Frauen vermittelt werden: Welche Körperformen haben Frauen in solchen Inhalten? Wie sind sie bekleidet, frisiert und geschminkt? Welche Art von Gewalt findet in den Videos statt, von entwürdigenden Aussagen bis zu körperlicher Gewalt? Welche Position nehmen sie in den sexuellen Handlungen ein: Sind sie eher passiv und für die Lusterfüllung einer anderen Person zuständig, oder geht es explizit auch um ihre Bedürfnisse? Wie weit entfernt ist diese Abbildung von der Realität der sexuellen Begegnungen im Alltag mit normaler Unterwäsche, verwischter Schminke (wenn überhaupt) und nicht frisch enthaart?

Welchen Einfluss pornografische Inhalte auf Jugendliche haben, ist nicht per se zu sagen: Die Botschaften, die über diese Inhalte vermittelt werden, treffen auf schon vorhandene »sexuelle Skripte«[45] und Rollenbilder. Die Rahmenbedingungen der Kinder und Jugendlichen machen hier einen entscheidenden Unterschied. Hier liegen sowohl die Gefahr als auch die Chance, diese Einflüsse durch eine gute, offene Begleitung abzumildern. Dennoch: Das Team des ZEIT-Online Sexpodcast »Ist das normal?« hält in seinem gleichnamigen Buch fest: »Für viele sind die Videos der erste bewusste Kontakt mit Sexualität. Und das kann Folgen haben: Ergebnisse einer Befragung unter Neunt- und Zehntklässlern, an der fast alle Schulen in Hessen teilnahmen, zeigen, dass bereits 48 Prozent der Schüler und acht Prozent der Schülerinnen öfter Sexvideos schauen. Jeder elfte unter den Dauernutzern ging davon aus, dass echter Sex genauso ist wie im Porno, ein Viertel sagte von sich, dass sie nur noch Körper schön finden, die genauso aussehen wie in den Videoclips. Fast ein Drittel konnte nicht mehr einfach mit dem Konsum aufhören, mehr als jeder achte merkte, dass er immer mehr davon brauchte – beides Anzeichen für eine Suchtentwicklung. So geprägt und ausgestattet starten viele Menschen heute in ihr Sexleben. Und merken dann nicht selten, dass der Sex mit einem echten Menschen anders läuft als das, was in Pornos auf Anhieb klappt und befriedigt.«[46] Das Ausprobieren der Sexualität gehört zur Entwicklung dazu, und es ist gut, wenn Jugendliche sich selbstbestimmt erleben können (zu dem Zeitpunkt, an dem sie selbst wirklich bereit dazu sind) und darüber erfahren, was sie wirklich mögen, was ihnen Lust bereitet. Denn dieses Grundgefühl werden sie in die weiteren sexuellen Beziehungen ihres Lebens mitnehmen: Weiß ich und kann ich sagen, was ich mag, oder passe ich mich nur an das an, was andere von mir wollen, ohne zu wissen, was mir selbst gefällt?

Entgegen der Mainstreampornografie hat sich Anfang der 1980er-Jahre die feministische Pornografie entwickelt, die Pornografie aus einer anderen Perspektive aufgreift und mehr auf Handlung, sexuelles Empfinden der Frau, Darstellung des Vorspiels, Begehren und weiblicher Befriedigung fokussiert und Vielfalt und Consent thematisiert. Auch die Rahmenbedingungen der Produktion pornografischer Inhalte sind hierbei an Fairness und ethischen Gesichtspunkten orientiert. Die Wahrscheinlichkeit aber, dass deine Tochter zunächst auf solche Darstellungen trifft, ist wohl eher gering. Wir können Jugendliche nur bedingt von falschen oder schädigenden Inhalten fernhalten, weil der Einfluss der Peergroup immer größer wird, aber wir können sie aufklären, stärken und die Augen nicht verschließen vor der Welt, wie sie ist.

Wenn du weißt, mit welchen Inhalten deine Tochter in ihrer Jugend konfrontiert ist, kannst du darüber vielleicht auch ableiten, welche Informationen sie beispielsweise über Verhütung benötigt: Auch Verhütung ist mehr, als zu lernen, wie ein Kondom über eine Banane gezogen wird. Wir können darüber sprechen, wie die Pille funktioniert, welche Nebenwirkungen sie hat und welche Aussage dahintersteht, dass sich Frauen um Schwangerschaftsverhütung kümmern müssen, während Männer in der Verhütung einer Schwangerschaft oft passiv sind. Nicht jedes Verhütungsmittel ist für jede Person geeignet: Die richtige Wahl kann aber nur getroffen werden, wenn es umfängliche Aufklärung gibt. Wir können darüber hinaus auch in den Blick nehmen, gerade in Bezug darauf, mit welcher Vielzahl an sexuellen Handlungen Jugendliche konfrontiert werden, dass auch bei anderen Praktiken neben der Penetration der Vagina mit dem Penis Schutz wichtig ist, und beispielsweise beim Oralsex zum Schutz vor Geschlechtskrankeiten Lecktücher eingesetzt werden sollten. Vielleicht fällt es uns schwer, darüber ins Gespräch zu kommen. Vielleicht will deine Tochter (aktuell) auch nicht mit dir darüber reden. Dann kannst du ihr zumindest Informationen bereitstellen, mit denen sie sich selbst weiter informieren kann: eine Box mit Beispielen für Verhütungsmittel und Informationsmaterial geben mit dem Hinweis, dass sie sich an dich wenden kann, wenn sie Bedarf hat, oder passende Beratungsstellen nennen.

Und wenn doch etwas ganz anders läuft als geplant? Wir sind der sichere Hafen für unsere Töchter. So, wie sie in jungen Jahren zu uns kommen konnten, wenn sie auf ihrem Weg des Erkundens der Welt müde wurden, wieder Sicherheit brauchten, Hilfe brauchten, sollten sie auch in späteren Jahren zu uns kommen können, und wir sollten auch dann erst einmal dieses Bedürfnis nach Sicherheit und Nähe berücksichtigen und wertfrei für sie da sein. Und im nächsten Schritt können wir sehen, wie wir ihnen helfen können. Wichtig ist immer, unserem Kind zu vertrauen, seine Wahrnehmungen und Erlebnisse ernst zu nehmen und problemlösungsorientierte Unterstützung anzubieten.

Reflexion: Was weiß ich über meinen Körper?

Wir wurden anders aufgeklärt, als unsere Kinder heute aufgeklärt wurden. Viele Erkenntnisse standen damals noch nicht oder nicht so zur Verfügung. Zeit, um das aufzuholen! Vielleicht hast du in diesem Kapitel bereits etwas gelesen, was neu für dich war. Nimm dir einmal bewusst Zeit, um dich damit zu beschäftigen, und suche Informationen zu Themen wie »weiblicher Orgasmus«, »Aufbau der Klitoris«, »weibliches Ejakulat« etc.

Beziehungskompetenz, Liebe und Liebeskummer

Nun ist es so, dass die meisten Jugendlichen nicht unbedingt mit ihren Eltern über Sex sprechen wollen. Wir können und sollten ihnen dieses Thema auch nicht aufzwingen, können aber vermitteln, dass wir als Ansprechpartnerin zur Verfügung stehen. Wir können für unsere Töchter passende Bücher aussuchen, die sie vielfältig informieren. Und vor allem können wir jenseits des konkreten Geschlechtsverkehr-Themas die Basis für ein Grundgefühl für alles schaffen, was mit Sex zu tun haben könnte: Verbundenheit, Nähe, Sinnlichkeit, Behutsamkeit, Beziehungskompetenz. Wir können vielleicht das Grundgefühl vermitteln, dass Liebe mehr ist als Sex, dass Sex auch getrennt von Liebe betrachtet werden kann und dass eben beides, Liebe und Sex, Bedürfnisse sind, die Menschen haben. Und vor allem können wir der Frage nachspüren: Was ist eigentlich Liebe? Welchen Blickwinkel auf Liebe möchte ich meiner Tochter mitgeben?

Blicken wir einmal auf die romantische Liebe, die wir als »die Liebe« in Serien, Filmen, Büchern, Comics und Foto-Love-Storys oft vermittelt bekommen: Er ist beziehungsunfähig, sie »heilt« ihn durch ihre Liebe. Die Journalistin und Autorin Michèle Loetzner umschreibt die Wirkung der immer wieder rezipierten Liebesgeschichten mit den Worten: »Wenn Mädchen also schon in sehr jungen Jahren von vielen Seiten eingeflüstert bekommen, dass es erstrebenswert ist, jemandem den Hof zu machen, der sich eigentlich pausenlos wie ein unreifes Arschloch verhält, wie gesund ist das wohl für das Beziehungsverhalten als Erwachsene?«[47] Aber nicht nur das Bild von »Er behandelt dich nur schlecht, weil er dich eigentlich mag« oder »Frauen müssen Männer emotional retten/heilen« wird medial vermittelt, auch geht es oft darum, dass Mädchen und

Frauen sich anpassen müssen, um Liebe zu bekommen: »5 Tipps, wie du deinen Crush endlich auf dich aufmerksam machst!«

Es ist kompliziert mit der romantischen Liebe, die beim genauen Hinsehen gar nicht so romantisch ist. Die Philosophin und Kulturjournalistin Şeyda Kurt schreibt dazu: »Ich etwa glaube nicht an eine Natur der (romantischen) Liebe, die unterdrückt wird und befreit werden muss – und schon gar nicht glaube ich an eine Sehnsucht nach romantischer Liebe, die per se männlich oder weiblich ist.«[48] Was wir unseren Töchtern über Liebe mitgeben sollten, ist der Kern des Gefühls, nicht sein gesellschaftlicher Ausdruck. Der Kern sind die schon im dritten Teil des Buches erwähnte Freiheit und das Annehmen eines Menschen, so wie er ist, und der Wunsch, genau diesen Menschen im Leben zu begleiten. Es geht um Intimität, um Gesehenwerden, um Sicherheit, das Teilen von Gefühlen – praktisch all die Aspekte, die sichere Bindung ausmachen. Machtkämpfe, Anpassung, Zwang zu Liebesbeweisen, Besitzansprüche sind kein Teil gesunder Beziehungen. Auch hier gilt es also, ein Gegengewicht zu schaffen zu dem, was noch immer so oft vermittelt wird. Dieses Gegengewicht kann sich entwickeln, wenn sich Selbstbewusstsein und Selbstwertgefühl gesund entwickeln können, wenn ein Kind verinnerlicht hat, dass es um seiner selbst willen liebenswert ist. Dornröschen hätte eigentlich nicht von irgendeinem fremden Prinzen im Schlaf »wach geküsst« werden müssen – was für eine unangenehme Vorstellung! –, sondern hätte genauso gut einfach so nach ihrem hundertjährigen Schlaf aufwachen und sich selbst einen Prinzen suchen können – oder eine Prinzessin, Bauern/Bäuerin, Koch/Köchin oder wen auch immer sie lieben wollte. Und wenn sie ganz ohne Prinzen oder Prinzessin glücklich gewesen wäre – warum nicht? Schreiben wir die alten Geschichten doch endlich um!

Und dennoch, selbst wenn wir unsere Töchter stärken, wenn sie sich selbst lieben und nicht das Gefühl haben, sich »schön machen«

zu müssen, damit sie von anderen geliebt werden, werden sie auch negative Erfahrungen machen. Sie werden Beziehungen beenden, werden verlassen werden, werden streiten und sich vielleicht wieder vertragen – oder auch nicht. Sie werden vielleicht Partner*innen auswählen, die wir nicht mögen oder bei denen wir von Anfang an dachten, dass es nicht gut gehen wird. Wir werden sie nicht vor Liebeskummer bewahren können, nicht vor Ausgrenzung oder Abwertung, wenn sie sich nicht den Normen anpassen. Aber wir können sie auf dem Weg durch den Schmerz in einer Weise begleiten, die sie wiederum stärkt, weil das Gefühl des Kummers nicht unterdrückt oder abgestellt werden muss.

Interview
Michèle Loetzner: Liebeskummer

Michèle Loetzner ist Literaturwissenschaftlerin und Journalistin. 2020 erschien ihr Bestseller *Liebeskummer bewältigen in 99 Tagen*, der in verschiedene Sprachen übersetzt wurde. In diesem Buch bietet sie nicht nur Tag für Tag eine Anleitung durch den Liebeskummer, sondern hinterfragt Rollenklischees, Ungleichbehandlung und das Patriarchat.

Viele Eltern kennen sicherlich aus ihrer eigenen Jugend noch Sprüche wie »Andere Mütter haben auch schöne Söhne« oder »Für jeden Topf gibt es einen Deckel«. Warum sind solche Plattitüden bei Liebeskummer des Kindes nicht gut?

Zum Thema Liebeskummer wurde in fast allen wissenschaftlichen Disziplinen mittlerweile geforscht, trotzdem ist das größte Problem die gesellschaftliche Bagatellisierung. Immer noch tut die Mehrzahl der Menschen so, als sei das ein lästiger Gefühlsschluckauf, und man solle sich doch mal bitte nicht so anstellen. Mit diesem Kleinmachen, ja oft einer glatten Negierung des Gefühls, sprechen wir Menschen deren Emotionen ab. Das ist fast schon Gaslighting. So verwirrt man nachhaltig die Kinder in ihrer persönlichen Einordnung dieses Gefühls. Wenn das blöd läuft, wachsen so junge und später alte Menschen heran, die ihre eigenen Gefühle nicht ernst nehmen. Wie ungesund das ist, sollte jede und jeder mittlerweile wissen. Speziell Jungs wird dieses Gefühl von Trauer, Verlust und Wut nicht zugestanden. Eine groß angelegte Studie der Binghamton University, New York, hat zuletzt auch gut aufgedröselt, wohin das führt: Frauen leiden kürzer als Männer, dafür aber intensiver. Männer verdrängen lange und stecken so viel länger in diesem Gefühl fest. Es gibt unüberraschenderweise deshalb mehr männliche Langzeitsingles als weibliche.[49]

Weiter ist an diesen Aussagen problematisch, dass sie suggerieren, dass man nur innerhalb einer (heteronormativen) romantischen Zweierbeziehung ein vollwertiges Mitglied unserer Gesellschaft ist. Der Topf braucht einen Deckel: Ach ja? Was, wenn ich ein Wok bin? Kinder und Jugendliche bekommen so ein Regelwerk oktroyiert, das besagt, dass mit ihnen etwas nicht stimmt, wenn sie sich nicht zügig und langfristig monogam an einen Partner oder eine Partnerin binden. Aufgemerkt: Wir leben nicht mehr im Mittelalter. Speziell Mädchen muss von früh auf klar gemacht werden, dass sie allein genug sind. Dass sie keine*n Partner*in brauchen, um am großen Tisch sitzen zu dürfen. Das Ziel des Lebens sollte sein, dass ein Mensch glücklich ist. Nicht, dass er möglichst zeitnah verheiratet, bekindert und in einer Festanstellung ist.

Anscheinend fehlt vielen Eltern auch hier wieder die Erinnerung an das Gefühl des Liebeskummers. Wie schlimm kann Liebeskummer wirklich sein?

Aus der Traumaforschung weiß man heute sehr genau, dass die Symptome bei Liebeskummer denen von Menschen mit posttraumatischer Belastungsstörung gleichen.[50] Liebeskummer wird von unserem Gehirn und unserer körperlichen Biochemie schlimmstenfalls so bewertet wie ein Terroranschlag: nicht mehr essen, schlafen und denken können, Panikattacken, Herzrasen und vieles mehr. Medizinisch Forschende haben auch schon lange entdeckt, dass man an einem gebrochenen Herzen sterben kann. Das Broken-Heart-Syndrom (medizinisch: Tako-Tsubo-Kardiomyopathie) ist vereinfacht gesagt eine Art Herzinfarkt aufgrund von Trennungsschmerz.[51] Es ist so verbreitet, dass es dafür mittlerweile eine weltweite Datenbank gibt. Nun ist es so, dass speziell bei Kindern und Jugendlichen die Wahrscheinlichkeit für BHS sehr gering ist – dennoch machen schon allein diese beiden wissenschaftlichen Erkenntnisse klar, dass man es hier nicht mit einer Lappalie zu tun hat. Dass Eltern sich da oft nicht mehr so recht dran erinnern können, hat auch einen Grund: Das ist ein Schutzmechanismus. Unser Gehirn versucht, die Erinnerung an solch schmerzhafte Ereignisse im sanften Nebel des Vergessens zu verstecken. Ähnlich wie bei einer Geburt, an deren Schmerzen man sich schon wenige Stunden danach nur noch theoretisch erinnern kann. Umso wichtiger ist es, dass wir uns in diesen Momenten noch mal ganz klar machen, wie sehr wir selbst schon unter Verlust, Zurückweisung und Entwertung gelitten haben. Das möchte doch bitte keine und keiner weitergeben.

Was ist wirklich wichtig, wenn unser Kind (den ersten) Liebeskummer hat?

Menschen mit Liebeskummer erfahren oft den gleichen körperlichen Ausnahmezustand wie starke Drogensüchtige bei einem kalten Entzug. Das Ungleichgewicht aus Adrenalin, Kortisol, Oxytocin, Dopamin und Serotonin ist ein Höllenritt. Speziell für Jugendliche, deren Hormonhaushalt sowieso die ganze Zeit so reguliert ist wie ein Karnevalszug mit Freibier, ist das besonders hart und anstrengend. Was bei der Recherche zu meinem Sachbuch immer wieder klar wurde: Es ist wichtig, dass wir als Gesellschaft den Schmerz und die Pein von Liebeskummer viel, viel ernster nehmen. Gerade Kinder, die dieses Gefühl zum ersten Mal erleben, brauchen eine liebevolle Begleitung. Manchen hilft es vielleicht, wenn man ihnen erklärt, was in ihrem Körper passiert. Andere müssen abgelenkt werden, wieder andere wollen einfach, dass jemand bei ihnen ist, der bitte keine Fragen stellt.[52] Mitgefühl und Empathie, besonders wenn wir sie als Kinder und junge Menschen selbst nicht erfahren durften, sind unerlässlich. Auf gar keinen Fall darf man sich über den Liebeskummer lustig machen. Einfach nie, ohne Ausnahme!

Reflexion: Liebe ist …

Kennst du noch die »Liebe ist …«-Comics aus den 80er-Jahren? Überlege nach all dem, was du hier und in Teil 3 des Buches gelesen hast: Was macht für dich ganz persönlich Liebe aus? Welche Werte, welche Handlungen? Und welches Gefühl von Liebe möchtest du deiner Tochter vermitteln?

Auch das Online-Leben ist Leben

Der Science-Fiction-Autor Douglas Adams hat einmal erklärt: »Ich habe ein Regelwerk aufgestellt, dass unseren Umgang mit Technologien beschreibt: 1. Alles, was bereits vorhanden ist, wenn man geboren wird, ist normal und gewöhnlich und einfach ein natürlicher Bestandteil der Welt. 2. Alles, was in der Zeit erfunden wird, in der man zwischen 15 und 35 Jahre alt ist, ist neu und aufregend und revolutionär, und wahrscheinlich kann man damit Karriere machen. 3. Alles was erfunden wird, nachdem man 35 Jahre alt ist, ist entgegen der natürlichen Ordnung.«[53] Und auch wenn diese Aussage auf keiner Studie beruht, trifft sie einen wesentlichen Kern, der es besonders der Erwachsenengeneration manchmal schwer macht, Kinder und Jugendliche zu verstehen. Sie wachsen in eine andere Welt hinein als wir, und ihre Welt besteht nicht nur aus all dem, was wir als Realität kannten, sondern neben dieser uns bekannten Welt gibt es in ihrer Welt eine, die wir als Kinder nicht kennengelernt haben: die Onlinewelt. Sosehr einige Autoren auch immer wieder die Existenz dieser Welt anmahnen, abmahnen und sich vielleicht insgeheim wünschen, es käme »der Tag, an dem die Oma das Internet kaputt gemacht hat«, wird dies nicht eintreten: Unsere Kinder leben in einer teilweise anderen Welt. Wir müssen diese Welt verstehen, annehmen und unsere Kinder darin begleiten, so wie wir ihnen in der analogen Welt das Laufen beibringen. Genau das ist unsere Aufgabe als Eltern. Ebenso wenig, wie wir die Begleitung der Entwicklung der Grob- und Feinmotorik oder des Sozialverhaltens verweigern, sollten wir die Begleitung der Entwicklung von Medienkompetenz verweigern.

Auch hier sind wir als Eltern von Mädchen wieder vor besondere Aufgaben gestellt, denn auch im Netz sind Mädchen und Frauen besonders Gewalt ausgesetzt, und auch hier wirken Schönheits- und Anpassungsdruck, manchmal sogar noch viel mehr als im Alltag. Und auch hier sehen wir: Der Ton wird schärfer, der Hass direkter. Krisen verschärfen die Situation der Mädchen und Frauen, auch im Netz. Der Journalist und Autor Sascha Lobo schreibt 2021 in seiner Kolumne: »Eine zunehmend toxische Atmosphäre wird absichtsvoll erzeugt, die insbesondere Frauen davon abhalten soll, unbeschwert und offen zu kommunizieren«,[54] und er führt aus, wie sich patriarchale Methoden, Frauen zum Schweigen zu bringen, auf das Netz ausdehnen: Frauenhass findet in beiden Welten statt. Der Hass gegen Frauen im Netz bezieht sich nicht mehr nur darauf, dass Mädchen und Frauen beleidigt oder abgewertet werden, dass sie negative Kommentare bekommen, sobald sie in den Medien von klassischen Geschlechterrollen abweichen und sich nicht stereotyp abbilden.[55] Der Hass gegen Frauen geht so weit, dass über das Netz gegen Frauen gerichtete Tötungsfantasien ausgetauscht und dann umgesetzt werden: Die in den USA entstandene Gruppe der INCEL (**in**voluntary **cel**ibate = unfreiwillig zolibatär lebende hetereosexuelle Männer) verbreitet Frauenfeindlichkeit und Gewaltfantasien gegenüber Frauen, die unter anderem als Ursache für Amokläufe wie in Isla Vista, Florida oder Toronto gelten. Auch das zeigt uns: Die »beiden Welten« sind nicht getrennt zu denken, und wir können nicht vor einer von ihnen die Augen verschließen.

Aber nicht erst diese Art der Gewalt ist furchtbar und folgenschwer, auch Cybermobbing kann schwer auf unsere Töchter einwirken: Eine Befragung der Brandenburgischen Landesstelle für Suchtfragen e. V. ergab, dass jedes zehnte Mädchen bereits Cybermobbing erlebt hat[56] – damit liegen auch hier wieder die Übergriffe auf Mädchen vor den Gewalterfahrungen der Jungen. Cybermobbing betrifft nicht erst Jugendliche, sondern schon Kinder, beispielsweise in Klassenchatgruppen. Die Psychologin Patricia Cammarata führt in ihrem Bestseller *Dreißig Minuten, dann ist aber Schluss!* aus, dass Mobbing unbedingt ein Thema ist, das präventiv in Schulen gehört: »Da nun mal ein Großteil der Mobbingfälle im schulischen Umfeld auftritt, empfiehlt es sich, den Klassenverbund aktiv zu stärken und für ein gutes Klima zu sorgen.«[57] Auch Eltern sollten dem Thema proaktiv begegnen und die Rollen und Wirkdynamiken beim Mobbing kennen, empfiehlt die Autorin. Neben Opfer und Täter*in gibt es in Mobbingfällen Assistent*innen, die den/die Täter*in unterstützen, Claqueure, die als verstärkendes Publikum fungieren, (potenzielle) Verteidiger*innen und Unbeteiligte.

Auch in Bezug auf Mobbing, Hass und Gewalt im Netz gilt, dass es in erster Linie wieder darum geht, dass Hass im Netz beendet werden muss, indem die Menschen, die ihn verbreiten, damit aufhören. Gleichzeitig müssen sich mehr Menschen daran beteiligen, stattfindende Übergriffe zu verurteilen und betroffene Menschen zu schützen. Auch hier beginnt Solidarität im Kleinen: Nicht nur in Bezug auf Sexismus und Misogynie sollte nicht weggesehen werden, sondern wir brauchen ein allgemeines Klima des Wohlwollens und des Respekts. Wir brauchen gute Umgangsformen und Menschen, die darauf achten, selbst in den kleinen Debatten auf Elternkanälen, wenn es vielleicht nicht um die direkte Abwertung einer Person geht, sondern »nur« in einem scharfen Ton über Erziehungsmethoden diskutiert wird. In Bezug auf Mobbing sollten wir frühzeitig unsere Kinder aufklären und ihnen vermitteln, wie wichtig die Aufgabe der Verteidiger*innen ist – und selbst solche sein.

In Bezug auf Gewalt gegen Kinder und Jugendliche im Netz müssen wir noch etwas weiter gehen: Wir haben bereits am Anfang des Buches gesehen, dass Diskriminierung auf verschiedenen Ebenen ansetzt und Kinder und Jugendliche aufgrund ihres Alters diskriminiert werden, aber innerhalb dieser Gruppe noch weitere Diskriminierungen hinzukommen können wie beispielsweise Geschlechtszuordnung, Hautfarbe etc. Kinder und Jugendliche werden im Netz generell diskriminiert, weil ihre Stimme oft nicht gehört oder anerkannt wird. Darüber hinaus sind sie aber auch aufgrund ihres Alters besonderer Gewalt durch Pädokriminalität ausgesetzt: Der Bericht über sexualisierte Gewalt online aus dem Jahr 2019 hält fest, dass jährlich 40 000 Meldungen zu Missbrauchsdarstellungen, Belästigung und Cybergrooming bei jugendschutz.net eingehen.[58] Laut einer Studie sind in Deutschland 34 Prozent der befragten Mädchen und 23 Prozent der Jungen online schon mit intimen Fragen konfrontiert worden, die sie nicht beantworten wollten.[59] Über die verschiedensten digitalen Medien versuchen dabei Pädokriminelle, Zugang zu Kindern und Jugendlichen zu erhalten: über Instagram und TikTok ebenso wie über Facebook, YouTube oder auch WhatsApp. Selbst in Onlinespielen wird versucht, Kontakt zu knüpfen. Private Chatmöglichkeiten in solchen Angeboten bieten die Möglichkeit, unter Ausschluss der Öffentlichkeit zu kommunizieren, oder die Kommunikation wird aus einem öffentlichen Raum in einen anderen, privaten Chat verlegt, wenn eine erste Kontaktaufnahme, beispielsweise unter der Angabe, die pädokriminelle Person sei angeblich ein Kind/eine jugendliche Person, erfolgreich war.

Kinder und Jugendliche brauchen einen besonderen Schutz vor diesen (und anderen) Gewalterfahrungen, da sich ihre sexuelle Selbstbestimmung noch in der Entwicklung befindet und (sexuelle) Gewalt in jeder Form schwere Auswirkungen haben kann. Es braucht daher vor allem gezielte politische und rechtliche Schutzkonzepte, die die Arbeit einzelner Anbieter mehr in den Blick nehmen und strengere Aufsichten erfordern: sowohl im Hinblick auf die Vorbeugung von Hass und Gewalt im Netz generell als auch in Bezug auf sexuelle Gewalt gegenüber Kindern. Wenn wir über all diesen Hass und die Probleme im Netz lesen, mag unser erster Impuls – wie so oft – sein: Ich schütze mein Kind am besten, indem ich es gar nicht in diese Welt hineinlasse, weil die Schutzvorkehrungen an vielen Stellen einfach (noch) zu gering sind. Aber wie in anderen Bereichen ist das nicht nur recht realitätsfremd, sondern auch gefährlich, weil wir unseren Kindern damit nicht ermöglichen, eine Kompetenz im Umgang mit der Realität zu erwerben und gezielt zu lernen, wie sie mit Informationen, Fake News, Kommentaren und Drohungen umgehen können. Ältere Kinder, die selbst kein Smartphone haben, werden auf dem Schulhof mit Videos auf anderen Geräten konfrontiert oder nutzen digitale Medien, wenn sie sich in anderen Haushalten befinden. Wir können unsere Kinder ab einem bestimmten Alter kaum mehr abschirmen, aber wir können sie begleiten, schrittweise in die Onlinewelt einführen und ihnen Kompetenz vermitteln.

Der erste wichtige Schritt ist also, uns selbst über diese Welt zu informieren: Was nutzen Kinder und Jugendliche? Was möchte mein Kind eigentlich nutzen? Welche Gefahren gibt es dort? Wenn wir wissen, welche Gefahr von einzelnen digitalen Angeboten ausgeht, können wir diese Gefahren mit dem Alter der Kinder abwägen: Wir können erklären, warum unser Kind beispielsweise WhatsApp nicht nutzen soll, aber beispielsweise einen anderen, sicheren Messengerdienst. Wenn ein Kind ein bestimmtes Onlinespiel spielen möchte, können wir uns verabreden, dieses Spiel zu begleiten und dadurch Übergriffen vorzubeugen beziehungsweise Kontaktanbahnungen von Fremden zu erkennen, unser Kind darauf hinweisen und es schützen. Wir können unseren Kindern erklären, warum sie private Informationen über sich nicht oder nur geringfügig preisgeben sollten (Klarname, Wohnort, Schulname, Handynummer sollten bei Kindern auf jeden Fall und möglichst auch noch bei Jugendlichen nicht veröffentlicht werden, auch Standortinformationen, wie sie beispielsweise Instagram anbietet, sollten nicht genutzt werden), und diskutieren, welche Bilder und Videos ins Netz dürfen und welche auf keinen Fall. Hier gibt es auch eine Verbindung zum Thema Aufklärung, wenn wir unseren Kindern erklären, warum sie keine Nacktfotos und -videos von sich an Freund*innen schicken sollten (Sexting), um sich beispielsweise vor Sextortion – einer Form der Erpressung im Netz –

zu schützen. In Zusammenarbeit mit dem eigenen Freundeskreis oder auch als Experiment über Twitter oder Instagram können wir zeigen, wie schnell ein privates Bild oder Video (mit einem harmlosen Inhalt wie beispielsweise ein niedliches Tierbild oder -video) über Soziale Netzwerke Verbreitung finden kann und an Menschen gerät, die das Kind selbst vielleicht gar nicht kennt. Und natürlich kommt hier auch die Vorbildfunktion der Eltern ins Spiel: Wie gehen sie einerseits mit ihren eigenen Informationen und Bildern um, aber vor allem auch mit den Informationen und Bildern der eigenen Kinder: Wie werden sie abgebildet, welche Inhalte werden von ihnen preisgegeben? Pädokriminalität beginnt nicht erst bei der direkten Kontaktaufnahme mit Kindern und Jugendlichen, auch Alltagsbilder aus privaten öffentlichen Profilen werden für sexuelle Inhalte missbraucht. Auch hier sind Eltern in der Pflicht, ihre Kinder zu schützen, indem Inhalte und Videos, die verfremdet oder sexualisiert werden können, nicht in den öffentlichen Raum gelangen. Sowohl für Eltern als auch für Kinder ist es wichtig, die eigene Datensicherheit und den Schutz von Daten durch sichere Passwörter zu besprechen.

Reflexion: Mein Verhalten im Netz

Wenn wir mit unseren Kindern über digitale Medien und ihre Nutzung sprechen, kommt zwangsweise auch das eigene Nutzungsverhalten in den Blick. Spätestens wenn das Kind erklärt: »Aber du machst doch auch immer …« Gerade wenn wir über Netiquette, Solidarität und Toleranz sprechen wollen, ist es wichtig, auch auf das eigene Verhalten zu blicken. Überlege einmal bewusst, wie du dich online verhältst: Was konsumierst du wie viel? Wo kommentierst du und in welcher Art? Wie stellst du dich dar? Wurde dir schon einmal zurückgemeldet, dass dein Verhalten als übergriffig erlebt wurde? Hast du nach diesem Kapitel vielleicht einen neuen Vorsatz gefasst?

Es geht um Bildung

Wir sehen also immer wieder: Es geht im Wesentlichen um Bildung. Um die Bildung von Eltern, Müttern, aber ganz besonders auch um die umfassende Bildung unserer Töchter. Bildung für und über Mädchen, Teenagerinnen und Frauen ist die Grundlage für ein wirklich gleichberechtigtes Leben. Wir können nur gleichberechtigt leben, wenn wir wissen, wie unser Körper funktioniert, wie wir ihn richtig schützen und gesund erhalten können. Wir können nur gleichberechtigt leben, wenn wir auch unsere Psyche schützen und pflegen können und nicht nur wissen, was wir dafür brauchen, sondern auch die Rahmenbedingungen dafür zur Verfügung gestellt bekommen beziehungsweise wissen, was wir einfordern müssen. Das bedeutet, dass es wesentlich darauf ankommt, dass Mädchen die Möglichkeit bekommen, aufgeklärt zu werden und umfassende Informationen über ihren Körper und ihre Entwicklung zu erhalten – in Familien ebenso wie in Kita und Schule.

Gerade der sexuellen Aufklärung werden immer wieder Steine in den Weg gelegt: Es wird über »Umerziehung« oder »Frühsexualisierung« gesprochen – und zwar insbesondere von konservativen, rechten Gruppen und Parteien, die auch sonst patriarchale Denkmuster vertreten und weiter ausbauen wollen. Mädchen sollen von der umfassenden Bildung über ihren Körper abgehalten und Jungen im bestehenden Bild gestärkt werden. Doch in den Sexualwissenschaften ist klar, dass Kinder eine gute, sichere, altersangemessene Aufklärung brauchen.

Darüber hinaus bedeutet dies aber auch, dass wir, um das Wissensdefizit aufzuholen, das sich durch die mangelnde Berücksichtigung von Mädchen und Frauen im Laufe der Geschichte ergeben hat, verstärkt in diesen Bereichen forschen müssen und auch politische Entscheidungen zur Veränderung brauchen. Für eine auch interessengeleitete Forschung und gleichberechtigte Politik ist es sinnvoll, wenn jene Personen beteiligt sind, um die es geht: Wir brauchen also Frauen in Forschung, Medizin, Politik – in allen Bereichen des Lebens, damit gleichberechtigt an Themen gearbeitet werden kann und die verschiedenen Interessen vertreten sind.[60] Wie wir gesehen haben, sind Frauen immer noch besonders im Carearbeitsbereich tätig – bezahlt oder unbezahlt. Dass sich dies so ergibt, ist keine persönliche Entscheidung, wie wir so oft annehmen, sondern durchaus ein strukturelles Problem, für das die Weichen schon in der Familie, im Kindergarten und in der Schule gestellt werden. Die letztendliche Berufswahl unserer Töchter ist ein Kompromiss aus der Verbindung der eigenen Persönlichkeit mit den gesellschaftlichen Vorstellungen und Rahmenbedingungen. Gerade im MINT-Bereich (Mathematik, Informatik, Naturwissenschaft und Technik) ist der Anteil an Frauen 2019 zwar leicht steigend, aber mit 15,4 Prozent noch immer unterdurchschnittlich.[61] Auch in der Politik sind Frauen insgesamt unterdurchschnittlich vertreten, wobei es innerhalb der einzelnen Parteien nochmals erhebliche Unterschiede im Frauenanteil gibt. Das Helene Weber Kolleg hält fest: »Im Jahr 2021 sind Frauen und Männer in keinem Parlament in Deutschland gleichberechtigt vertreten. Während der Frauenanteil im Bundestag bei rund 35 Prozent und in den Länderparlamenten bei 32 Prozent liegt, sind es auf der kommunalen Ebene durchschnittlich 23 Prozent. Vor allem in kleineren Kommunen gibt es immer noch ›frauenfreie‹ Räte. Und nur jedes 10. Rathaus in Deutschland wird von einer Frau geführt.«[62] In wichtigen Bereichen, in denen wir aufholen müssen, sind also bislang zu wenig Frauen vertreten.

Dies liegt nicht an der Bildung allgemein. Die Psychologieprofessorin Dr. Bettina Hannover führt in einem Interview dazu aus: »Obwohl Mädchen und junge Frauen im Bildungssystem besser abschneiden als ihre männlichen Peers, verdienen weibliche Arbeitnehmer immer noch weniger Geld als männliche. Dies liegt unter anderem daran, dass Frauen und Männer sich – aufgrund des Einflusses von Geschlechtsstereotypen – überwiegend für Berufe entscheiden, die zum eigenen Geschlecht ›passen‹ und in vielen ›weiblichen‹ Berufen weniger bezahlt wird als in typisch ›männlichen‹. Geringeres Einkommen und berufliches Fortkommen sind aber auch dadurch bedingt, dass Frauen für eigene Kinder ihre Erwerbstätigkeit vorübergehend oder dauerhaft reduzieren. […] Ein weiterer Grund dafür, warum der höhere Bildungserfolg von Mädchen und jungen Frauen bisher nicht zu einer Gleichstellung in der Arbeitswelt geführt hat, ist, dass Frauen häufiger als Männer in Jobs tätig sind, für die sie formal überqualifiziert sind.«[63] Passend dazu konnte die Psychologin Dr. Julia Schorlemmer in einer Untersuchung zeigen, »dass es eben nicht der Zufall ist, der über die Berufswahl entscheidet, […] sondern dass das Geschlecht und die Herkunft, trotz sich verändernder gesellschaftlicher Bedingungen, maßgeblich über Berufswünsche entscheiden«.[64] Wir sehen also: Auch wenn die Mädchen in Bildungsfragen deutlich aufgeholt haben, machen es die Einflüsse von Rollenerwartungen, aber auch ein geringeres Selbstwertgefühl schwer, diese Bildungserfolge in passendes Handeln umzusetzen.

Um dies aufzuheben, muss bewusst an Stereotypen und Rollenbildern gearbeitet werden. Eltern, aber auch anderen begleitenden Bezugspersonen wie Erzieher*innen und Lehrer*innen kommt dabei eine wichtige Aufgabe zu: Unabhängig vom Geschlecht (und von Herkunft und Bildungsstand der Eltern) müssen alle Kinder die Chance haben, gute Rahmenbedingungen zum Lernen vorzufinden. Sie sollten erst gar keine Schubladen in Bezug auf ihre Eignung ausbilden. Auch hier kommt die Bedeutung des gesunden Selbstbildes und der Selbstwirksamkeit wieder zum Vorschein. Die Aufhebung von überkommenen Vorstellungen findet durch uns selbst als Erwachsene statt: Wie beschreiben wir Tätigkeiten und Berufe? Aber auch durch unsere Handlungen: Welche Vorbilder erleben unsere Kinder neben uns selbst? Konsultieren wir eine Kinderärztin und benennen wir diese auch so, oder erleben unsere Töchter ein von Männern geprägtes Berufsfeld? Werden in unseren Bilderbüchern auch Frauen als Ärztin, Bäckerin, Bauarbeiterin, Handwerkerin, Feuerwehrfrau abgebildet? Es mögen Kleinigkeiten sein, aber alle diese Kleinigkeiten prägen das Bild in den Köpfen unserer Töchter.

Bindung und Bildung gehen Hand in Hand. Alles, was wir uns über Bindung im zweiten Teil dieses Buches angesehen haben, wirkt sich auch auf die Bildung aus: Durch eine sichere Bindung können wir ein gesundes Selbstwertgefühl in unseren Töchtern anlegen. Durch eine individuelle Betrachtung unserer Kinder jenseits etablierter Rollenklischees können wir sie stärken. Wir sollten als sichere Bezugspersonen zur Verfügung stehen und sie stützen, aber ihnen auch genug Freiraum geben, damit sie sich wirklich erproben können in den Bereichen, in denen sie sich erproben wollen.

Wir sehen also, egal welchen Lebensbereich wir betrachten: Es geht immer wieder um Bildung und Aufklärung, weil wir Frauen und Mädchen zu lange davon ausgeschlossen wurden, wir aus Scham schweigen mussten oder zum Schweigen gebracht wurden. Damit muss endlich Schluss sein! Wir fordern Bildung und Forschung ein und machen uns selbst auf den Weg. Wir wissen, wer wir sind, wie wir sind, dass wir unterschiedlich sind und sein dürfen, dass wir keine stereotypen Vorstellungen erfüllen müssen, dass es weder »das Mädchen« noch »die Frau« gibt. Wir wissen, dass wir Rechte haben und sie einfordern müssen und dass es keine Gründe für Benachteiligung gibt.

Lass uns die Rebellion beginnen

Ich wünschte, Liebe wäre die einzige Antwort auf die Frage, was unsere Töchter brauchen. Sie ist es leider nicht. Unsere Töchter brauchen zweifellos Liebe, aber auch Freiheit und vor allem Gerechtigkeit. Wir können ihnen Liebe geben, wenn wir sie spüren, aber Freiheit und Gerechtigkeit müssen wir noch erkämpfen. In unserem Alltag, der Politik, der Gesellschaft. Wenn wir auf die vergangenen Kapitel sehen, mag der Glaube daran, dass wir etwas verändern können, vielleicht in Mitleidenschaft gezogen werden: Es gibt wirklich noch viel zu tun, und es gibt Ungerechtigkeiten an so vielen Stellen. Das Patriarchat ist tief in unserer Gesellschaft und auch in jedem von uns allen verwurzelt. Ich hätte dieses Buch aber nicht geschrieben, wenn ich nicht davon überzeugt wäre, dass wir wirklich etwas bewegen können durch Aufklärung und mutige Schritte voran.

Ich bin in einer Zeit aufgewachsen, die noch von anderen Werten und Rahmenbedingungen geprägt war, und habe erst im Erwachsenenalter nach und nach meinen Weg in den Feminismus gefunden. Und sosehr auch ich viele patriarchale Strukturen in meiner Kindheit, Jugend, Adoleszenz und im Erwachsenenalter erlebt habe, bin ich dankbar für die kleinen Impulse, die ich aus meiner Kindheit mitnehmen konnte, wie den immer wieder ermahnenden Satz meines Vaters: »Mach dich niemals von einem Mann abhängig, sondern geh immer deinen Weg.« Dieser Satz ist so fest in mir verankert, dass er mich durchs Leben begleitet und mir gezeigt hat, dass es auch kleine Dinge und Worte sind, die unser Leben beeinflussen und in andere Bahnen lenken. Wir können nicht sofort alles ändern, was in diesem Buch zu finden ist, aber wir können damit beginnen, ganz konkret bei uns etwas da anders zu machen, wo es eben möglich ist. Vielleicht ist das erst einmal die genaue Betrachtung der Vergangenheit und dessen, was uns selbst geprägt hat. Vielleicht möchtest du dich nun politisch engagieren oder machst dein Kreuz bei der nächsten Wahl auf Basis deines jetzigen Wissens woanders. Vielleicht meldest du aber Ende der Woche auch schon eine Demonstration in der nächsten Stadt an, um auf Ungerechtigkeit hinzuweisen. Mit diesem Buch kann ich (leider) die Welt nicht verändern, ich kann und will dich nicht verändern. Aber vielleicht konnte ich Fragen und Gedanken in dir anregen, die dich und viele andere weiter bewegen. Vielleicht konnte ich dir zeigen, dass die Erziehung in dieser Gesellschaft an unglaublich vielen Stellen ungerecht ist und es wirklich Zeit ist, daran etwas zu ändern. Leider wird diese Änderung nicht von allein passieren: das Patriarchat ist alt, stark und verbreitet. Es zu stürzen benötigt selbst in den kleinen Dingen Beharrlichkeit, Energie und Widerstandsfähigkeit. Diese Eigenschaften wünsche ich dir und anderen. Und die Solidarität, mit der wir uns gegenseitig dafür stärken können, wenn wir mal den Mut und die Kraft verlieren auf unserem Weg.

Mit dem Feminismus ist es wie mit einem kleinen Funken: Wenn er erst einmal aufgeglommen ist, hat er die Kraft, ein Licht in dir zu entzünden. Und viele Lichter zusammen ergeben ein Strahlen, ein Feuer. Auch wenn du dich als kleinen Funken in der Dunkelheit wahrnimmst, können wir uns zusammenfinden und gemeinsam etwas bewegen. Lass uns das gemeinsam angehen! Es ist Zeit.

New Moms for Rebel Girls

Begriffe, die New Moms und Dads heute kennen sollten

Wie wir in den vergangenen Kapiteln gesehen haben, hat sich das Leben in den vergangenen Jahrzehnten verändert, und auch unser Anspruch, wie wir Mädchen ins Leben begleiten. Allerdings fanden sich in einer patriarchal geprägten Gesellschaft lange zu wenige Worte für die Ungerechtigkeit, Benachteiligung und all die Gefühle und Umstände, die Frauen und Mädchen durch ihr Leben begleiten. Die Aktivistin Kübra Gümuşay schreibt: »Es gibt Lücken. Zwischen der Sprache und der Welt. Nicht alles, was ist, kommt zur Sprache. Nicht alles, was geschieht, findet seinen Ausdruck darin. Nicht jeder Mensch kann in der Sprache, die er spricht, sein. Nicht etwa, weil er die Sprache nicht ausreichend beherrscht, sondern weil die Sprache nicht ausreicht.« Bevor in den 1960er-Jahren der Begriff der »sexuellen Belästigung« eingeführt wurde, war es gang und gäbe, sexuelle Belästigung beispielsweise als Flirt oder Kompliment abzutun und damit den Täter zu entlasten und die Belästigte als überempfindlich darzustellen.[1] Es ist wichtig, dass wir Worte haben für unser Erleben, um ihm nicht ohnmächtig gegenüberzustehen.

Mittlerweile sind weitere neue Begriffe entstanden, mit denen wir zum Ausdruck bringen können, was uns bewegt, wie wir uns identifizieren, was wir als Ungerechtigkeit wahrnehmen. Noch nicht alle diese Wörter haben Eingang in unseren aktiven Wortschatz gefunden, aber wir brauchen sie – für uns selbst und zum Verständnis unserer Kinder, die diese Worte zum Teil schon wie selbstverständlich benutzen. Wir müssen verstehen, was sie ausdrücken wollen, wie sie die Welt wahrnehmen. Und manchmal ist es auch unsere Aufgabe, mit ihnen zusammen nach den passenden Wörtern für ihre Wahrnehmung zu suchen. Dafür gibt es dieses kleine Glossar mit Begriffen aus diesem Buch, die heute wichtig sind. Die wir kennen und benutzen sollten. Auch mit diesen Wörtern können wir die Welt in unserem sprachlichen Alltag ein wenig verändern. Mit Wörtern, die Unrecht und Benachteiligung oder Individualität explizit bezeichnen, treten wir aus der Nische. Wir können begreifen, dass hinter einem sprachlich bisher nicht ausgedrückten Empfinden ein Problem steht, das auch andere teilen und das nicht so einmalig ist, wie wir vielleicht zunächst denken. Wir fühlen uns weniger allein und erkennen die Kraft einer Bewegung, wenn wir gemeinsam passende Wörter nutzen können. Wir leisten Widerstand, weil wir nicht mehr einem fremden System ergeben sind, sondern auf einmal durch Sprache selbstwirksam sein können. Das ist der Beginn von Rebellion.

Adultismus

Adultismus ist ein Begriff für die systematische Diskriminierung von Kindern und Jugendlichen durch Erwachsene aufgrund ihrer Vorurteile gegenüber Kindern und Jugendlichen aufgrund deren Alters und Entwicklungsstandes.

alter weißer Mann

Die Umschreibung »alter weißer Mann« bezieht sich auf privilegierte Personen mittleren oder höheren Alters, die sich selbst dem männlichen Geschlecht zuordnen und ihre eigenen Privilegien nicht hinterfragen. In Regel sind sie dem Feminismus gegenüber ablehnend eingestellt.

als Junge/Mädchen gelesen

Die Umschreibung, dass eine Person als »Junge/Mann« oder »Mädchen/Frau« gelesen wird, meint, dass durch dritte Personen aufgrund von stereotypen Annahmen eine Einordnung der Person in das binäre Geschlechtssystem vorgenommen wird. Diese Zuordnung muss allerdings nicht zutreffend sein, sondern ist lediglich eine subjektive Einordnung.

Androzentrismus

Unter Androzentrismus wird eine Sichtweise verstanden, die Männer ins Zentrum von Betrachtungen rückt. Männer werden als Norm angenommen, Frauen als Abweichung davon.

binäres Geschlechtssystem

Die binäre Aufteilung des Geschlechtssystems geht davon aus, dass es nur zwei Geschlechter gibt: männlich und weiblich.

BIPoC

Die Abkürzung BIPoC steht für »Black, Indigenous and People of Color« und einzelne Personen und Gruppen, die Rassismus ausgesetzt sind.

Consent

Die englische Bezeichnung »Consent« wird auch hier im Sprachgebrauch oft genutzt, wenn es um die Beschreibung von freiwilliger Zustimmung geht. Gerade in Bezug auf sexuelle Aufklärung ist es wichtig, die Bedeutung der Einwilligung zu thematisieren.

Catcalling

Catcalling ist eine Form sexualisierter Gewalt, die für gewöhnlich von Männern gegenüber Frauen ausgeübt wird. Sie umfasst Hinterherrufen, anzügliches Ansprechen, Hinterherpfeifen, Laute oder sexuelle Gesten im öffentlichen Raum.

Cybergrooming

Cybergrooming bezeichnet das Einwirken auf eine Person im Internet, um sexuellen Kontakt herzustellen, insbesondere im Zusammenhang mit der Absicht des sexuellen Missbrauchs.

Diskriminierung

Diskriminierung bezeichnet die allgemeine Benachteiligung und/oder Herabwürdigung Einzelner oder von Gruppen.

Doing Gender

»Doing Gender« ist ein Ansatz der Geschlechterforschung, demzufolge Geschlecht durch unser Handeln und durch die Einteilung in zwei Geschlechter (binäres System) aktiv hergestellt und sozial konstruiert wird.

Endometriose

Erkrankung, bei der Gewebe, welches der Gebärmutterschleimhaut ähnelt, außerhalb der Gebärmutter vorkommt und insbesondere während der Menstruation sehr starke Schmerzen hervorrufen kann.

Gaslighting

Gaslighting ist eine Form psychischer Gewalt. Dabei wird eine Person durch (psychische) Manipulation dazu gebracht, ihre Erinnerungen, Erfahrungen und Gedanken infrage zu stellen, wodurch sich die Person nach und nach selbst infrage stellt und zunehmend verunsichert wird. Das Selbstbewusstsein und die Wahrnehmung der Realität können sich damit verändern.

Gender-Care-Gap

Indikator, der im Zweiten Gleichstellungsbericht der BRD entwickelt wurde und den unterschiedlichen Zeitaufwand von Frauen und Männern für unbezahlte Sorgearbeit angibt.

Gender-Pay-Gap

Indikator, der die Lohnlücke zwischen Frauen und Männern anhand der Differenz des Bruttostundenverdienstes (ohne Sonderzahlungen) angibt.

Geschlechtsidentitäten

Der Begriff »Geschlechtsidentität« beschreibt, wie eine Person ihr eigenes Geschlecht wahrnimmt. Das binäre Geschlechtsmodell, das nur eine Zuordnung zu weiblich oder männlich zulässt, benachteiligt Menschen, die sich nicht in diesen beiden Kategorien verorten können oder wollen. Bei der Beurkundung der Geburt eines Neugeborenen sind seit 2019 die Angaben »weiblich«, »männlich«, »divers« und »Eintragung des Personenstandsfalls ohne eine solche Angabe« möglich. Die Firma Facebook ermöglicht mittlerweile 60 Auswahlmöglichkeiten und führt auf: androgyner Mensch, androgyn, bigender, weiblich, Frau zu Mann (FzM), gender variabel, genderqueer, intersexuell (auch inter*), männlich, Mann zu Frau (MzF), weder noch, geschlechtslos, nicht-binär, weitere, Pangender, Pangeschlecht, trans, transweiblich, transmännlich, Transmann, Transmensch, Transfrau, trans*, trans*weiblich, trans*männlich, Trans*Mann, Trans*Mensch, Trans*Frau, transfeminin, Transgender, transgender weiblich, transgender männlich, Transgender Mann, Transgender Mensch, Transgender Frau, transmaskulin, transsexuell, weiblich-transsexuell, männlich-transsexuell, transsexueller Mann, transsexuelle Person, transsexuelle Frau, Inter*, Inter*weiblich, Inter*männlich, Inter*Mann, Inter*Frau, Inter*Mensch, intergender, intergeschlechtlich, zweigeschlechtlich, Zwitter, Hermaphrodit, Two Spirit drittes Geschlecht (indianische Bezeichnung für zwei in einem Körper vereinte Seelen), Viertes Geschlecht, XY-Frau, Butch (maskuliner Typ in einer lesbischen Beziehung), Femme (femininer Typ in einer lesbischen Beziehung), Drag, Transvestit, Cross-Gender.

Femizid

Tötung von Frauen und Mädchen aufgrund ihres Geschlechts.

Framing

Framing bezeichnet den Effekt, dass unterschiedliche Formulierungen einer Botschaft trotz gleichen Inhalts beim Gegenüber ein unterschiedliches Verhalten auslösen können.

Intersektionalität

Intersektionalität beschreibt die Überschneidung und Gleichzeitigkeit verschiedener Kategorien von Diskriminierung, beispielsweise können Personen gleichzeitig unter anderem aufgrund ihres Alters, ihres zugeordneten Geschlechts, ihrer Ethnizität, ihres sozialen Milieus, ihrer Körperform diskriminiert werden.

Kyriarchat

Der Begriff Kyriarchat ist zusammengesetzt aus dem griechischen Substantiv kyrios (besitzender Herr, Sklav*innenmeister, Hausvater, Ehemann) und dem griechischen Verb archein (regieren, herrschen) und bezeichnet ein komplexes System von Herrschaftsstrukturen von Über- und Unterordnung, Beherrschung und Unterdrückung.

Lateral Violence

Bei lateraler Gewalt richtet sich die Gewalt innerhalb einer marginalisierten Gruppe gegen andere Personen dieser Gruppe. Mitglieder einer Gruppe greifen sich aufgrund der Unterdrückung gegenseitig an.

Lecktuch

Folie, die beim Sex auf Vulva oder Anus des Sexualpartners gelegt wird, um bei Oralverkehr vor der Übertragung sexueller Krankheiten zu schützen.

Mansplaining

Als Mansplaining bezeichnet man herablassende Erklärungen eines Mannes gegenüber einer Frau aufgrund der Annahme, er wisse mehr über einen Sachverhalt als die Frau.

Misogynie

Misogynie ist der Oberbegriff für Frauenfeindlichkeit bis Frauenhass.

normschön

Die Bezeichnung »normschön« wird für die Umschreibung der aktuell gesellschaftlich vertretenen Norm an Schönheit verwendet.

Patriarchat

Das Patriarchat ist ein Gesellschafts- und Machtsystem, welches von Vätern und Männern geprägt, kontrolliert und repräsentiert wird.

Pinkwashing

Ähnlich wie beim Greenwashing im Bereich der ökologischen Herstellung von Produkten wird Pinkwashing als Strategie von Personen, Organisationen, Firmen oder Ähnlichem benutzt, die aufgrund der Identifizierung mit der LGBTQ-Bewegung versuchen, tolerant und modern zu wirken.

PMS

PMS steht für prämenstruelles Syndrom und umschreibt körperliche und psychische Beschwerden vor Auftreten der Menstruation.

Sexting

Die Bezeichnung »Sexting« ist zusammengesetzt aus »Sex« + »Texting« und umschreibt sowohl das Versenden von Text-Sexting (sexuelle Texte) als auch Bild-Sexting (sexuelle Bilder).

Sextortion

Form der Erpressung, bei der Geld oder sexuelle Handlungen durch die Androhung der Veröffentlichung von Nacktfotos oder -videos erpresst werden.

Schwarz

Schwarz ist eine Selbstbezeichnung von Menschen afrikanischer oder afrodiasporischer Herkunft, die sich nicht auf die faktische Beschreibung der Hautfarbe bezieht, sondern auf die gesellschaftliche Position.

Survivorship Bias

Bezeichnung für die verzerrte Wahrnehmung der Wahrscheinlichkeit, erfolgreich zu sein/zu werden aufgrund der Tatsache, dass erfolgreiche Menschen stärker sichtbar sind als nicht erfolgreiche.

Tinder

Kommerzielle Mobile-Dating-App ab 18 Jahren, die weltweit millionenfach genutzt wird.

Tonepolicing

Rhetorische Ausweichmanöver in themenzentrierten Diskussionen.

Damit wird die Art und Weise kritisiert, in der die Argumente vorgebracht werden, statt sich mit dem Inhalt der Diskussion auseinanderzusetzen.

toxische Maskulinität

Toxische Maskulinität ist ein von der Männerbewegung geprägter Begriff für ein Verhalten von Männern, das für die Gesellschaft und sie selbst ungesund ist. Dabei werden stereotype männliche Geschlechterrollen ausgeübt, die im Wesentlichen von Merkmalen wie Dominanz, Wettbewerb, Aggression, Gewalt, Stoizismus und Unterdrückung der breiten Palette an Gefühlen geprägt sind.

Youporn

Videoportal, über das private und professionelle Anbieter*innen pornografische Videos verbreiten.

#metoo

Hashtag, der durch die Schauspielerin Alyssa Milano auf Twitter bekannt wurde, ursprünglich aber auf die Aktivistin Tarana Burke zurückgeht. »me too« steht für »ich auch« in Bezug auf sexuelle Gewalterfahrungen.

Anmerkungen

Einleitung

1. Brosig, Burkhard; Grüßner, Susanne; Holthausen-Markou, Sophia; Dahl, Edgar (2007): »Geschlechtspräferenz für das ungeborene Kind: Ergebnisse aus einer Repräsentativerhebung in Deutschland«. In: Neises, M.; Schmid-Ott, G. (Hrsg.) (2007): *Gender, kulturelle Identität und Psychotherapie*. Pabst Science Publishers.
2. Wie der *SPIEGEL* schon 2019 schrieb (www.spiegel.de/wissenschaft/mensch/der-nobelpreis-hat-ein-frauenproblem-a-1290715.html), hat der Nobelpreis unter anderem ein Frauenproblem: Bis einschließlich 2020 gingen die Nobelpreise an 782 Männer, nur 56 Frauen und 28 Organisationen, der Wirtschaftspreis an 84 Männer und zwei Frauen (ohne Mehrfachnennung). Warum solche Zahlen nicht »einfach« darin begründet sind, dass Frauen eben weniger gut wären, wird in diesem Buch erläutert.
3. www.diw.de/de/diw_01.c.823640.de/publikationen/wochenberichte/2021_34_1/kita-_und_schulschliessungen_haben_bei_westdeutschen_vaetern_einstellung_zur_erwerbstaetigkeit_von_muettern_veraendert.html
4. Kohlrausch, Bettina; Zucco, Aline (2020): Corona trifft Frauen doppelt – weniger Erwerbseinkommen und mehr Sorgearbeit (pdf), WSI Policy Brief Nr. 40.
5. Im Jahr 2019 waren rund 83 Prozent der sozialversicherungspflichtig Beschäftigten in der Altenpflege in Deutschland Frauen. Im Bereich der Krankenpflege lag der Anteil der weiblich Beschäftigten bei 80 Prozent. https://de.statista.com/statistik/daten/studie/1029877/umfrage/verteilung-von-pflegekraefte-in-deutschland-nach-pflegeart-und-geschlecht/.
6. https://www.bzga-essstoerungen.de/habe-ich-eine-essstoerung/wie-haeufig-sind-essstoerungen/
7. Harriger, Jennifer/Trammell, Janet/Wick, Madeline/Luedke, Madeline (2019): »Gender and age differences in pre-schoolers' weight bias beliefs and beha-

vioural intentions«. *British Journal of Developmental Psychology*. 37. 10.1111/bjdp.12286.

8. Milhoffer, Petra (2000): *Wie sie sich fühlen, was sie sich wünschen. Eine empirische Studie über Mädchen und Jungen auf dem Weg in die Pubertät.* Weinheim: Beltz Juventa.
9. https://www.genanet.de/fileadmin/user_upload/dokumente/Themen/Corona/20200512_Diskussionspapier_Corona-Klima-Gender.pdf
10. https://www.unwomen.de/aktuelles/corona-eine-krise-der-frauen.html
11. https://www.sueddeutsche.de/medien/the-handmaid-s-tale-wenn-eine-serie-zum-politischen-kommentar-wird-1.3692407
12. https://www.zeit.de/kultur/film/2019-09/der-report-der-magd-handmaids-tale-serie-kritik
13. https://www.zeit.de/politik/ausland/2021-05/usa-texas-schwangerschaftsabbrueche-gesetz-sechs-wochen
14. 2019 wurde die 26-jährige Brittany Higgins in einem Büro im australischen Parlament von einem Kollegen vergewaltigt. Zunächst wurde versucht, die Tat zu vertuschen, nach Bekanntwerden meldeten sich noch weitere betroffene Frauen.
15. Mit toxischer Maskulinität ist das in unserer Gesellschaft geforderte und gleichsam weitervermittelte Männerbild gemeint, das einerseits Härte, Gewalt und Dominanz gegenüber anderen hervorbringt, gleichzeitig aber auch zu fehlender Selbstfürsorge und Emotionalität bei den Männern selbst führt, wodurch diese in ihren Beziehungen, aber auch im Gesundheitsverhalten negativ beeinflusst werden, was u. a. zu einem früheren durchschnittlichem Todesalter führt.
16. https://agfeminismusundkirchen.de/materialien/Vortr-2%20Wuerde%20und%20Herrschaft.pdf
17. Stoverock, Meike (2021): *Female Choice. Vom Anfang und Ende der männlichen Zivilisation*. Stuttgart: Tropen, S. 21.
18. Sardei-Biermann, Sabine (2006): »Soziale Nahwelt und Lebensverhältnisse in subjektiver Einschätzung«, in: Gille, Martina, u. a.: *Jugendliche und junge Erwachsene in Deutschland. Lebensverhältnisse, Werte und gesellschaftliche Beteiligung 12- bis 29-Jähriger*. Schriften des Deutschen Jugendinstitutes: 3. Jugendsurvey. Wiesbaden (VS Verlag), S. 106.
19. Reby, D./Levréro, F./Gustafsson, E., et al. (2016): »Sex stereotypes influence adults' perception of babies' cries«. *BMC Psychol* 4, 19. https://doi.org/10.1186/s40359-016-0123-6
20. Dittmar, Helga/Halliwell, Emma (2006): »Does Barbie Make Girls Want to Be Thin? The Effect of Experimental Exposure to Images of Dolls on the Body Image of 5- to 8-Year-Old Girls«. In: *Developmental Psychology* 42(2):283–92

21. Vergleiche hierzu www.theatlantic.com/health/archive/2013/04/adhd-is-diffe rent-for-women/381158/
22. www.bmfsfj.de/bmfsfj/aktuelles/alle-meldungen/gewalt-in-partnerschaften-bleibt-auch-2019-auf-hohem-niveau-162194
23. www.bmfsfj.de/bmfsfj/themen/gleichstellung/frauen-vor-gewalt-schuetzen/haeusliche-gewalt/haeusliche-gewalt-80642
24. Seager, Joni (2020): *Der Frauenatlas. Ungleichheit verstehen. 164 Infografiken und Karten*. 2. Aufl. München: Hanser, S. 44.

EINS: Warum es immer noch keine Gerechtigkeit gibt

1. In: Southern, Antje (2017): Mütter & Töchter. Eine Liebe fürs Leben. – München: Elisabeth Sandmann Verlag GmbH
2. Die drei weiblichen Hauptrollen in der US-amerikanischen Serie »Gilmore Girls«, die zwischen 2000 und 2007 produziert wurde.
3. Herkenrath, L (1978): »Zum Umgang mit Ratgeberliteratur«. In: T. Sprey (Hrsg.): *Praxis der Elternbildung. Projekte – Hilfen – Perspektiven*. München: Kösel, S. 94–103.
4. Doyle, Glennon (2020): *Ungezähmt*. 3. Aufl. Hamburg: Rowohlt.
5. Vgl. hierzu Focks, Petra (2021): *Starke Mädchen, starke Jungen. Genderbewusste Pädagogik in der Kita*. Freibug: Herder, S. 9.
6. Mehr dazu in Mierau, Susanne (2021): *Frei und unverbogen. Kinder ohne Druck begleiten und bedingungslos annehmen*. Weinheim: Beltz.
7. Schüssler Fiorenza, Elisabeth (2020): Vorträge II. Würde und Herrschaft, Harvard Divinity School, https://agfeminismusundkirchen.de/materialien/Vortr-2%20Wuerde%20und%20Herrschaft.pdf
8. www.spiegel.de/panorama/feminismus-warum-ich-frauen-nicht-mehr-als-maedchen-oder-maedels-bezeichne-a-2459abe8-0fdc-44e7-949e-3d0ad7ede2d5
9. https://sz-magazin.sueddeutsche.de/frauen/leonardo-dicaprio-freundin-87339
10. Mehr dazu in Criado-Perez (2020): *Unsichtbare Frauen. Wie eine von Daten beherrschte Welt die Hälfte der Bevölkerung ignoriert*. 5. Aufl. München: btb.
11. https://qz.com/611774/period-pain-can-be-as-bad-as-a-heart-attack-so-why-arent-we-researching-how-to-treat-it/
12. www.aerzteblatt.de/nachrichten/124330/Genderaspekte-in-der-Diabetesbera tung-zu-wenig-beruecksichtigt/
13. Internationales Zentralinstitut für das Jugend- und Bildungsfernsehen (2008): *Girls and Boys and Television. A few reminders for more gender sensitivity in children's TV*. – https://www.br-online.de/jugend/izi/deutsch/forschung/gen der/IZI_Guidelines_WEB.pdf

14. Jürgens, Elisabeth/Jäger, Ruth (2010): »Auf der Suche nach männlich und weiblich. Welche Informationen finden Vorschulkinder heute im Bilderbuch? Eine Analyse unter Gendergesichtspunkten.« *Verhaltenstherapie & psychosoziale Praxis*, 42(4), 1045–1059
15. Burghardt, Lars/Klenk, Florian (2016): Geschlechterdarstellung in Bilderbüchern – eine empirische Analyse. *GENDER*. 8. 61–80. 10.3224/gender.v8i3.07.
16. https://sz-magazin.sueddeutsche.de/literatur/frauen-literatur-schullektuere-88783/
17. https://de.wikipedia.org/wiki/Joanne_K._Rowling
18. Lambdin, J. R./Greer, K. M./Jibotian, K. S., et al.: The Animal = Male Hypothesis: Children's and Adults' Beliefs About the Sex of Non-Sex-Specific Stuffed Animals. *Sex Roles* 48, 471–482 (2003). https://doi.org/10.1023/A:1023567010708
19. Bian, Lin; Leslie, Sarah-Jane; Cimpian, Andrei (2017). *Gender stereotypes about intellectual ability emerge early and influence children's interests. Science. 355. 389-391. 10.1126/science.aah6524.*
20. https://heimatkunde.boell.de/de/2012/08/01/diversitaet-respektieren-diskriminierung-widerstehen-vorurteilsbewusste-bildung-und
21. Schrupp, Antje (2019): *Schwanger werden können. Essay über Körper, Geschlecht und Politik*. Darmstadt, Helmer, S. 97.
22. ebd. S. 100 f.
23. www.deutschlandfunkkultur.de/bedingungslose-liebe-wie-muetter-ihre-toechter-praegen.976.de.html?dram:article_id=484252
24. Waak, Anne (2020): *Wir nennen es Familie. Neue Ideen für ein Leben mit Kindern*. Hamburg: Edition Körber, S. 26.
25. Stoverock, Meike (2021): *Female Choice. Vom Anfang und Ende der männlichen Zivilisation*. Stuttgart: Tropen, S. 125.
26. Blaffer Hrdy, Sarah (2000): *Mütter und andere*. S. 216 ff.
27. Schrupp, Antje (2019): *Schwanger werden können. Essay über Körper, Geschlecht und Politik*. Darmstadt, Helmer Verlag, S. 29.
28. Joel, Daphna (2021): *Das Gehirn hat kein Geschlecht. Wie die Neurowissenschaft die Genderdebatte revolutioniert*. München: dtv, S. 20.
29. Seichter, Sabine (2014): *Erziehung an der Mutterbrust. Eine kritische Kulturgeschichte des Stillens*. Weinheim: Beltz, S. 13.
30. Platon: Timaios 69e, zit. nach. Seichter, Sabine (2020): *Erziehung und Ernährung. Ein anderer Blick auf Kindheit*. 3. Aufl. Weinheim: Beltz, S. 90.
31. deMause, Lloyd (2015): »Evolution der Kindheit«. In: deMause, Lloyd (2015): *Hört ihr die Kinder weinen? Eine psychogenetische Geschichte der Kindheit*. 15. Aufl. Frankfurt am Main: Suhrkamp, S. 67.
32. McLaughlin, Mary Martin (1980): »Überlebende und Stellvertreter: Kinder

und Eltern zwischen dem neunten und dreizehnten Jahrhundert«. In: deMause, Loyd (Hrsg.) (1980): *Hört ihr die Kinder weinen. Eine psychogenetische Geschichte der Kindheit*, S. 183

33. Tatsächlich gab es 1956 eine Ansprache des Papstes Pius XII. zur schmerzfreien Geburt: Es wurde erörtert, dass eine natürliche, schmerzfreie Geburt mit dem christlichen Glauben vereinbar sei, obwohl in der Bibel geschrieben steht, dass Frauen nach dem Sündenfall zur Strafe unter Schmerzen gebären müssten.
34. Seichter, Sabine (2014): *Erziehung an der Mutterbrust. Eine kritische Kulturgeschichte des Stillens.* Weinheim: Beltz, S. 30f.
35. www.nordkirche.de/nachrichten/nachrichten-detail/nachricht/mein-herr-kaethe-luther-und-die-frauen
36. Schrupp, Antje (2019): *Schwanger werden können. Essay über Körper, Geschlecht und Politik.* Darmstadt, Helmer, S. 104.
37. ebd. S. 106.
38. von Justi, Johann Heinrich Gottlob (1760): *Die Natur und das Wesen der Staaten, als die Grundwissenschaft der Staatskunst, der Policen, und aller Regierungswissenschaften, desgleichen als die Quelle aller Gesetze.* Berlin, S. 416f. https://digital.lb-oldenburg.de/brandes/content/pageview/9286
39. Seichter, Sabine (2014): *Erziehung an der Mutterbrust. Eine kritische Kulturgeschichte des Stillens.* Weinheim: Beltz, S. 15.
40. www.ag-luedenscheid.nrw.de/behoerde/gerichtsvorstellung/historie/zt3/8-Von-der-va_terlichen-Gewalt-zum-gemeinsamen-Sorgerecht_Ansicht.pdf
41. www.sueddeutsche.de/politik/unterhalt-kinder-alleinerziehend-1.4333424
42. Smechowski, Emilia: *»Die Erziehungspäpste«*, www.sueddeutsche.de/leben/familie-die-erziehungspaepste-1.3867376
43. Friedan, Betty (1970): *Der Weiblichkeitswahn oder die Selbstbefreiung der Frau. Ein Emanzipationskonzept.* Reinbek bei Hamburg: Rowohlt.
44. Woolf, Virgina (2021): *Ein Zimmer für sich allein.* Zürich: Kampa, S. 38.
45. Jacobi, Juliane (2013): *Mädchen – und Frauenbildung in Europa. Von 1500 bis zur Gegenwart.* Frankfurt am Main: Campus, S. 65.
46. von Borries, B. (2003): »Wie Mädchen gemacht und Frauen geformt wurden. Geschlechtsspezifische Erziehung und weiblicher Charakter im bürgerlichen Zeitalter 1763–1914«. In: *Wendepunkte der Frauengeschichte II. Frauen in Geschichte und Gesellschaft.* Centaurus Verlag & Media, Herbolzheim. https://doi.org/10.1007/978-3-86226-484-1_7
47. Joel, Daphna (2021): *Das Gehirn hat kein Geschlecht. Wie die Neurowissenschaft die Genderdebatte revolutioniert.* München: dtv, S. 23.
48. von Fricke-Finkelnburg R. (1989) im Artikel »Mädchenbildung« zitiert, in: von Fricke-Finkelnburg R. (Hrsg.): *Nationalsozialismus und Schule.* Wiesba-

den: VS Verlag für Sozialwissenschaften. https://doi.org/10.1007/978-3-322-97207-1_7

49. www.monumente-online.de/de/ausgaben/2007/3/die-allerbesten-schulen-auch-fuer-die-maidlein.php
50. Pross, Helge (1969): »Über die Bildungschancen von Mädchen in der Bundesrepublik Deutschland«. zit. nach Jacobi, Juliane (2013): *Mädchen- und Frauenbildung in Europa. Von 1500 bis zur Gegenwart.* Frankfurt am Main: Campus, S. 401.
51. Pross, Helge (1979): Politische Partizipation von Frauen in der Bundesrepublik Deutschland. In: *Die Psychologie des 20. Jahrhunderts, Band VIII,* Zürich.
52. Schnerring, Almut/Verlan, Sascha (2020): *Equal Care. Über Fürsorge und Gesellschaft*. Berlin: Verbrecher, S. 15.
53. www.deutschlandfunkkultur.de/genderforschung-die-wut-der-frauen.976.de.html?dram:article_id=440383
54. Jacobi, Juliane (2013): *Mädchen- und Frauenbildung in Europa. Von 1500 bis zur Gegenwart.* Frankfurt am Main: Campus, S. 437.
55. Joel, Daphna (2021): *Das Gehirn hat kein Geschlecht. wie die Neurowissenschaft die Genderdebatte revolutioniert.* München: dtv, S. 7.
56. ebd., S. 38.
57. Eliot, Lise (2010): *Wie verschieden sind sie? Die Gehirnentwicklung bei Mädchen und Jungen.* Berlin: Berlin, S. 467.
58. Stoverock, Meike (2021): *Female Choice. Vom Anfang und Ende der männlichen Zivilisation.* Stuttgart: Tropen, S. 38.
59. Eliot, Lise (2010): *Wie verschieden sind die? Die Gehirnentwicklung bei Mädchen und Jungen.* Berlin: Berlin, S. 170 f.
60. www.stern.de/digital/online/neue-profileinstellungen-facebook-kennt-jetzt-60-geschlechter-3616514.html
61. Focks, Petra (2021): *Starke Mädchen, starke Jungen. Genderbewusste Pädagogik in der Kita.* 2. Aufl. Freiburg im Breisgau: Herder, S. 72.
62. Mehr dazu hier: www.werbemelder.in/pages/projekt
63. www.deutschlandfunknova.de/beitrag/stuttgart-neue-regeln-gegen-sexistische-werbung-im-oeffentlichen-raum
64. www.bmfsfj.de/bmfsfj/themen/gleichstellung/internationale-gleichstellungspolitik/vn-frauenrechtskonvention-cedaw-staatenberichtsverfahren-und-dokumente-80794
65. Beispiele von Catcalling werden auf Instagram unter dem Account @catcallsofberlin gesammelt. Darin finden sich auch immer wieder Belästigungen minderjähriger Mädchen
66. www.unwomen.de/informieren/beendigung-der-gewalt-gegen-frauen.html
67. www.big-berlin.info/news/551

68. https://correctiv.org/aktuelles/gesundheit/2021/02/10/ueberlastete-schutzorte-fuer-frauen-und-kinder/
69. www.unwomen.de/informieren/beendigung-der-gewalt-gegen-frauen.html
70. Marie Shear, »Media Watch: Celebrating Women's Words«, *New Directions for Women*, volume 15, issue 3 (May/June 1986), S. 6.
71. Stokowski, Margarete (2020): *Untenrum frei.* 16. Aufl. Reinbek bei Hamburg: Rowohlt, S. 200.
72. Bola, JJ (2020): *Sei kein Mann. Warum Männlichkeit ein Albtraum für Jungs ist.* München: Carl Hanser, S. 88.

ZWEI: Was wir unseren Töchtern mitgeben

1. https://www.deutschlandfunk.de/margarete-stokowski-untenrum-frei-der-lange-weg-zum-ey-lass-100.html
2. www.gordontraining.com/free-workplace-articles/learning-a-new-skill-is-easier-said-than-done/
3. Max Planck erklärte in Bezug auf das Frauenstudium: »Man kann nicht stark genug betonen, dass die Natur selbst der Frau ihren Beruf als Mutter und Hausfrau vorgeschrieben hat und dass Naturgesetze unter keinen Umständen ohne schwere Schädigungen, welche sich im vorliegenden Falle besonders an dem nachwachsenden Geschlecht zeigen würden, ignoriert werden können.« in: Kirchhoff, Arthur (Hrsg.) (1898): *Die Akademische Frau. Gutachten hervorragender Universitätsprofessoren, Frauenlehrer und Schriftsteller über die Befähigung der Frau zum wissenschaftlichen Studium und Berufe.* Berlin: Hugo Steinitz, S. 257 f.
4. Mehr dazu in Mierau, Susanne (2019): *Mutter.Sein. Von der Last eines Ideals und dem Glück des eigenen Wegs.* Weinheim: Beltz.
5. Schenk, Herrad (2018): *Wieviel Mutter braucht der Mensch? Der Mythos von der guten Mutter.* Köln: KiWi.
6. www.spiegel.de/lebenundlernen/job/studie-eltern-verbringen-mehr-zeit-mit-ihren-kindern-a-1129864.html
7. Dotti Sani, G. M.; Treas, J. (2016): »*Educational Gradients in Parents' Child-Care Time Across Countries, 1965–2012*«. Fam Relat, 78: 1083–1096. https://doi.org/10.1111/jomf.12305
8. Gervai, Judit (2010): »Einflüsse von Genetik und Umwelt auf Bindungsverhaltensweisen«. In: Brisch, Karl-Heinz/Hellbrügge, Theodor (2010): *Der Säugling – Bindung, Neurobiologie und Gene. Grundlagen für Prävention, Beratung und Therapie.* Stuttgart: Klett-Cotta, S. 189.
9. Powell, Bert/Cooper, Glen/Hoffman, Kent/Marvin, Bob (2013): *Der Kreis der Sicherheit. Die klinische Nutzung der Bindungstheorie.* Lichtenau/Westfalen: G. P. Probst, S. 62.

10. Powell, Bert/Cooper, Glen/Hoffman, Kent/Marvin, Bob (2013): *Der Kreis der Sicherheit. Die klinische Nutzung der Bindungstheorie.* Lichtenau/Westfalen: G. P. Probst, S. 41
11. ebd., S. 89
12. ebd., S. 41
13. Die BZgA gibt an: Von 1000 Mädchen und Frauen erkranken durchschnittlich etwa 28 an einer Binge-Eating-Störung, 19 an Bulimie und 14 an Magersucht. Jungen und Männer sind deutlich weniger betroffen: Von 1000 erkranken durchschnittlich etwa zehn an einer Binge-Eating-Störung, sechs an Bulimie und zwei an Magersucht. www.bzga-essstoerungen.de/habe-ich-eine-essstoerung/wie-haeufig-sind-essstoerungen/
14. www.bmfsfj.de/resource/blob/84316/10574a0dff2039e15a9d3dd6f9eb2dff/kurzfassung-gewalt-frauen-data.pdf
15. Haarmann, Claudia (2019): *Mütter sind eben Mütter. Was Töchter und Mütter voneinander wissen sollten.* München: Kösel, S. 144 f.
16. www.pschyrembel.de/Hyperarousal/K0QU2
17. Haarmann, Claudia (2019): *Mütter sind eben Mütter. Was Töchter und Mütter voneinander wissen sollten.* München: Kösel, S.198.
18. www.zeit.de/zeit-geschichte/2015/01/vergewaltigung-soldaten-besatzungszone-hilfe
19. www.zeit.de/zeit-geschichte/2015/01/vergewaltigung-soldaten-besatzungszone-hilfe
20. Gebhardt, Miriam (2019): *Wir Kinder der Gewalt. Wie Frauen und Familien bis heute unter den Folgen der Massenvergewaltigungen bei Kriegsende leiden.* München: Deutsche Verlags-Anstalt, S. 9.
21. ebd., S. 63.
22. Die Parentifizierung wird als Bindungsstörung begriffen und eingeordnet in den Bereich »»F94. – Störungen sozialer Funktionen mit Beginn in der Kindheit und Jugend«. www.icd-code.de/icd/code/F94.1.html
23. Gebhardt, Miriam (2019): *Wir Kinder der Gewalt. Wie Frauen und Familien bis heute unter den Folgen der Massenvergewaltigungen bei Kriegsende leiden.* München: Deutsche Verlags-Anstalt, S. 104 f.
24. Mehr dazu in: Chamberlain, Sigrid (2010): *Adolf Hitler, die deutsche Mutter und ihr erstes Kind: Über zwei NS-Erziehungsbücher.* Gießen: Psychosozial.
25. Nienstedt, Monika/Westermann, Arnim (2007): *Pflegekinder und ihre Entwicklungschancen nach frühen traumatischen Erfahrungen.* Stuttgart: Klett-Cotta, S. 36.
26. Tobon, Amalia/Newport, D. Jeffrey/Emeroff, Charles (2018): »The Role of Oxytocin in Early Life Adversity and Later Psychopathology: a Re-

view of Preclinical and Clinical Studies«. in: *Mood Disorders* (C. Nemeroff/J. Newport, Section Editors) https://adaa.org/sites/default/files/AS697989034214431543425169747_content_1.pdf

27. Brückl, Tanja/Binder, Elisabeth (2017): »Folgen früher Traumatisierung aus neurobiologischer Sicht«. In: *Forens Psychiatr Psychol Kriminol* (2017) 11:118–132, S. 128
28. Huber, Michaela (2003): *Trauma und die Folgen. Trauma und Traumabehandlung*, Teil 1, 4. Aufl. Paderborn: Junfermann, S. 13
29. ebd., S. 10.
30. www.aerzteblatt.de/archiv/171880/Psychotherapie-in-den-USA-Von-Sigmund-Freud-zu-Dr-Phil
31. Streeck-Fischer, A./Kepper, I./Lehmann, U./Schrader-Mosbach, H. (2001): »Gezeichnet für's Leben. Traumatische Belastungen in der Entwicklung«. In: Sachsse, U./Özkan, I./Streeck-Fischer, A. (Hrsg.): *Traumatherapie – was ist erfolgreich?* Göttingen: Vandenhoeck & Ruprecht, S. 54–71.
32. Nienstedt, Monika/Westermann, Arnim (2007): *Pflegekinder und ihre Entwicklungschancen nach frühen traumatischen Erfahrungen*. Stuttgart: Klett-Cotta, S. 37.
33. Welding, Carlotta (2021): *Fühlen lernen. Warum wir so oft unsere Emotionen nicht verstehen und wie wir das ändern können*. Stuttgart: Klett-Cotta, S. 138 f.
34. ebd., S. 135.
35. Gebhardt, Miriam (2019): *Wir Kinder der Gewalt. Wie Frauen und Familien bis heute unter den Folgen der Massenvergewaltigungen bei Kriegsende leiden*. München: Deutsche Verlags-Anstalt, S. 261 f.
36. www.sciencedirect.com/science/article/abs/pii/S002239561300157X?casa_token=Qu0bFJaB_h4AAAAA:guVMYbrAYF_wXj4_35SfcPiDYsRlALQaNG4KQtDD0pmPOTajkuUtrarP8fZB7egDmVW8Zg_2clk
37. Forward, Susan/Glynn Frazier, Donna (2015): *Wenn Mütter nicht lieben. Töchter erkennen und überwinden die lebenslangen Folgen*. 9. Aufl. München: Goldmann, S. 122.
38. www.sueddeutsche.de/panorama/beziehung-literatur-new-adult-1.4477331
39. Forward, Susan/Frazier Gynn, Donna (2015): *Wenn Mütter nicht lieben. Töchter erkennen und überwinden die lebenslangen Folgen*. München: Goldmann.
40. Das Wort »»Bemutterung« wird hier als Synonym für den in der weiblichen Sozialisation verhafteten Schwerpunkt der emotionalen Fürsorge der Mutter um das Kind gewählt. Unsere Sprache kennt (noch) nicht das Wort »»Bevaterung« oder einen geschlechtsneutralen Begriff für das emotionale Umsorgen eines Kindes.
41. www.jetzt.de/gender/lateral-violence-auch-frauen-koennen-frauenfeindlich-sein

42. Becker-Stoll, Fabienne/Beckh, Kathrin/Berkic, Julia (2018): *Bindung. Eine sichere Basis fürs Leben*. München: Kösel
43. Fromm, Erich (2019): *Haben oder Sein. Die seelischen Grundlagen einer neuen Gesellschaft*. 47. Aufl. München: dtv, S. 233 f.
44. www.diw.de/de/diw_01.c.673478.de/elterngeld_und_elterngeld_p...wie_vor_in_weiter_ferne.html
45. www.destatis.de/DE/Themen/Arbeit/Arbeitsmarkt/Qualitaet-Arbeit/Dimension-3/elternzeit.html
46. https://de.statista.com/statistik/daten/studie/318160/umfrage/alleinerziehende-in-deutschland-nach-geschlecht/
47. Keller, Heidi (2019): *Mythos Bindungstheorie. Konzept. Methode. Bilanz*. Weimar: Verlag das Netz, S. 75
48. ebd., S. 72 f.
49. Cheridan, C./Preissl, H./Birbaumer, N. (2010): »Wie reagiert das fetale Gehirn auf Reize?« In: Brisch, Karl-Heinz/Hellbrügge, Theodor (2010): *Der Säugling – Bindung, Neurobiologie und Gene. Grundlagen für Prävention, Beratung und Therapie*. Stuttgart: Klett-Cotta, S. 40.
50. Gervai, Judit (2010): »Einflüsse von Genetik und Umwelt auf Bindungsverhaltensweisen«. In: Brisch, Karl-Heinz/Hellbrügge, Theodor (2010): *Der Säugling – Bindung, Neurobiologie und Gene. Grundlagen für Prävention, Beratung und Therapie*. Stuttgart: Klett-Cotta, S. 185 f.
51. Brückl, Tanja/Binder, Elisabeth (2017): »Folgen früher Traumatisierung aus neurobiologischer Sicht«. In: *Forens Psychiatr Psychol Krimino*l (2017) 11:118–132, S. 128
52. Nienstedt, Monika/Westermann, Arnim (2007): *Pflegekinder und ihre Entwicklungschancen nach frühen traumatischen Erfahrungen*. Stuttgart: Klett-Cotta, S. 25 f.
53. Penrose, Virginia (1990): »Vierzig Jahre SED-Frauenpolitik: Ziele, Strategien und Ergebnisse«. In: *Frauenforschung* 8, S. 60–77, zit. nach Geisler, Esther (2004): *Müttererwerbstätigkeit in Ost- und Westdeutschland. Eine Analyse mit den Daten des Scientific Use File des Mikrozensus*, Universität Rostock, S. 33.
54. Geisler, Esther (2004): *Müttererwerbstätigkeit in Ost- und Westdeutschland*. Eine Analyse mit den Daten des Scientific Use File des Mikrozensus, Universität Rostock. www.demogr.mpg.de/publications/files/2477_1166693979_1_Full%20Text.pdf
55. Wichtig: Es gibt hier – auch laut Statistischem Bundesamt – eine Dunkelziffer: »»Fachleute hatten im Vorfeld der Corona-bedingten Lockdowns davor gewarnt, dass insbesondere durch die Schul- und Kita-Schließungen Kinderschutzfälle unentdeckt geblieben sein könnten. Die neuen Ergebnisse schei-

nen diese Annahme, zumindest für den Sektor Schule, zu stützen: So sind die Verdachtsmeldungen von Schulen im Jahr 2020 – erstmals in der Statistik und entgegen dem allgemeinen Trend (insgesamt 12 % mehr Verdachtsmeldungen gegenüber 2019) – um 1,5 % zurückgegangen (-300 Fälle).« www.destatis.de/DE/Presse/Pressemitteilungen/2021/07/PD21_350_225.html

56. Vgl. hierzu Gervai, Judit (2010): »Einflüsse von Genetik und Umwelt auf Bindungsverhaltensweisen«. In: Brisch, Karl-Heinz/Hellbrügge, Theodor (2010): *Der Säugling – Bindung, Neurobiologie und Gene. Grundlagen für Prävention, Beratung und Therapie.* Stuttgart: Klett-Cotta, S. 191.
57. Haarmann, Claudia (2019): *Mütter sind eben Mütter. Was Töchter und Mütter voneinander wissen sollten.* München: Kösel, S. 33
58. Bleisch, Barbara (2019): *Warum wir unseren Eltern nichts schulden.* 3. Aufl. München: Carl Hanser, S. 45.

DREI: Väter, Töchter, Brüder, Söhne

1. https://americanstudies.uni-leipzig.de/content/lecture-toni-morrison-prof-koenen
2. Stokowski, Margarete (Hrsg.) (2021): *Das Matriarchat lässt grüßen. 24 Postkarten.* 3. Aufl. Hamburg: Rowohlt.
3. ebd.
4. Bei Autos können wir uns zudem fragen, warum diese eigentlich Jungen besonders als Spielzeug zugeschrieben wurden und ob dieses Spielzeug im Angesicht der Klimakrise heute wirklich noch sinnvoll ist.
5. Der Hashtag #notallmen geht im Wesentlichen zurück auf einen Tweet von Shafiqah Hudson aus dem Jahr 2013, der ironisch aufnimmt, dass Männer bei feministischen Diskussionen oft einwerfen, dass nicht alle Männer so seien, wie es ihnen vorgeworfen wird. https://twitter.com/sassycrass/status/304432121223716864?lang=de
6. https://www.bmfsfj.de/bmfsfj/themen/gleichstellung/frauen-vor-gewalt-schuetzen/haeusliche-gewalt/haeusliche-gewalt-80642
7. Becker-Stoll, Fabienne/Beckh, Kathrin/Berkic, Julia (2018): *Bindung. Eine sichere Basis fürs Leben.* München: Kösel, S. 271.
8. Cummings, E. Mark/Bergmann, Kathleen N. (2019): »Die Theorie der emotionalen Sicherheit. Zur Frage der Auswirkungen von Elternkonflikten auf die Kinder und zur kontextbezogenen Intervention«. In: Brisch, Karl-Heinz (Hrsg.): *Bindung – Scheidung – Neubeginn. Möglichkeiten der Begleitung, Beratung und Psychotherapie und Prävention.* Stuttgart: Klett-Cotta, S. 51 f.
9. https://de.statista.com/statistik/daten/studie/228/umfrage/anzahl-der-ehescheidungen-seit-1990/

10. Schaan, Violetta/Schulz, André/Vögele, Claus (2019): »Was Hänschen erlebt – erlebt Hans immer wieder. Auswirkungen elterlicher Scheidung auf die psychische Gesundheit im jungen Erwachsenenalter«. In: Brisch, Karl-Heinz (Hrsg.): *Bindung – Scheidung – Neubeginn. Möglichkeiten der Begleitung, Beratung und Psychotherapie und Prävention.* Stuttgart: Klett-Cotta, S. 35.
11. ebd., S. 40.
12. Vgl. hierzu u. a. Hoult, J. A. (2006): The Evidentiary Admissibility of Parental Alienation Syndrome: Science, Law, and Policy. (pdf) In: *Children's Legal Rights Journal.* 26, Nr. 1, 2006, S. 1–61. http://www.leadershipcouncil.org/docs/Hoult.pdf
13. Kinder, H./Schwalbe-Höllein, M. (2002): »Eltern-Kind-Bindung und geäußerter Kindeswille in hochstrittigen Trennungsfamilien«. In: *Kindschaftrechtliche Praxis,* 5, S. 10–17.
14. Kindler, Heinz (2019): »Einschätzung von Bindungsbeziehungen unter Bedingungen elterlicher Hochstrittigkeit in Deutschland«. In: Brisch, Karl-Heinz (Hrsg.): *Bindung – Scheidung – Neubeginn. Möglichkeiten der Begleitung, Beratung und Psychotherapie und Prävention.* Stuttgart: Klett-Cotta, S. 72 f.
15. George, Carol (2019): »Wie erleben sehr kleine Kinder die Trennung der Eltern?« In: Brisch, Karl-Heinz (Hrsg.): *Bindung – Scheidung – Neubeginn. Möglichkeiten der Begleitung, Beratung und Psychotherapie und Prävention.* Stuttgart: Klett-Cotta, S. 91.
16. Eine Sammlung hierzu findet sich auf dem Blog von Dr. Herbert Renz-Polster www.kinder-verstehen.de/aktuelles/zu-enge-bindung-eine-neue-straftat/
17. Bola, J. J. (2020): *Sei kein Mann. Warum Männlichkeit ein Albtraum für Jungs ist.* München: hanserblau, S. 19 f.
18. Bauer, Joachim (2021): *Das empathische Gen. Humanität, das Gute und die Bestimmung des Menschen.* München: Herder.
19. Croft, Alyssa/Schmader, Toni/Block, Katharina/Baron, Andrew Scott (2014): *The Second Shift Reflected in the Second Generation: Do Parents' Gender Roles at Home Predict Children's Aspirations?* https://journals.sagepub.com/doi/10.1177/0956797614533968
20. www.spektrum.de/news/familie-wie-wichtig-ist-die-vater-tochter-beziehung/1900090
21. In diesem Zusammenhang sei noch einmal darauf hingewiesen, dass sich das Buch in erster Linie an Mütter mit Töchtern richtet, die sich eindeutig dem Modell »Mädchen/Frau« zuordnen und in heteronormativen Beziehungsstrukturen leben. Studien zeigen darüber hinaus aber, dass Kinder/Töchter auch wunderbar und ohne Nachteile in zweigeschlechtlichen Elternkonstellationen und in Einelternfamilien aufwachsen können.

22. https://twitter.com/crueliability/status/1370265705770229761?s=21, Video Übersetzung: Katrin Meisel.
23. Stamm, Margit (2018): *Neue Väter brauchen neue Mütter. Warum Familie nur gemeinsam gelingt*. München: Piper, S. 114.
24. Bundesministerium für Familie, Senioren, Frauen und Jugend (Hrsg.) (2018): *Väterreport. Vater sein in Deutschland heute*, S. 34 https://www.bmfsfj.de/resource/blob/127268/2098ed4343ad836b2f0534146ce59028/vaeterreport-2018-data.pdf
25. www.faz.net/aktuell/gesellschaft/studie-elternzeit-vaeter-machen-spaeter-auch-mehr-im-haushalt-15843982.html
26. www.dji.de/veroeffentlichungen/aktuelles/news/article/741-wie-engagiert-vaeter-sind-haengt-von-der-politik-im-jeweiligen-land-ab.html
27. https://sz-magazin.sueddeutsche.de/freie-radikale-die-ideenkolumne/vaeter-elternzeit-88165
28. Kurt, Şeyda (2021): *Radikale Zärtlichkeit. Warum Liebe politisch ist*. Hamburg: HarperCollins, S. 84.
29. Fromm, Erich (2021): *Die Kunst des Liebens*. 22. Aufl. München: dtv, S. 162
30. Grüling, Birk (2021): *Eltern als Team. Ideen eines Vaters für gelebte Vereinbarkeit*. München: Kösel, S. 123.
31. Frick, Jürg (2020): »Ich mag dich – du nervst mich! Geschwisterbeziehungen und ihre Bedeutung: Ein Einblick«. In: Brisch, Karl-Heinz (Hrsg.) (2020): *Bindung und Geschwister. Vorbilder, Rivalen, Verbündete*. Stuttgart: Klett-Cotta, S. 24.
32. Bormann, Monika (2020): »Sexualisierte Gewalt unter Geschwistern – Dynamik und Hilfe«. In: Brisch, Karl-Heinz (Hrsg.) (2020): *Bindung und Geschwister. Vorbilder, Rivalen, Verbündete*. Stuttgart: Klett-Cotta, S. 165.
33. Das Gen für die Bindungsstelle von Dopamin kann in verschiedenen Varianten vorliegen, wodurch die Wirksamkeit von Dopamin beeinflusst wird. Kinder mit einer bestimmten Variante des Gens (20 Prozent der Menschen) zeigen mehr aggressives Verhalten als andere.

VIER: Wie wir Mädchen heute stärken

1. Schutzbach, Franziska (2021): Die Erschöpfung der Frauen. Wider die weibliche Verfügbarkeit. - München: Droemer Knaur, S. 175.
2. »Entwicklungsphasen kindlicher Sexualitäten« in: Focks, Petra (2021): *Starke Mädchen, starke Jungen. Genderbewusste Pädagogik in der Kita*. Freiburg im Breisgau: Herder, S. 147 f., und »Phasen der Entwicklung von Geschlechtsidentitäten«, ebd., S. 42.
3. Bauer, Joachim (2021): *Das empathische Gen. Humanität, das Gute und die Bestimmung des Menschen*. Freiburg: Herder, S. 61.

4. Bauer, Joachim (2021): *Das empathische Gen. Humanität, das Gute und die Bestimmung des Menschen.* Freiburg: Herder, S. 67 f.
5. Pro Familia Weiblingen e. V. (2014): Dokumentation zum Fachtag: Puppenmama und Hand in der Hose. www.profamilia.de/fileadmin/beratungsstellen/waiblingen/Dokumentation_Fachtag_7_2014.pdf
6. Vgl. Maywald, Jörg (2019): *Gewalt durch pädagogische Fachkräfte verhindern.* Freiburg im Breisgau: Herder, S. 80 f.
7. Welding, Carlotta (2021): *Fühlen lernen. Warum wir so oft unsere Emotionen nicht verstehen und wie wir das ändern können.* Stuttgart: Klett-Cotta, S. 37.
8. Focks, Petra (2021): *Starke Mädchen, starke Jungen. Genderbewusste Pädagogik in der Kita.* Freiburg im Breisgau: Herder, S. 43.
9. Eliot, Lise (2010): *Wie verschieden sind sie? Die Gehirnentwicklung bei Mädchen und Jungen.* Berlin: Berlin, S. 241.
10. Bildau, Judith (2021): *Mit meiner Tochter durch die Pubertät. Wie du sie unterstützt, wie du loslässt, wie ihr in Kontakt bleibt.* Hannover: Humboldt, S. 18 f.
11. www.quarks.de/gesundheit/medizin/darum-kommt-die-pubertaet-immer-frueher/
12. Bildau, Judith (2021): *Mit meiner Tochter durch die Pubertät. Wie du sie unterstützt, wie du loslässt, wie ihr in Kontakt bleibt.* Hannover: Humboldt, S. 127.
13. Crone, Eveline (2011): *Das pubertierende Gehirn. Wie Kinder erwachsen werden.* München: Droemer, S. 154 f.
14. www.bzga.de/presse/pressemitteilungen/2020-12-03-erste-ergebnisse-der-neuen-befragungswelle-bzga-studie-jugendsexualitaet/
15. Crone, Eveline (2011): *Das pubertierende Gehirn. Wie Kinder erwachsen werden.* München: Droemer, S. 119.
16. ebd., S. 25 f.
17. www.vogue.de/beauty/artikel/sport-menstruation
18. Frei, Franka (2020): *Periode ist politisch – Ein Manifest gegen das Menstruationstabu.* 2. Aufl. München: Heyne, S. 166.
19. www.uk-erlangen.de/fileadmin/dateien/content_pool_dateien/infobroschueren/UEZ_endometriose_broschuere.pdf
20. www.endometriose-vereinigung.de/was-ist-endometriose.html
21. www.uk-erlangen.de/fileadmin/dateien/content_pool_dateien/infobroschueren/UEZ_endometriose_broschuere.pdf
22. Bildau, Judith (2021): *Mit meiner Tochter durch die Pubertät. Wie du sie unterstützt, wie du loslässt, wie ihr in Kontakt bleibt.* Hannover: Humboldt, S. 155.
23. Stahl, Stefanie (2020): *So stärken Sie Ihr Selbstwertgefühl. Damit das Leben einfacher wird.* 4. Aufl. München: Kailash, S. 68.

24. www.thisisjanewayne.com/news/2016/07/19/junge-feministinnen-die-wir-kennen-sollten/
25. ebd., S. 93 f.
26. Mierau, Susanne (2021): *Frei und unverbogen. Kinder ohne Druck begleiten und bedingungslos annehmen.* 3. Aufl. Weinheim: Beltz, S. 25.
27. https://antjeschrupp.com/2018/03/14/sprache-es-geht-nicht-um-das-mitge meintsein-von-frauen/
28. Wilson, Jamia; Durand, Aurélia (2021): *Das Buch vom Feminismus. Ein intersektionaler Leitfaden für die nächste Generation.* Berlin: Zuckersüß, S. 64.
29. Eliot, Lise (2010): *Wie verschieden sind sie? Die Gehirnentwicklung bei Mädchen und Jungen.* Berlin: Berlin, S. 401.
30. ebd., S. 403.
31. Michelberger, Melodie (2021): *Body Politics.* Hamburg: Rowohlt, S. 35.
32. https://pinkstinks.de/weltmaedchentag-wir-brauchen-kein-plus-size/
33. Seager, Joni (2020): *Der Frauenatlas. Ungleichheit verstehen. 164 Infografiken und Karten.* 2. Aufl. München: Hanser, S. 90.
34. ebd., S. 89.
35. Mehr dazu in dieser Studie: https://assets.uscannenberg.org/docs/inequality-in-1100-popular-films.pdf
36. https://mkl.wtf/2021/05/01/s05e06-vaeterbilder-und-mutterbilder/
37. Michelberger, Melodie (2021): *Body Politics.* Hamburg: Rowohlt, S. 116.
38. www.spiegel.de/kultur/metoo-bewegung-es-hat-in-deutschland-noch-gar-nicht-geknallt-a-4656faf7-0a81-48cf-924e-51e262351958
39. https://teach-love.de/
40. https://missy-magazine.de/blog/2021/05/10/jungs-haben-einen-penis-maed chen-haben-nichts/
41. https://www.spiegel.de/wissenschaft/empfindsame-zwiebel-a-ba7811f0-0002-0001-0000-000007960205?context=issue
42. https://www.spiegel.de/gesundheit/sex/weiblicher-orgasmus-die-klitoris-ist-der-schluessel-a-1214068.html
43. https://www.bravo.de/online-verlieben-die-besten-dating-apps-241983.html
44. Achte hierbei natürlich auf dich. Personen, die von sexueller Gewalt betroffen waren, können durch pornografische Inhalte retraumatisiert werden.
45. www.profamilia.de/fileadmin/publikationen/7163.pdf
46. Büttner, Melanie/Schadwinkel, Alina/Stockrahm, Sven (2020): *Ist das normal? Sprechen wir über Sex, wie du ihn willst.* Weinheim: Beltz, S. 22.
47. Loetzner, Michèle (2020): *Liebeskummer bewältigen in 99 Tagen.* Köln: DuMont, S. 67.

48. Kurt, Şeyda (2021): *Radikale Zärtlichkeit. Warum Liebe politisch ist.* Hamburg: HarperCollins, S. 17 f.
49. https://binghamton.edu/communications-and-marketing/media-public-relations/pr-archives/index.html?id=2315
50. https://www.geo.de/magazine/geo-wissen/15146-rtkl-liebeskummer-der-schmerz-nach-der-trennung
51. https://www.aerzteblatt.de/nachrichten/101431/Takotsubo-Syndrom-Das-Herz-wird-vielleicht-im-Gehirn-gebrochen
52. https://www.ted.com/talks/guy_winch_how_to_fix_a_broken_heart?language=de
53. https://www.goodreads.com/quotes/39828-i-ve-come-up-with-a-set-of-rules-that-describe, Übersetzung von Katrin Meisel.
54. www.spiegel.de/netzwelt/netzpolitik/sascha-lobo-in-sozialen-medien-wandelt-sich-das-klima-in-richtung-frauenfeindlichkeit-a-72e24390-505b-4f02-8283-308c71f7df9d
55. https://malisastiftung.org/geschlechterdarstellung-neue-medien/
56. www.schau-hin.info/studien/cybermobbing-maedchen-haeufiger-betroffen-als-jungen
57. Cammarata, Patricia (2020): *Dreißig Minuten, dann ist aber Schluss! Mit Kindern tiefenentspannt durch den Mediendschungel.* Köln: Eichborn, S. 95.
58. www.jugendschutz.net/fileadmin/download/pdf/Sexualisierte_Gewalt_online_Bericht_2019.pdf
59. ebd., S. 12
60. Und auch hier ist es natürlich wichtig, dass nicht nur eine Aufteilung nach zweidimensionalem Geschlecht erfolgt, sondern eine intersektionale Perspektive eingenommen wird.
61. https://statistik.arbeitsagentur.de/DE/Statischer-Content/Statistiken/Themen-im-Fokus/Berufe/Generische-Publikationen/Broschuere-MINT.pdf
62. www.frauen-macht-politik.de/paritaetinderpolitik/
63. www.bpb.de/gesellschaft/bildung/zukunft-bildung/315992/geschlechterungleichheiten
64. Schorlemmer, J. (2015): *Typische und atypische Berufswünsche nach Geschlecht und sozioökomischen Status. Die Bedeutung von Selbst, Leistung, Motivation und Volition für individuelle Passungsprozesse bei Kindern und Jugendlichen*, S. 336 https://refubium.fu-berlin.de/bitstream/handle/fub188/9336/Schorlemmer_diss.pdf

Begriffe, die New Moms und Dads heute kennen sollten

1. Dieses Beispiel und mehr dazu in Gümuşay, Kübra (2020): *Sprache und Sein.* Berlin: Hanser, S. 46.

Danke

Dieses Buch habe ich im zweiten Jahr der Pandemie geschrieben, das bei uns durch Homeschooling und Quarantänezeiten geprägt war. Ich bin glücklich darüber, dass ich einen Partner an meiner Seite habe, der den Gedanken an Gleichberechtigung und Bedürfnisorientierung ebenso trägt wie ich und dass wir uns gemeinsam immer wieder für all die kleinen und großen Projekte den Rücken freihalten und stärken und gleichzeitig unsere Kinder gemeinsam begleiten: Danke Caspar für eine Liebe, die Freiheit lässt, Gleichberechtigung lebt und den Wandel des Lebens trägt.

Kind feministischer Eltern zu sein bedeutet in dieser Gesellschaft noch oft, mit den erlernten Werten und der familiären Weltanschauung an der einen oder anderen Stelle anzuecken und in Diskussionen zu geraten: über Muttihefte, abgelegte Rollenklischees wie den Kleidungsstil und die Erwartungen daran, welcher Elternteil sich worum kümmern soll. Es ist manchmal anstrengend, meine Kinder, auch wenn es für euch ganz normal ist, dass wir euch so begleiten und ihr euch immer wieder fragt, warum bestimmte Dinge, die wir tun, von anderen infrage gestellt werden. Wenn ihr dies irgendwann einmal lesen werdet: Ich liebe euch und wünsche mir, dass wir euch genau so für die Zukunft stärken konnten. Für die Gegenwart hat es schon mal ganz gut funktioniert.

Die Pandemie war eine anstrengende Zeit. Ich hätte es nicht durch sie hindurch geschafft und auch nicht die Kraft für dieses Buch gehabt, wenn ich nicht meine Freund*innen hätte, die mich in der Nähe und Ferne gestützt haben, die mir stärkende Nachrichten schickten, mit mir abends vor meinem Büro saßen und redeten oder mich zum Kurzurlaub ohne Kinder überredeten. Ich danke (in alphabetischer Reihenfolge) Andy, Anja, Christina, Christopher, Jette, Madeleine, Milena, Patricia, Sancho und Sandra. Ihr habt mir mit eurer Freundschaft, eurem Humor und offenen Ohren an so vielen Tagen Kraft gegeben. Ich danke meiner Patentochter Lilly, die ich viel zu wenig gesehen habe, die aber eine so tolle feministische Bachelorarbeit geschrieben hat. Und ich danke meinem Netzwerk an Autorinnen, mit denen ich mich in einer Gruppe über das Schreiben austausche.

Natürlich danke ich ganz besonders auch jenen, die an diesem Buch beteiligt waren, die Idee aufgenommen, mit mir besprochen und bearbeitet haben: meiner Freundin und wunderbaren Illustratorin Nadine Roßa und meinen Lektorinnen Carmen Kölz und Dr. Katharina Theml sowie den vielen Familien und insbesondere Müttern, die ihre Geschichten um das Mutter- und Tochtersein mit mir geteilt haben. Ich danke Melanie Büttner, Michèle Loetzner, Nils Pickert und Mirja Siegl für die Interviews, die sie mir für dieses Buch gegeben haben. Und ich danke all den wunderbaren feministischen Autorinnen und Aktivistinnen, die mich auf den Weg gebracht haben und mich weiter lernen lassen. Viele von ihnen findest du in den Literaturangaben. Lass dich von ihnen inspirieren, noch tiefer in dieses Thema einzusteigen.

Und ich danke dir für das Lesen dieses Buches. Ich hoffe, in dir einen kleinen Funken entzündet zu haben, der den Gedanken und das Streben nach einer gleichberechtigten Welt weiter voranbringt. Vielleicht ist es erst einmal ein kleines Glimmen, aber viele kleine Feuer können zu einem Brand werden, der das Patriarchat beendet.

Ausgewählte Literatur

Bauer, Joachim (2021): *Das empathische Gen. Humanität, das Gute und die Bestimmung des Menschen*. München: Herder.

Becker-Stoll, Fabienne/Beckh, Kathrin, Berkic, Julia (2018): *Bindung. Eine sichere Basis fürs Leben*. München: Kösel.

Bildau, Judith (2021): *Mit meiner Tochter durch die Pubertät. Wie du sie unterstützt, wie du loslässt, wie ihr in Kontakt bleibt*. Hannover: Humboldt.

Blaffer Hrdy, Sarah (2000): *Mütter und andere*. Berlin: Berlin.

Bleisch, Barbara (2019): *Warum wir unseren Eltern nichts schulden*. 3. Aufl. München: Carl Hanser.

Bola, JJ (2020): *Sei kein Mann. Warum Männlichkeit ein Albtraum für Jungs ist*. München: Carl Hanser.

Brisch, Karl-Heinz (Hrsg.) (2019): *Bindung – Scheidung – Neubeginn. Möglichkeiten der Begleitung, Beratung und Psychotherapie und Prävention*. Stuttgart: Klett-Cotta.

Brisch, Karl-Heinz (Hrsg.) (2020): *Bindung und Geschwister. Vorbilder, Rivalen, Verbündete*. Stuttgart: Klett-Cotta.

Brisch, Karl-Heinz/Hellbrügge, Theodor (2010): *Der Säugling – Bindung, Neurobiologie und Gene. Grundlagen für Prävention, Beratung und Therapie*. Stuttgart: Klett-Cotta.

Büttner, Melanie/Schadwinkel, Alina/Stockrahm, Sven (2020): *Ist das normal? Sprechen wir über Sex, wie du ihn willst*. Weinheim: Beltz.

Cammarata, Patricia (2020): *Raus aus der Mental Load Falle. Wie gerechte Arbeitsteilung in der Familie gelingt*. Weinheim: Beltz.

Cammarata, Patricia (2020): *Dreißig Minuten, dann ist aber Schluss! Mit Kindern tiefenentspannt durch den Mediendschungel.* Köln: Eichborn.

Chamberlain, Sigrid (2010): *Adolf Hitler, die deutsche Mutter und ihr erstes Kind: Über zwei NS-Erziehungsbücher.* Gießen: Psychosozial.

Criado-Perez, Caroline (2020): *Unsichtbare Frauen. Wie eine von Daten beherrschte Welt die Hälfte der Bevölkerung ignoriert.* 5. Aufl. München: btb.

Crone, Eveline (2011): *Das pubertierende Gehirn. Wie Kinder erwachsen werden.* München: Droemer.

deMause, Lloyd (2015): *Hört ihr die Kinder weinen? Eine psychogenetische Geschichte der Kindheit.* 15. Aufl. Frankfurt am Main: Suhrkamp.

Doyle, Glennon (2020): *Ungezähmt.* 3. Aufl. Hamburg: Rowohlt.

Eliot, Lise (2010): *Wie verschieden sind sie? Die Gehirnentwicklung bei Mädchen und Jungen.* Berlin: Berlin.

Focks, Petra (2021): *Starke Mädchen, starke Jungen. Genderbewusste Pädagogik in der Kita.* Freibug: Herder.

Forward, Susan/Glynn Frazier, Donna (2015): *Wenn Mütter nicht lieben. Töchter erkennen und überwinden die lebenslangen Folgen.* 9. Aufl. München: Goldmann.

Frei, Franka (2020): *Periode ist politisch – Ein Manifest gegen das Menstruationstabu.* 2. Aufl. München: Heyne.

Fromm, Erich (2019): *Haben oder Sein. Die seelischen Grundlagen einer neuen Gesellschaft.* 47. Aufl. München: dtv.

Fromm, Erich (2021): *Die Kunst des Liebens.* 22. Aufl. München: dtv.

Gebhardt, Miriam (2019): *Wir Kinder der Gewalt. Wie Frauen und Familien bis heute unter den Folgen der Massenvergewaltigungen bei Kriegsende leiden.* München: Deutsche Verlags-Anstalt.

Grüling, Birk (2021): *Eltern als Team. Ideen eines Vaters für gelebte Vereinbarkeit.* München: Kösel.

Gümuşay, Kübra (2020): *Sprache und Sein.* Berlin: Hanser.

Haarmann, Claudia (2019): *Mütter sind eben Mütter. Was Töchter und Mütter voneinander wissen sollten.* München: Kösel.

Huber, Michaela (2003): *Trauma und die Folgen. Trauma und Traumabehandlung,* Teil 1, 4. Aufl. Paderborn: Junfermann.

Jacobi, Juliane (2013): *Mädchen – und Frauenbildung in Europa. Von 1500 bis zur Gegenwart.* Frankfurt am Main: Campus.

Joel, Daphna (2021): *Das Gehirn hat kein Geschlecht. Wie die Neurowissenschaft die Genderdebatte revolutioniert*. München: dtv.

Keller, Heidi (2019): *Mythos Bindungstheorie. Konzept. Methode. Bilanz*. Weimar: Verlag das Netz.

Kurt, Şeyda (2021): *Radikale Zärtlichkeit. Warum Liebe politisch ist*. Hamburg: HarperCollins.

Loetzner, Michèle (2020): *Liebeskummer bewältigen in 99 Tagen*. Köln: DuMont.

Maywald, Jörg (2019): *Gewalt durch pädagogische Fachkräfte verhindern*. Freiburg im Breisgau: Herder.

Michelberger, Melodie (2021): *Body Politics*. Hamburg: Rowohlt.

Mierau, Susanne (2019): *Mutter.Sein. Von der Last eines Ideals und dem Glück des eigenen Wegs*. Weinheim: Beltz.

Mierau, Susanne (2021): *Frei und unverbogen. Kinder ohne Druck begleiten und bedingungslos annehmen*. Weinheim: Beltz.

Nienstedt, Monika/Westermann, Arnim (2007): *Pflegekinder und ihre Entwicklungschancen nach frühen traumatischen Erfahrungen*. Stuttgart: Klett-Cotta.

Powell, Bert/Cooper, Glen/Hoffman, Kent/Marvin, Bob (2013): *Der Kreis der Sicherheit. Die klinische Nutzung der Bindungstheorie*. Lichtenau/Westfalen: G. P. Probst.

Schnerring, Almut/Verlan, Sascha (2020): *Equal Care. Über Fürsorge und Gesellschaft*. Berlin: Verbrecher.

Schrupp, Antje (2019): *Schwanger werden können. Essay über Körper, Geschlecht und Politik*. Darmstadt, Helmer.

Schutzbach, Franziska (2021): *Die Erschöpfung der Frauen. Wider die weibliche Verfügbarkeit*. München: Droemer Knaur.

Seager, Joni (2020): *Der Frauenatlas. Ungleichheit verstehen. 164 Infografiken und Karten*. 2. Aufl. München: Hanser.

Seichter, Sabine (2014): *Erziehung an der Mutterbrust. Eine kritische Kulturgeschichte des Stillens*. Weinheim: Beltz.

Seifert, Nicole (2021): *Frauen Literatur: Abgewertet, vergessen, wiederentdeckt. Köln:* Kiepenheuer & Witsch

Stahl, Stefanie (2020): *So stärken Sie Ihr Selbstwertgefühl. Damit das Leben einfacher wird*. 4. Aufl. München: Kailash.

Stamm, Margit (2018): *Neue Väter brauchen neue Mütter. Warum Familie nur gemeinsam gelingt*. München: Piper.

Stokowski, Margarete (2020): *Untenrum frei*. 16. Aufl. Reinbek bei Hamburg: Rowohlt.

Stoverock, Meike (2021): *Female Choice. Vom Anfang und Ende der männlichen Zivilisation*. Stuttgart: Tropen.

Waak, Anne (2020): *Wir nennen es Familie. Neue Ideen für ein Leben mit Kindern*. Hamburg: Edition Körber.

Welding, Carlotta (2021): *Fühlen lernen. Warum wir so oft unsere Emotionen nicht verstehen und wie wir das ändern können*. Stuttgart: Klett-Cotta.

Wilson, Jamia/Durand, Aurélia (2021): *Das Buch vom Feminismus. Ein intersektionaler Leitfaden für die nächste Generation*. Berlin: Zuckersüß.

Woolf, Virginia (2021): *Ein Zimmer für sich allein*. Zürich: Kampa.